U0895848

2021

长沙统计年鉴

CHANGSHA STATISTICAL YEARBOOK

长 沙 市 统 计 局
国家统计局长沙调查队 编

©中国统计出版社有限公司 2021
版权所有。未经许可，本书的任何部分不得以任何方式在世界任何地区以任何文字翻印、拷贝、仿制或转载。

©2021 China Statistics Press Co.,Ltd.
All rights reserved. No part of the publication may be reproduced or transmitted in any form or by any means, electronic or mechanical, including photocopying, recording, or any information storage and retrieval system, without written permission from the publisher.

图书在版编目（CIP）数据

长沙统计年鉴. 2021 = Changsha Statistical Yearbook 2021 / 长沙市统计局，国家统计局长沙调查队编. —北京：中国统计出版社，2021.12
ISBN 978-7-5037-9744-6

Ⅰ. ①长… Ⅱ. ①长… ②国… Ⅲ. ①统计资料—长沙—2021—年鉴 Ⅳ. ①C832.641-54

中国版本图书馆CIP数据核字(2021)第251768号

长沙统计年鉴—2021

作　　者 / 长沙市统计局　国家统计局长沙调查队
责任编辑 / 钟　钰
校　　对 / 王成亮
装帧设计 / 孔江陵
出版发行 / 中国统计出版社有限公司
地　　址 / 北京市丰台区西三环南路甲6号
邮政编码 / 100073
电　　话 / 邮购(010)63376909　书店(010)68783171
网　　址 / http://www.zgtjcbs.com
印　　刷 / 长沙市雅高彩印有限公司
经　　销 / 新华书店
开　　本 / 890 × 1240毫米 1/16
字　　数 / 782千字
印　　张 / 23.25　　彩页0.75
印　　数 / 1500册
版　　别 / 2021年12月第1版
版　　次 / 2021年12月第1次印刷
定　　价 / 280.00元

如有印装差错，由本社发行部负责调换。

《长沙统计年鉴—2021》

编委会和编辑工作人员

编委会

名 誉 主任： 夏建平

名誉副主任： 涂文清

主　　 任： 张学峰　张殷海

副 主 任： 张罗先　韦　薇　赵安明　胡建中　曹敬波　扶文武　胡睿懿　聂根深　袁忠文　符　蓉　李炜鸿

委　　 员： 丁　伟　万　能　文　英　王　浩　邓丽君　邓　杰　龙　苏　刘　静　刘亦彪　刘　权　朱继军　朱　乐　陈万龙　陈建华　杨　林　余　琦　邹俊平　李妮红　李美华　易迪炯　胡志伟　唐晓军　晏志波　温桂雄　曾劲松　熊应祥　燕俊杰

编辑工作人员

总 编 辑： 张学峰

副总编辑： 扶文武

执行编辑： 朱　乐　王成亮　向文雅　彭　勃

编辑人员： 王成亮　王　静　王　震　王敏奇　邓细锋　左　威　龙志群　兰　娟　刘世雄　刘梦秋　向文雅　许　婷　孙本正　李　靖　张阿兰　张立军　肖　恒　邵　康　陈　波　郑学英　周长胜　欧阳溯　胡素洁　侯　璇　徐　妙　涂生辉　梁沅芳　彭　勃　曾　勇　曾花林　曾海平　曾　萌　蒋佳妮　雷　湘　谭俊武　熊铁军　阚欢欢

编者说明

一、《长沙统计年鉴—2021 》是一部全面反映长沙市国民经济和社会发展情况的资料性年刊。收录了全市及各区、县（市）2020年经济和社会发展方面的大量统计数据，以及重要历史年份的主要统计数据，还包括全国三十五个直辖市、省会和副省级城市主要经济社会指标对比资料，是一本社会各界全面、深入了解研究长沙的重要工具书。

二、《长沙统计年鉴—2021》首卷为特载一《长沙市2020年国民经济和社会发展统计公报》及特载二《主要经济社会指标统计图》。本年鉴正文内容分为18个篇章，即：1. 综合；2. 国民经济核算；3. 人口、就业和职工工资；4. 固定资产投资、建筑业；5. 财政、金融、保险；6. 物价指数；7. 人民生活；8. 城市建设、环境保护；9. 农业；10. 工业；11. 运输和邮电；12. 国内外贸易、对外经济和旅游；13. 服务业；14. 教育和科技；15. 文化、体育、卫生；16. 区县（市）主要经济和社会指标；17. 全国三十五个直辖市、省会和副省级城市主要经济社会指标；18. 国民经济主要指标解释及计算方法。

三、本年鉴中2020年的统计数据主要源于统计年报（或年快报），部分来自抽样调查或部门统计。全国其他城市数据取自相关资料，最终数据以各地统计局发布为准。

四、本年鉴部分数据合计数或相对数由于单位取舍不同及四舍五入处理所产生的计算误差均未作机械调整。

五、本年鉴按照《中国统计年鉴》的大体框架和规范要求编辑。统一使用《中国统计年鉴》指标解释，统一采用国际度量标准计量单位。

六、本年鉴中特载《2020年长沙市国民经济和社会发展统计公报》使用的数据为快报数或初步统计数。

七、本年鉴中的符号使用说明："#"表示其中的主要项；"空格"表示指标数据无该项统计数据或无法收集到该项数据或数据不足最小计量单位；其他符号在表下有注解。

八、本年鉴编辑中如有不足之处，恳请广大读者批评指正。

目 录

Contents

一、综 合

General Survey

二、国民经济核算

National Accounts

三、人口、就业和职工工资

Population, Employment and Wages

四、固定资产投资、建筑业

Investment in Fixed Assets and Construction

五、财政、金融、保险

Finance, Banking and Insurance

六、物价指数

Price Indices

七、人民生活

People's Livelihood

八、城市建设、环境保护

Construction of Cities and Environmental Protection

九、农　　业

Agriculture

十、工 业

Industry

十一、运输和邮电

Transportation, Postal and Telecommunication Services

十二、国内外贸易、对外经济和旅游

Domestic and Foreign Trade, Foreign Economy and Tourism

十三、服务业

Service Trades

十四、教育和科技

Education, Science and Technology

十五、文化、体育、卫生

Culture, Sports and Public Health

十六、区县(市)主要经济和社会指标

Main Economic and Social Statistical Indicators of District, County and City

十七、全国三十五个直辖市、省会和副省级城市主要经济社会指标

Main Economic and Social Statistics Indicators of National Thirty-five Municipalities, Provincial Capitals and Cities of Sub-provincial Rank

十八、国民经济主要指标解释及计算方法

Explanatory Notes and Calculation Methods on Main Statistical Indicators of National Economy

特载一

2020年长沙市国民经济和社会发展统计公报

2020年长沙市国民经济和社会发展统计公报

2020年,面对新冠肺炎疫情的严重冲击和错综复杂的国内外宏观经济环境,在市委、市政府的坚强领导下,长沙认真贯彻党的十九届五中全会精神和习近平总书记考察湖南重要讲话精神,统筹推进疫情防控和经济社会发展,扎实做好"六稳""六保"工作,全市经济社会发展呈现稳中有进、稳中向好的态势。

一、综　　合

初步核算,全年地区生产总值12142.52亿元,比上年增长4.0%。分产业看,第一产业增加值423.46亿元,增长4.0%;第二产业增加值4739.27亿元,增长5.0%;第三产业增加值6979.79亿元,增长3.3%。第一、二、三产业对经济增长的贡献率分别为2.7%、50.7%和46.6%。第一、二、三产业增加值占地区生产总值的比重分别为3.5%、39.0%和57.5%。全年一般公共预算收入1642.96亿元,比上年增长3.2%,其中地方一般公共预算收入1100.09亿元,增长3.0%。一般公共预算支出1480.24亿元,增长3.8%。

图1　2016－2020年一般公共预算收入和地方一般公共预算收入

全年居民消费价格比上年上涨1.8%,涨幅回落1.1个百分点;商品零售价格上涨0.8%,涨幅回落1.4个百分点。

表1　2020年居民消费价格比上年涨跌幅度

指　　标	比上年上涨(%)
居民消费价格	1.8
服务价格	
食品烟酒	6.9
食品	9.8
# 粮食	1.4
食用油	3.4
菜	3.1
畜肉类	38.7
水产品	-0.4
蛋类	-9.2
烟酒	1.3
衣着	0.4
居住	0.2
生活用品及服务	-0.2
交通和通信	-3.1
教育文化和娱乐	-1.0
医疗保健	-1.0
其他用品和服务	5.5

全年新增城镇就业人员13.83万人,年末城镇登记失业率为3.27%。

二、农　　业

全年实现农林牧渔业增加值445.71亿元,比上年增长4.1%,其中农林牧渔专业及辅助性活动增加值22.25亿元,增长7.0%。

图2　2016－2020年农林牧渔业增加值

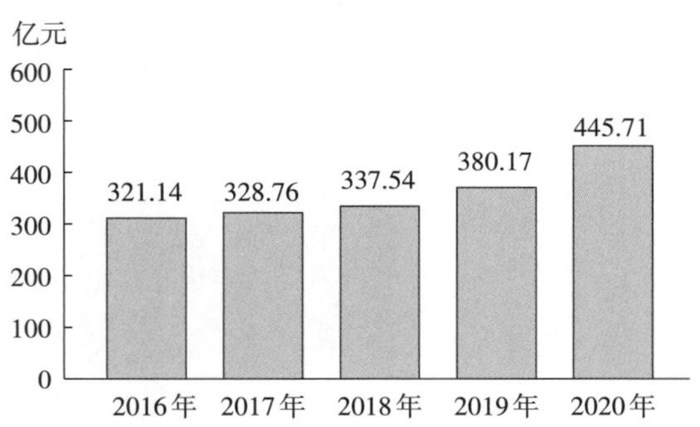

全年粮食播种面积31.27万公顷,比上年增长3.8%,其中稻谷播种面积28.63万公顷,增长

4.7%；蔬菜播种面积15.86万公顷，增长4.8%；油料种植面积5.96万公顷，增长6.0%；出栏肉猪275.34万头，下降12.6%。

表2　2020年主要农产品产量及其增长速度

产品名称	计量单位	产　　量	比上年增长(%)
粮　食	万吨	211.78	2.2
棉　花	万吨	0.02	-33.0
油　料	万吨	11.02	11.9
茶　叶	万吨	4.37	9.9
蔬　菜	万吨	553.09	4.8
禽　蛋	万吨	4.58	2.9
水产品	万吨	11.36	11.5
出栏肉猪	万头	275.34	-12.6
牛　奶	万吨	0.41	-14.6

年末农民专业合作社12562家，入社农户32.15万户，参与农户44.9万户。

全年农业机械总动力613.99万千瓦，水稻耕种收综合机械化水平为81.9%。

推进各项重点水利工程建设，全年完成重点水利建设项目54个，完成投资17.48亿元。

三、工业和建筑业

全年全部工业增加值比上年增长4.9%，其中规模以上工业增加值增长5.1%；工业增加值占GDP的比重为28.5%。在规模以上工业中，分经济类型看，国有企业增加值增长4.6%；股份制企业增加值增长7.0%，外商及港澳台商投资企业增加值下降0.3%。分门类看，采矿业增加值下降9.6%，制造业增加值增长5.3%，电力、热力、燃气及水生产和供应业增加值增长1.6%。

图3　2016－2020年全部工业增加值增长速度

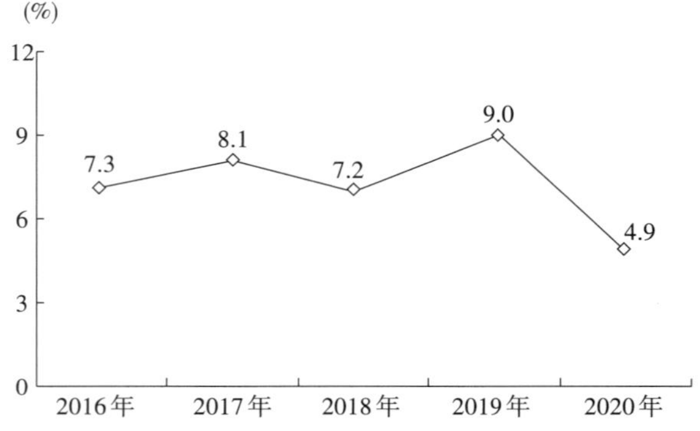

全年规模以上工业中，通用设备制造业增加值增长9.1%，专用设备制造业增加值增长23.0%，计算机、通信和其他电子设备制造业增加值增长30.6%。

全年园区规模以上工业增加值比上年增长7.2%，对规模以上工业增加值增长贡献率达92.4%。

表3　2020年规模以上工业主要产品产量及其增长速度

产品名称	计量单位	产　　量	比上年增长(%)
饲料	万吨	192.99	-7.1
精制食用植物油	万吨	19.03	-0.5
酱油	万吨	23.2	-10.6
乳制品	万吨	17.44	1.9
精制茶	万吨	3.43	3.3
服装	万件	2632.67	14.3
化学药品原药	万吨	2.93	-31.3
焰火制品	亿元	377.88	2.2
家具	万件	135.37	-2.2
水泥	万吨	677.43	-0.1
商品混凝土	万立方米	2369.88	8.9
起重机	万吨	141.51	32.5
挖掘、铲土运输机械	万台	11.42	50.3
压实机械	台	5763	38.1
混凝土机械	万台	6.61	61.5
环境污染防治专用设备	万台	5.78	95.3
汽车	万辆	36.00	-17.5
光电子器件	亿只	88.41	26.2
印制电路板	万平方米	91.73	-0.7
自来水生产量	万立方米	124858.67	2.3

全年规模以上工业企业利润880.21亿元，比上年增长18.2%。分经济类型看，国有企业利润92.75亿元，比上年增长10.1%；股份制企业利润636.62亿元，增长29.0%，外商投资企业利润49.84亿元，下降37.0%；港澳台商投资企业利润81.02亿元，增长21.2%；私营企业利润476.81亿元，增长20.8%。分门类看，采矿业利润0.74亿元，比上年增长51.5%；制造业利润846.82亿元，增长18.8%；电力、热力、燃气及水生产和供应业利润32.65亿元，增长3.1%。

全年建筑业增加值1275.93亿元，比上年增长5.2%。全年具有建筑业资质等级的独立核算企业完成建筑业总产值6059.07亿元，比上年增长10.0%；房屋竣工面积8030.84万平方米，增长3.6%。

四、固定资产投资

全年固定资产投资比上年增长 6.2%。其中，民间投资增长 2.9%。分投资方向看，工业投资增长 3.9%，民生工程投资增长 15.2%，基础设施投资增长 4.5%，高新技术产业投资增长 24.5%。

表 4　2020 年固定资产投资增长速度

指　　标	比上年增长(%)
固定资产投资(不含农户)	6.2
第一产业	18.7
第二产业	4.0
其中:采矿业	43.2
制造业	3.3
电力、热力、燃气及水生产和供应业	6.5
建筑业	38.2
第三产业	7.7
其中:交通运输、仓储和邮政业	-0.9
信息传输、软件和信息技术服务业	9.9
批发和零售业	-18.7
住宿和餐饮业	-28.7
金融业	-30.1
房地产业	13.7
租赁和商务服务业	12.5
科学研究和技术服务业	8.2
水利、环境和公共设施管理业	0.7
居民服务、修理和其他服务业	-11.5
教育	15.0
卫生和社会工作	14.1
文化、体育和娱乐业	-11.0
公共管理、社会保障和社会组织	-60.6

全年房地产开发投资 1868.41 亿元，比上年增长 12.0%。全年商品房销售面积 2379.90 万平方米，增长 1.9%；商品房销售额 2196.91 亿元，增长 8.7%。

五、国内贸易

全年社会消费品零售总额 4469.76 亿元，比上年下降 2.6%，剔除物价因素实际下降 4.3%。按经营单位所在地分，城镇消费品零售额 3968.01 亿元，下降 3.4%；乡村消费品零售额 501.76 亿元，增长 3.8%。按消费类型分，餐饮收入 406.93 亿元，下降 6.7%；商品零售 4062.84 亿元，下降 2.2%。

表 5　2020 年社会消费品零售总额及其增长速度

指　　标	零售额(亿元)	比上年增长(%)
社会消费品零售总额	4469.76	-2.6
按经营单位所在地分:		
城镇	3968.01	-3.4
其中:城区	2963.24	-1.4
乡村	501.76	3.8
按行业分:		
批发业	550.48	-4.7
零售业	3508.31	-1.8
住宿业	45.60	-9.8
餐饮业	365.37	-6.2
按消费类型分:		
餐饮收入	406.93	-6.7
商品零售	4062.84	-2.2

限额以上单位商品零售额比上年增长 6.3%，分类别看，粮油、食品类零售额增长 21.2%；服装、鞋帽、针纺织品类下降 2.9%；化妆品类增长 26.9%；金银珠宝类下降 17.3%；日用品类增长 4.3%；书报杂志类增长 10.8%；家用电器和音像器材类下降 1.6%；中西药品类增长 29.4%；文化办公用品类增长 3.2%；通讯器材类增长 29.2%；石油及制品类下降 10.2%；汽车类增长 5.9%。

六、交通和邮电

全年电信业务总量 1271.4 亿元(2015 年不变价)，比上年增长 26.3%。邮政业务总量 211.89 亿元(2010 年不变价)，增长 36.5%；邮电业务收入 211.60 亿元，增长 12.9%，其中电信业务收入 116.80 亿元，增长 3.7%；邮政业务收入 94.81 亿元，增长 26.8%。年末本地固定电话用户 150.10 万户，下降 4.8%；移动电话用户 1320.9 万户，增长 1.0%；年末互联网宽带用户 434.5 万户，增长 14.6%。

七、对外经济和旅游

全年进出口总额(海关口径)2350.46 亿元(折

合 340.15 亿美元)，比上年增长 17.4%，其中出口总额 1548.72 亿元，增长 10.8%；进口总额 801.74 亿元，增长 32.5%。在出口总额中，机电产品 761.38 亿元，占比 49.2%；高新技术产品 300.66 亿元，占比 19.4%。在进口总额中，机电产品 453.83 亿元，占比 56.6%；高新技术产品 323.42 亿元，占比 40.3%。

图 4　2016－2020 年进出口总额

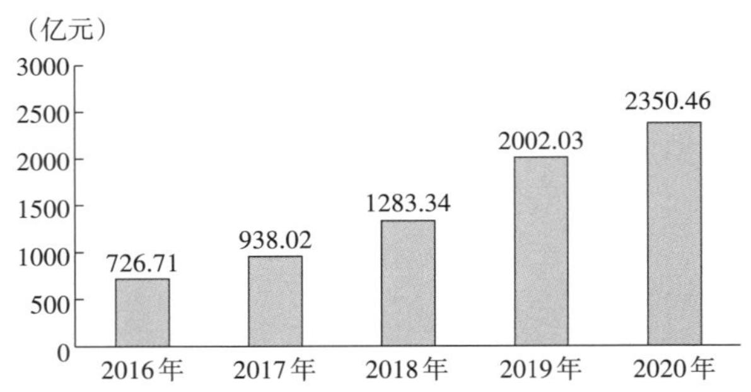

全年利用外资项目 256 个，实际利用外资金额 72.82 亿美元，比上年增长 14.3%。全年实际到位省外境内资金 1507.88 亿元，增长 20.4%。

图 5　2016－2020 年实际利用外资金额

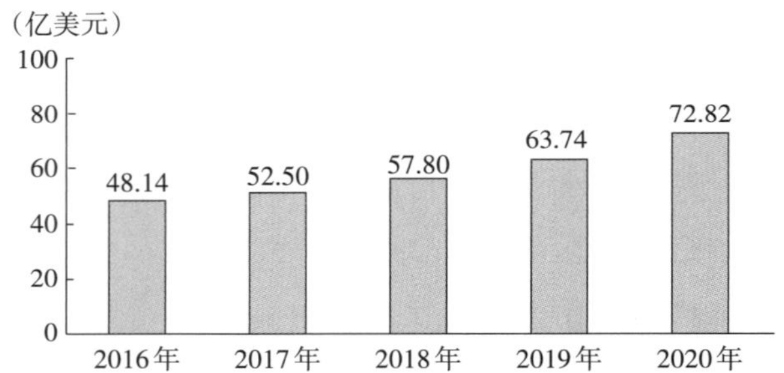

全年接待国内外旅游者 15194.31 万人次；旅游总收入 1661.32 亿元。

八、金　　融

年末金融机构各项存款余额(本外币合计，下同) 23316.81 亿元，比年初增加 2268.36 亿元，其中住户存款余额 7572.18 亿元，比年初增加 971.79 亿元。年末金融机构各项贷款余额 24261.26 亿元，比年初增加 3012.55 亿元，其中短期贷款余额 5032.76 亿元，比年初增加 634.88 亿元；中长期贷款余额 18407.53 亿元，比年初增加 2410.81 亿元。

全年保险公司原保险保费收入 523.66 亿元，比上年增长 11.2%，其中财产保险公司原保险保费收入 186.77 亿元，增长 12.9%；人身保险公司原保险保费收入 336.88 亿元，增长 10.2%。赔付支出 152.92 亿元，增长 21.3%。

九、教育和科学技术

年末全市有普通高校 52 所，普通高中 98 所，初中学校 247 所，普通小学 951 所。在学研究生 7.89 万人，比上年末增长 7.5%；普通高校在校学生 69.74 万人，增长 4.7%；普通高中在校学生 15.98 万人，增长 8.4%；普通初中在校学生 28.17 万人，增长 4.2%；普通小学在校学生 71.02 万人，增长 6.6%；幼儿园在园幼儿 40.76 万人，增长 15.0%。小学适龄儿童入学率 100%，小学升初中入学率 103.2%。全年共投入学生免费入学和资助经费 16.65 亿元，全市所有义务教育阶段 193.58 万人次学生全部享受了免杂费入学，执行公办教育收费标准的 180.29 万人次学生全部享受了“一费制”(含课本费、教辅资料费和作业本费)全免入学，在长沙市就读的 16.37 万名外来务工人员子女，全部享受免杂费、免“一费制”入学。全年补助了 8.8 万人次农村家庭经济困难寄宿学生生活费。

图 6　2016－2020 年高等学校、普通中学在校学生数

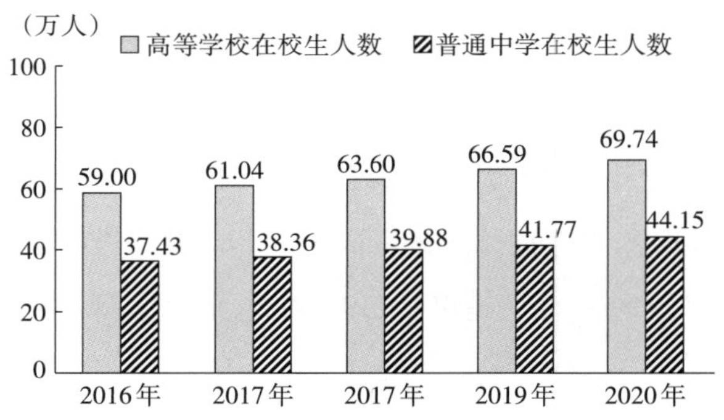

全年授权专利 33012 件，比上年增长 46.7%；签订技术合同 7203 项，成交金额 336.67 亿元。高新技术产业增加值增长 10.5%。

十、文化、卫生和体育

年末全市有艺术表演团体 11 个,文化馆 10 个,公共图书馆 12 个,博物馆(纪念馆)15 个,档案馆 14 个。

年末全市有卫生机构(含村卫生室)4681 个,其中医院、卫生院 339 个;卫生防疫、防治机构 14 个;妇幼保健机构 11 个。卫生技术人员 8.80 万人,比上年增加 0.21 万人,其中执业医师、执业助理医师 3.28 万人,增加 0.05 万人;注册护士 4.27 万人,增加 0.17 万人。卫生机构床位 8.32 万张,增加 0.20 万张,其中医院、卫生院 7.61 万张,增加 0.24 万张。

图 7　2016－2020 年卫生技术人员数

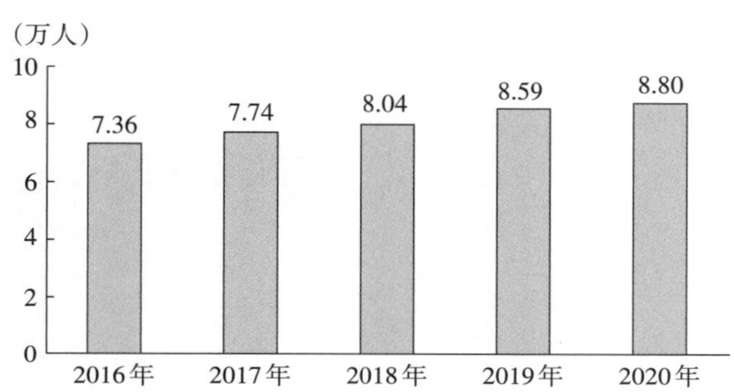

全年开展全民健身项目 171 项次(市级、区县、乡镇街道三级),全民健身运动参加人数达 714 万人。年末拥有各级健身辅导站 747 个,公共体育场地 2222 个。

十一、环境、节能和安全生产

全市有省级自然保护区 1 个,自然保护区面积 0.67 万公顷。26 个国控、省控考核断面年度水质优良率为 100%,其中Ⅰ类水质断面 1 个,占 3.8%;Ⅱ类水质断面 21 个,占 80.8%;Ⅲ类水质断面 4 个,占 15.4%。

初步核算,全年规模以上工业综合能源消费量 478.16 万吨标准煤,比上年下降 0.5%。其中六大高耗能行业综合能源消费量 298.43 万吨标准煤,下降 3.7%。重点耗能工业企业的单位产品能耗中,吨水泥熟料综合能耗下降 2.0%,吨铝加工材消耗能源量下降 0.3%。

全年生产安全事故死亡人数 246 人,比上年下降 5.0%;亿元 GDP 各类安全事故死亡人数 0.0203 人,下降 9.5%;道路交通事故死亡人数 532 人,下降 4.3%;万车死亡人数 1.79 人,下降 11.4%。

十二、人民生活和社会保障

全年城镇居民人均可支配收入 57971 元,比上年增长 5.0%。其中,人均工资性收入 32543 元,增长 6.7%;人均经营净收入 7569 元,下降 4.4%;人均财产净收入 7420 元,增长 4.6%;人均转移净收入 10439 元,增长 7.7%;城镇居民人均消费支出 39133 元,下降 1.0%。在城镇居民消费分类中,食品烟酒人均消费 10568 元,增长 3.7%;衣着人均消费 2522 元,下降 1.6%;居住人均消费 7567 元,下降 0.8%;生活用品及服务人均消费 2890 元,下降 5.2%;教育文化娱乐人均消费 7180 元,下降 2.5%;医疗保健人均消费 2922 元,增长 3.6%;其他用品和服务人均消费 857 元,下降 1.4%。城镇居民平均每百户家庭拥有家用汽车 63.5 台,空调 253.0 台,计算机 94.6 台,接入互联网的计算机 88.8 台。城镇居民人均自有现住房建筑面积 41.2 平方米。

全年农村居民人均可支配收入 34754 元,比上年增长 7.5%。农民人均消费支出 24427 元,增长 5.8%。农村居民平均每百户家庭拥有家用汽车 53.5 台,计算机 39.0 台,移动电话机 295.2 台。农村居民人均自有现住房建筑面积 62.3 平方米。

年末全市有社会福利院、敬老院、养老院等 198 所。各类收养性社会福利单位收养人员 1.67 万人。城镇各种社区服务设施 3890 处,其中综合性社区服务中心 735 个。接受社会捐赠 14991 万元。发放居民最低生活保障金 8.15 亿元,居民得到政府最低生活保障人数为 12.59 万人(包括城镇和农村)。

年末参加全市劳动保障部门城镇职工基本养老保险的人数达 416.07 万人,比上年末增长 17.3%,基本养老金社会化发放率达 100 %;参加城镇居民养老保险人数为 10.12 万人,参加新型农村养老保险人数为 251.17 万人；参加城镇职工基本医疗保险人数为 305.58 万人，增长 14.9%。参加失业保险职工人数为 182.84 万人，增长 10.2%，领取失业保险金人数为 4.71 万人；参加工伤保险职工人数为 171.26 万人，增长 8.7%；参加生育保险人数为 217.90 万人，增长 15.9 %；参加城乡居民医疗保险人数为 490.37 万人。

说明：1. 本公报部分数据为初步统计数，部分数据因四舍五入的原因，存在与分项合计不等的情况。

2. 地区生产总值、三次产业及相关行业增加值绝对值按现价计算，增长速度按不变价计算。

3. 根据第四次全国经济普查结果，对地区生产总值、三次产业及相关行业增加值等相关指标的历史数据进行了修订。

4. 自 2020 年起，湖南省将省与长沙市共享税收收入中省级分享比例进行了调整，地方一般公共预算收入去年同期数相应调整。

5. 人口数据将根据第七次人口普查结果发布公报，与人口相关计算指标的数据暂缺。

特载二 主要经济社会指标统计图

户籍总人口（万人）

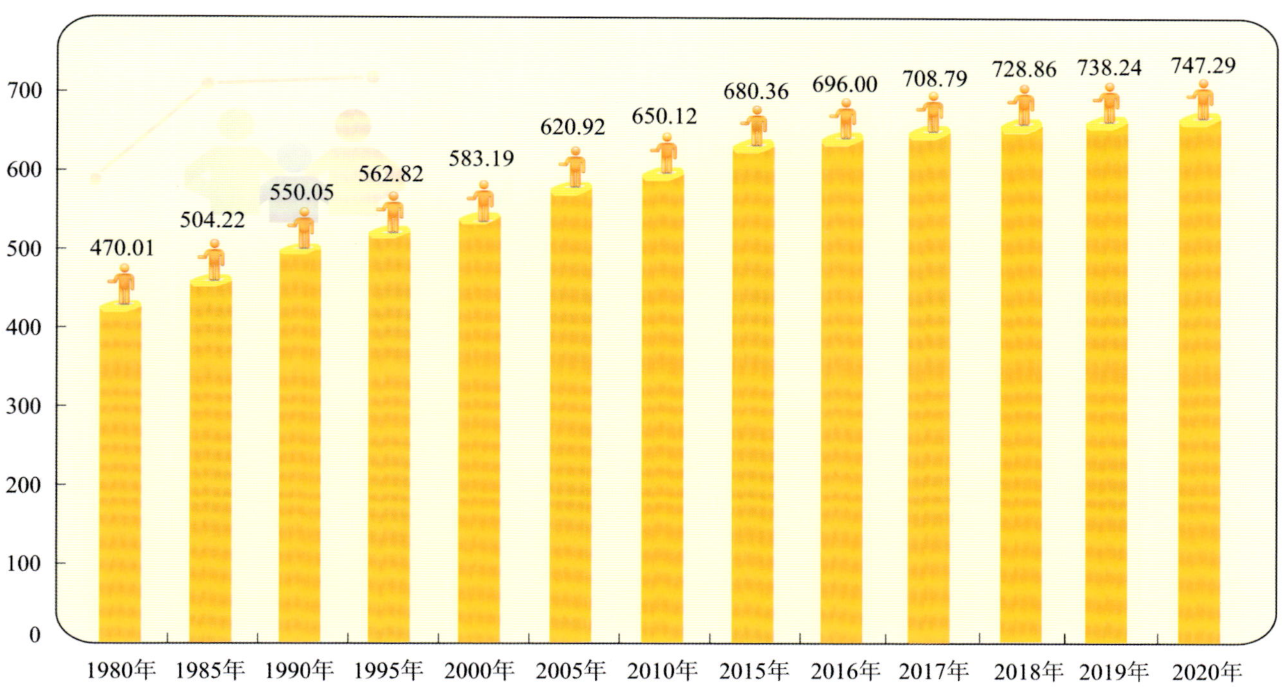

地区生产总值及增长速度（亿元、%）

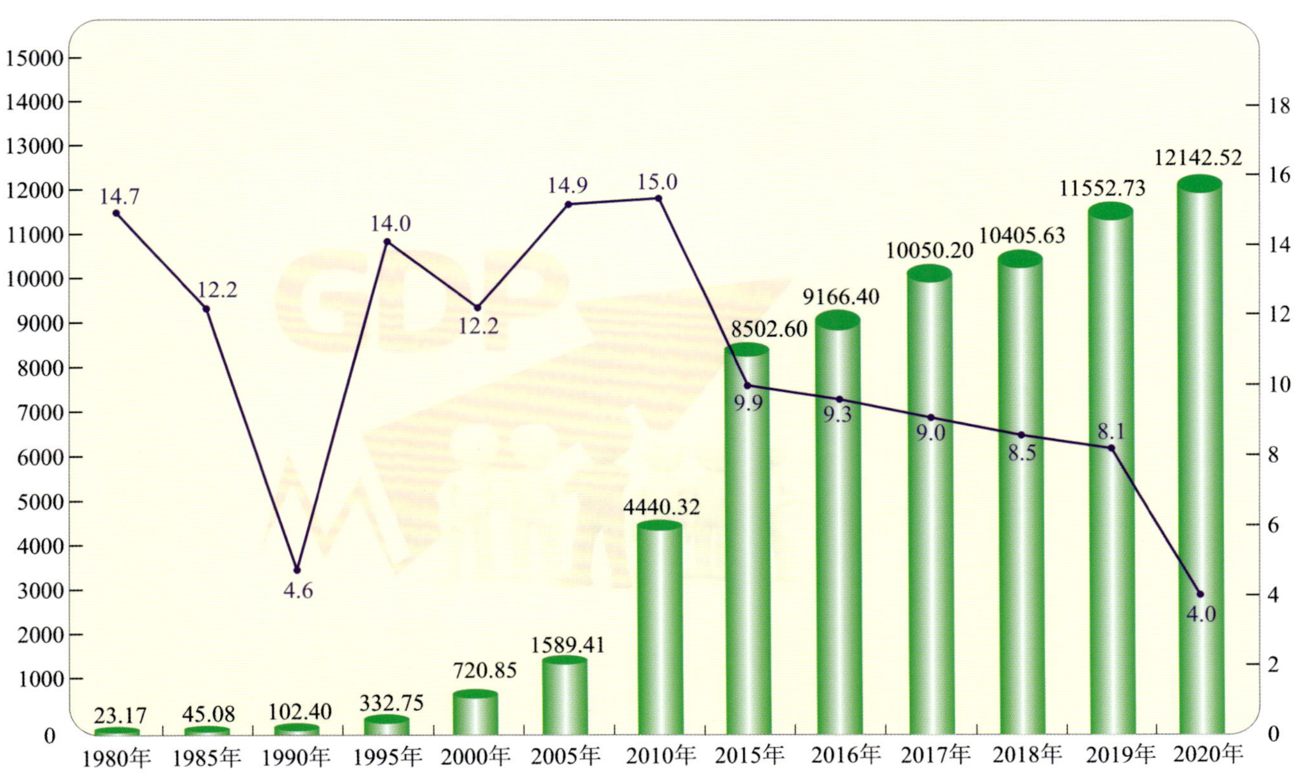

人均地区生产总值（元/人）

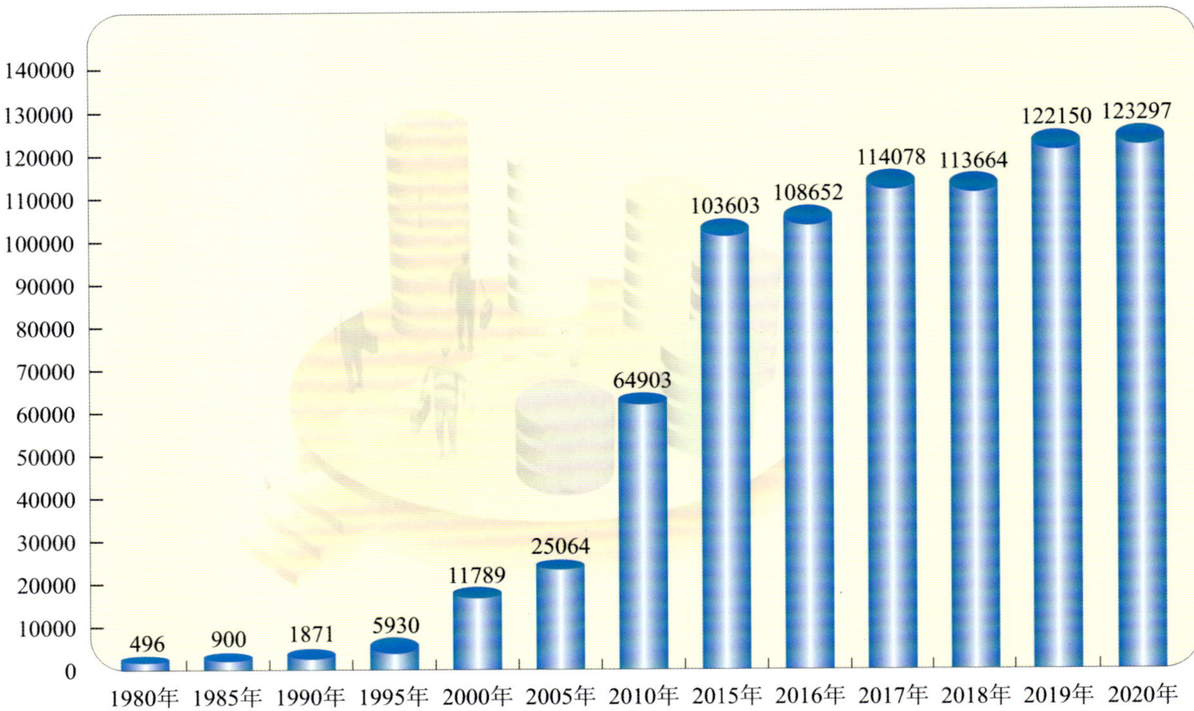

注：2000年以前人均地区生产总值按户籍人口计算，2000年以后按常住人口计算。

三次产业增加值（亿元）

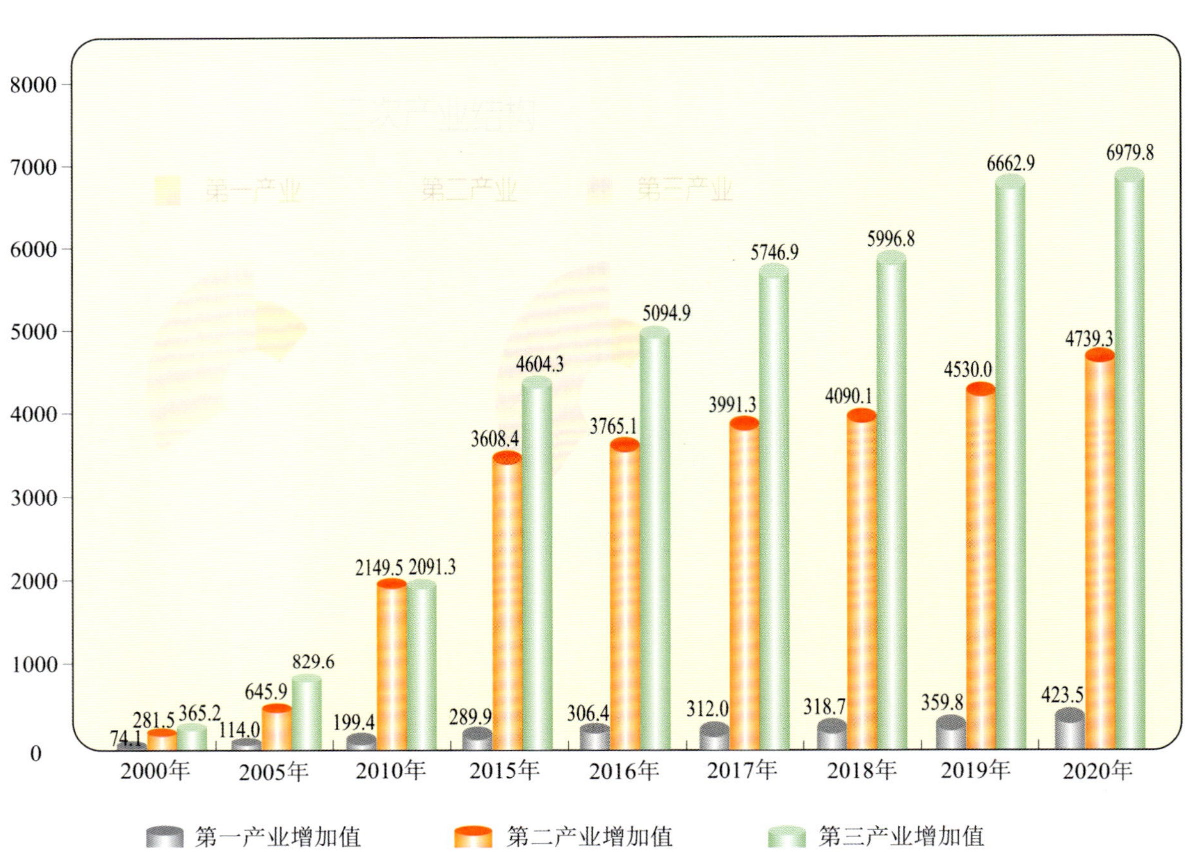

三次产业构成

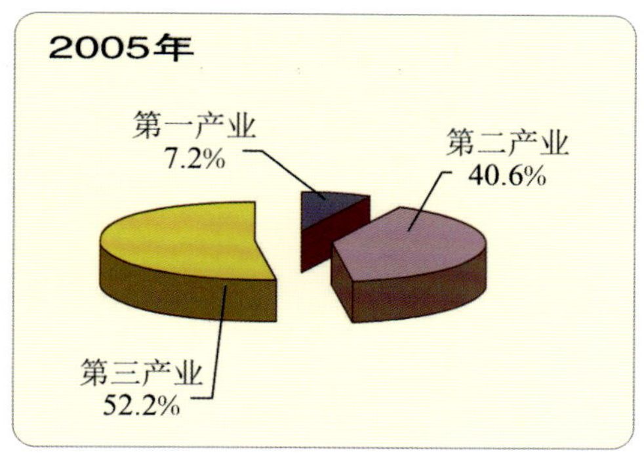

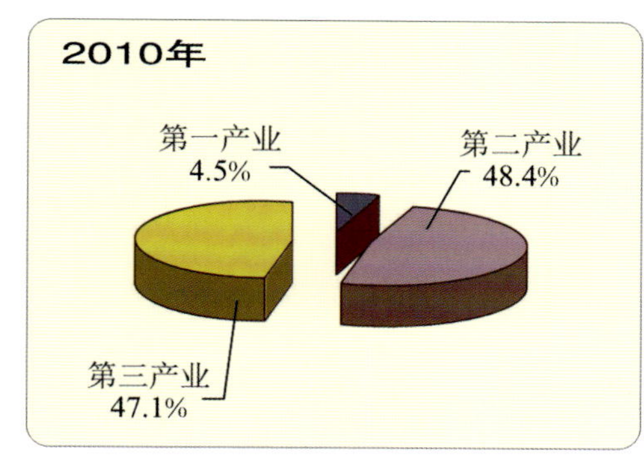

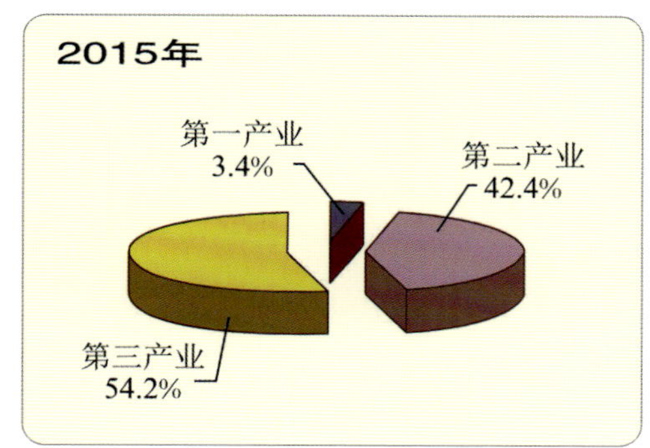

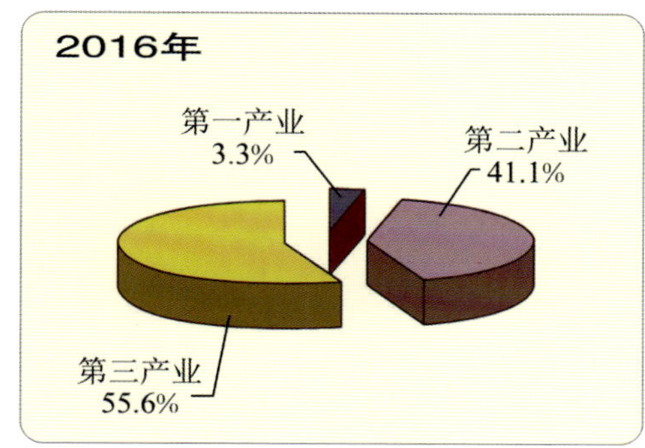

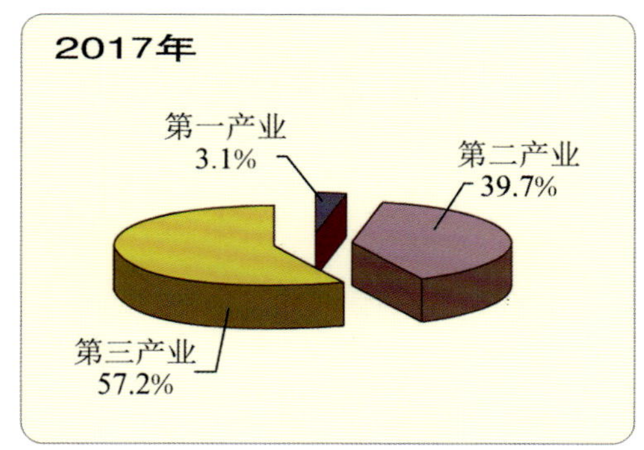

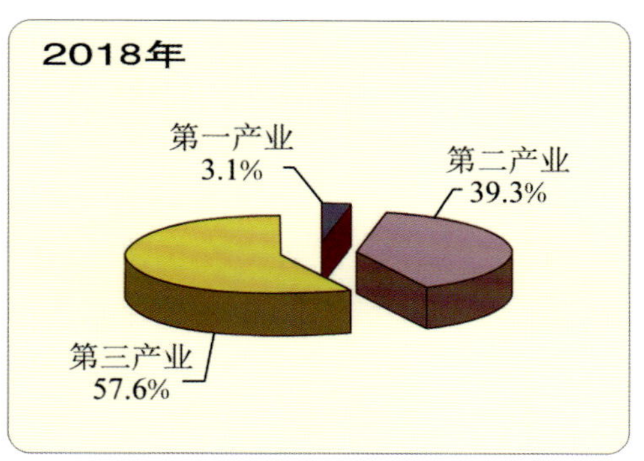

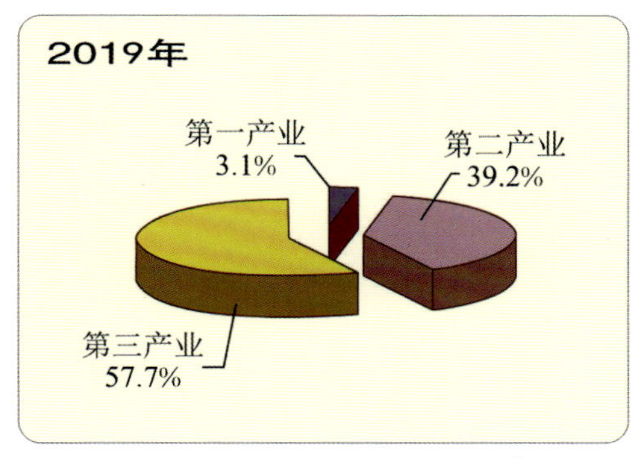

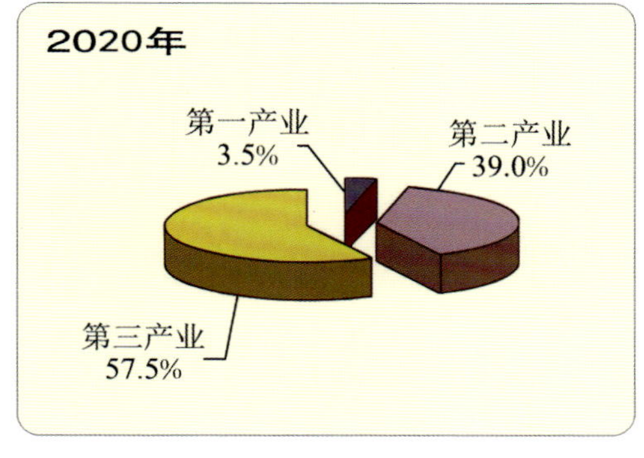

■ 第一产业　■ 第二产业　■ 第三产业

农林牧渔业总产值（亿元）

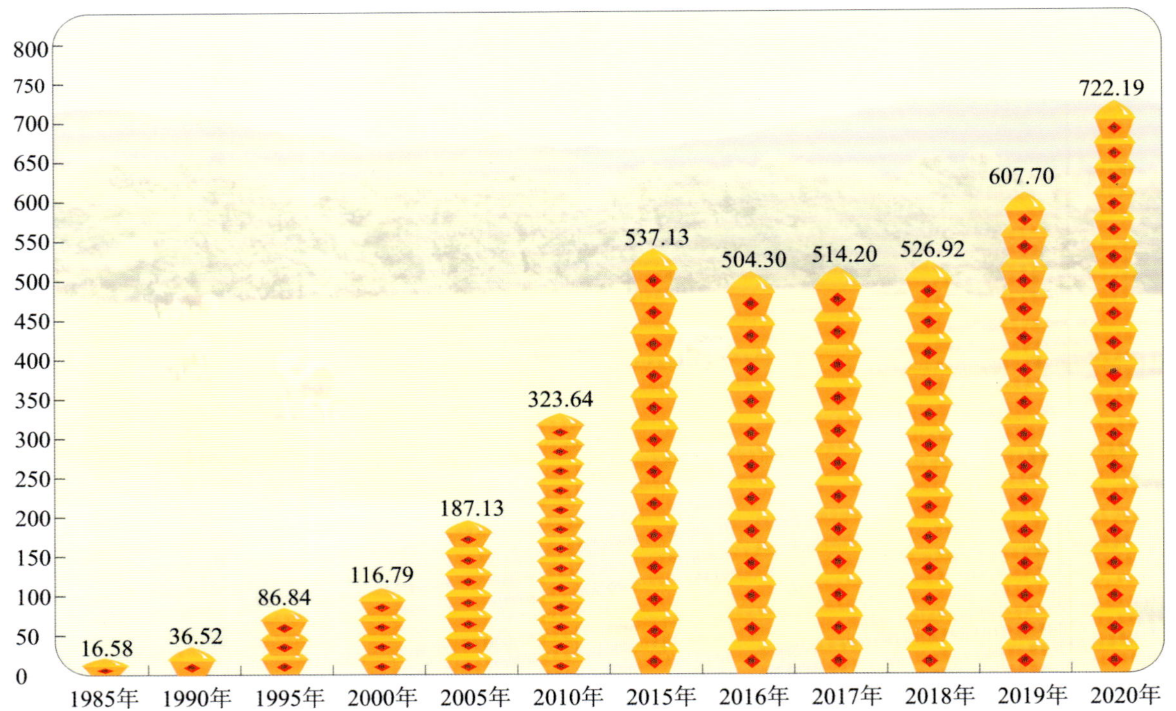

规模以上工业增加值增速（%）

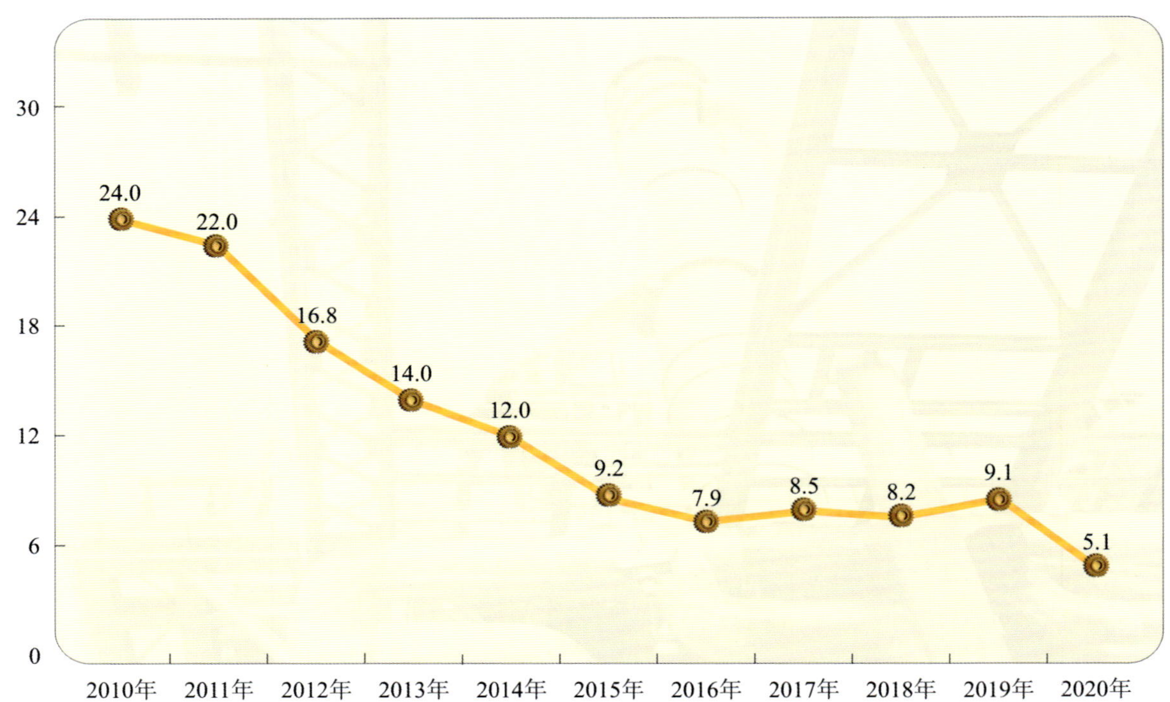

固定资产投资增速（%）

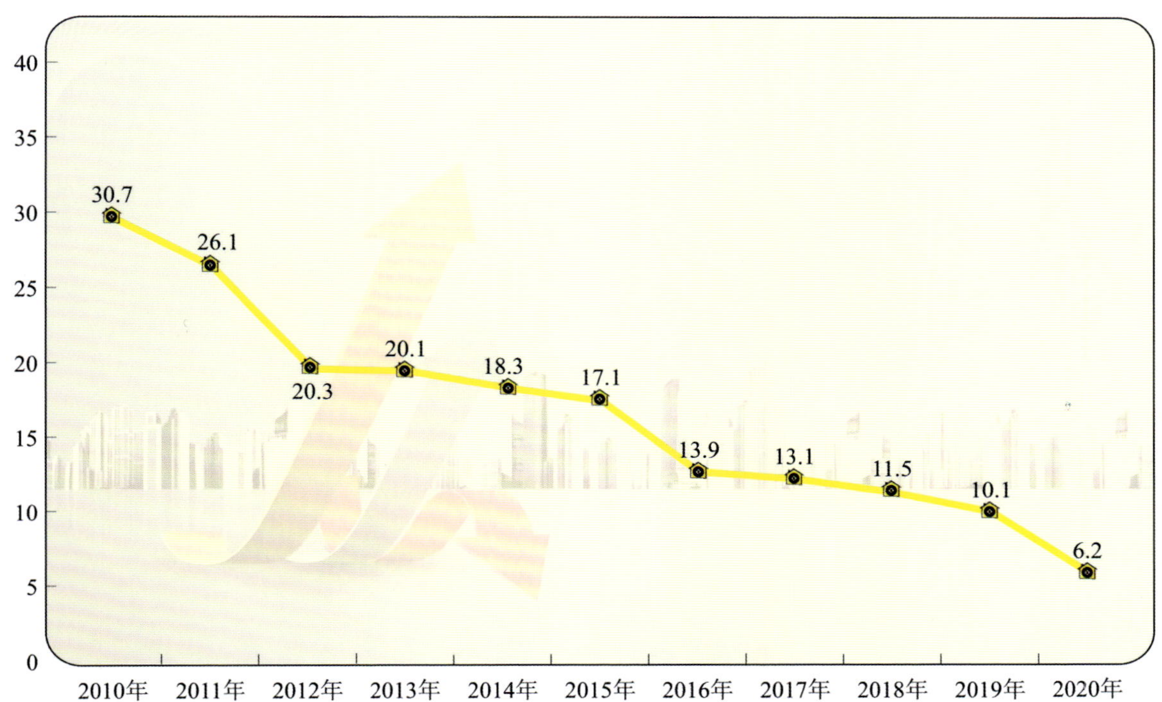

社会消费品零售总额（亿元）

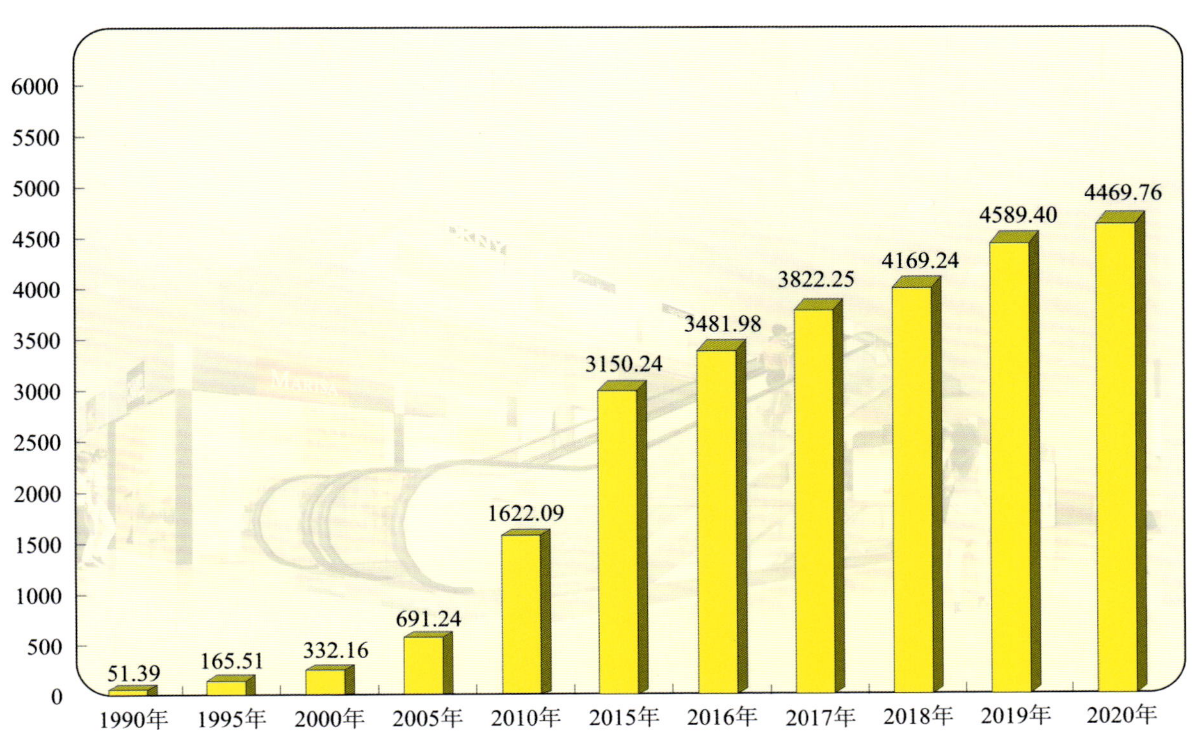

实际使用外商直接投资（亿美元）

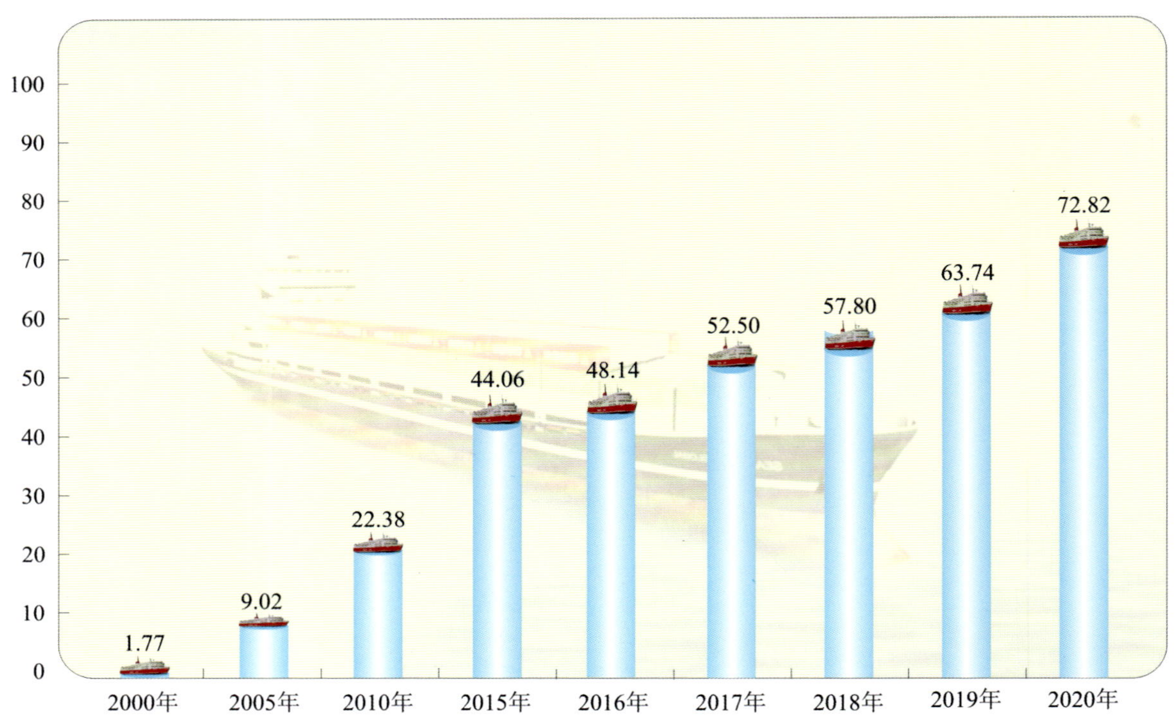

进出口总额（亿美元）

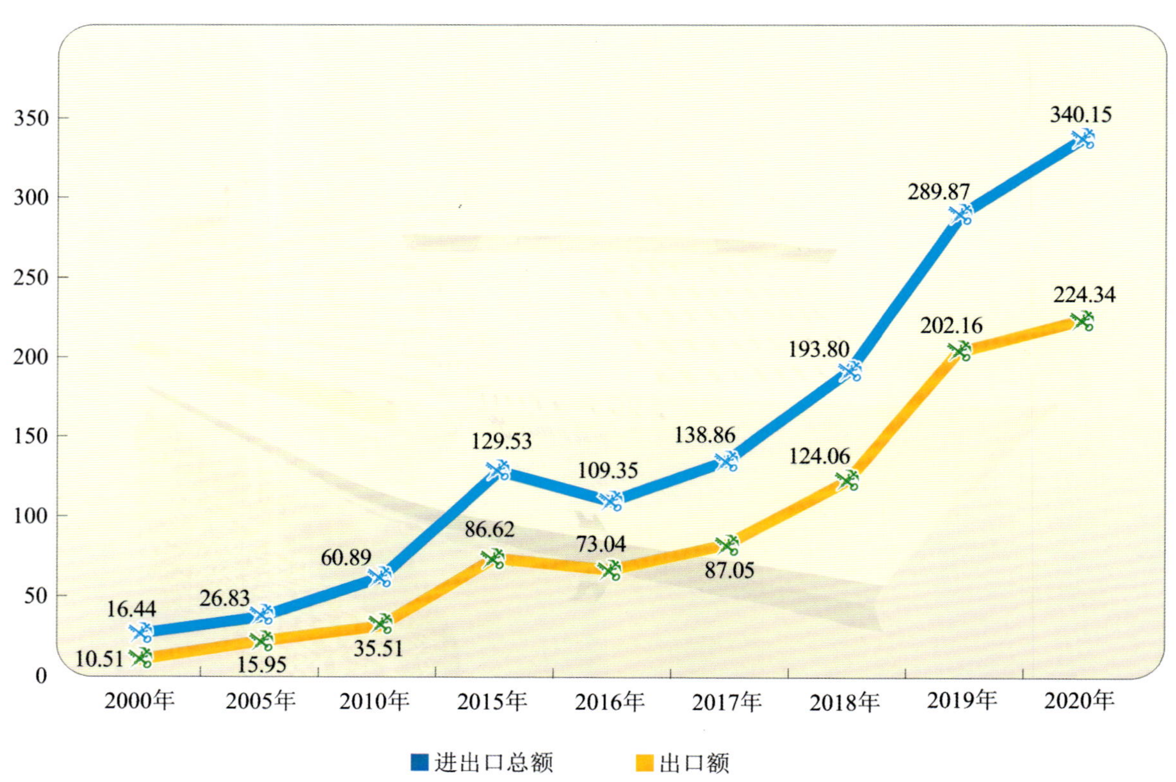

城乡居民储蓄余额（亿元）

财政收入（亿元）

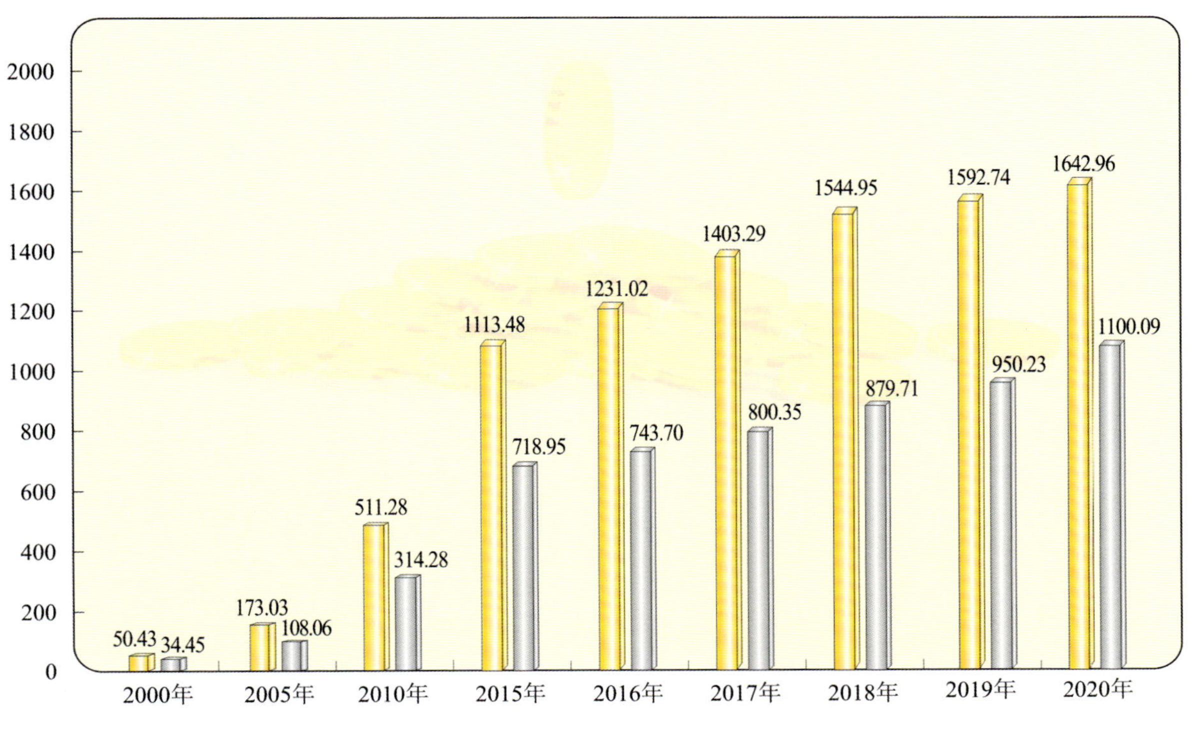

城镇居民人均可支配收入（元）

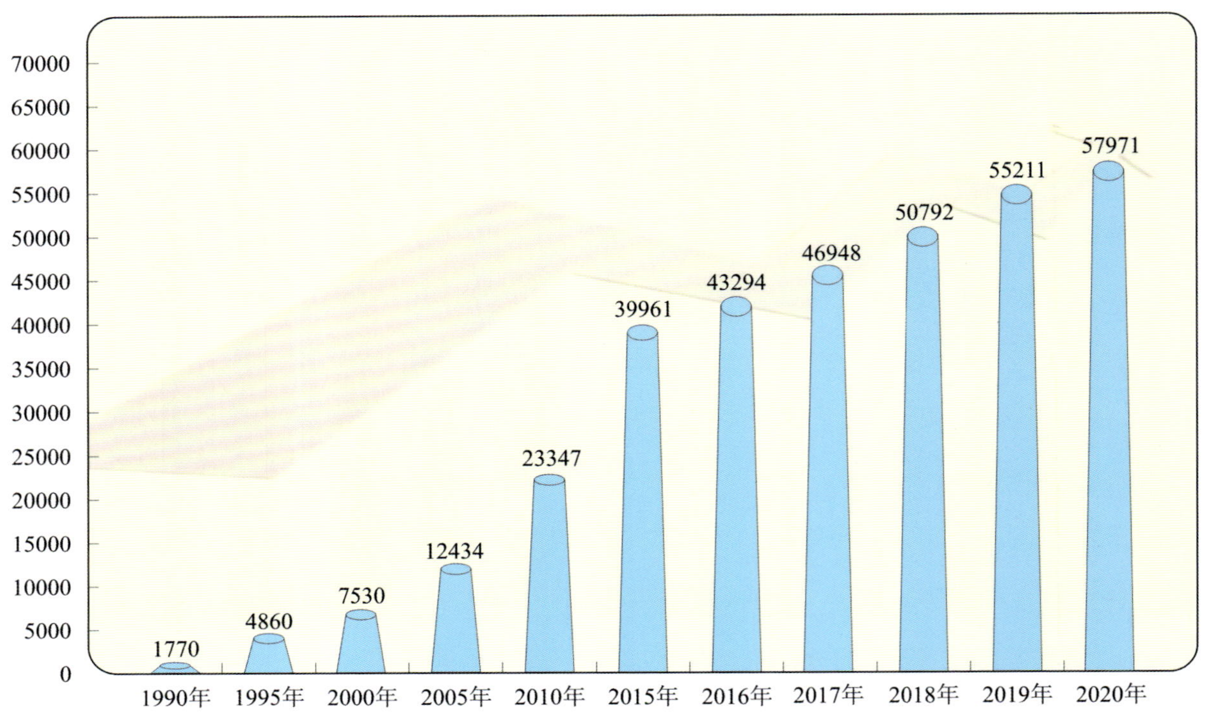

注：2012年以前为城市居民人均可支配收入，2013年开始为城镇居民人均可支配收入。

农村居民人均可支配收入（元）

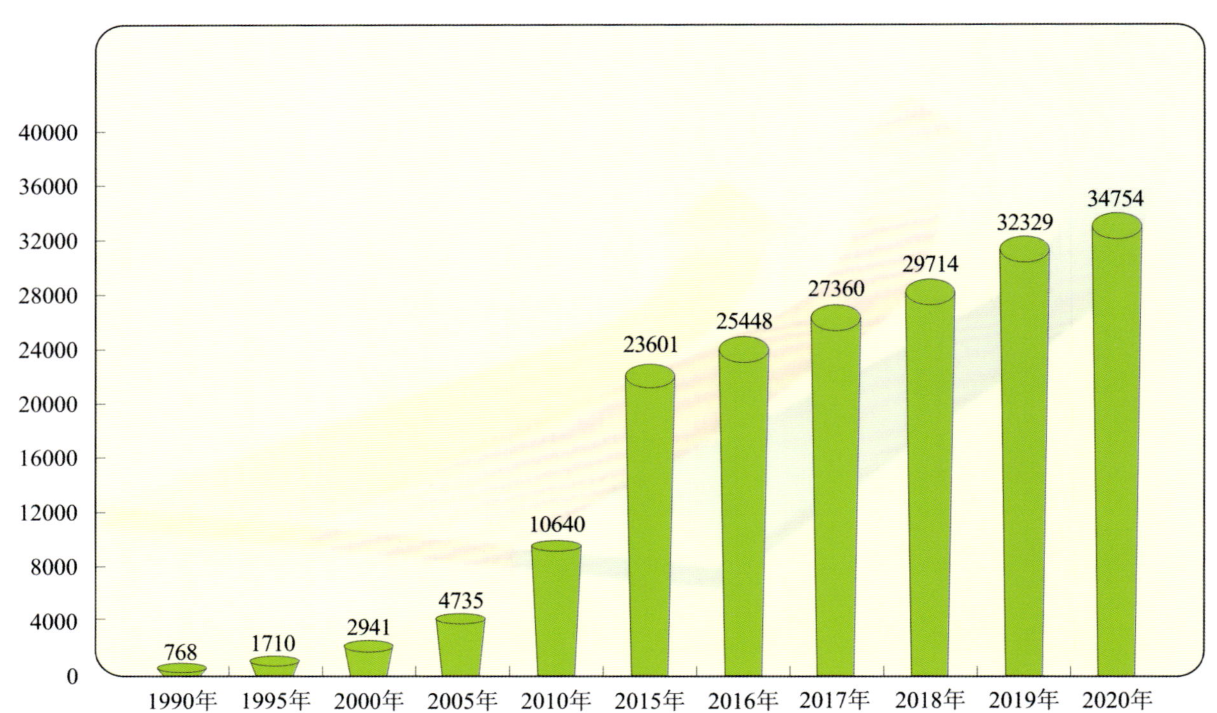

高等学校在校学生数（万人）

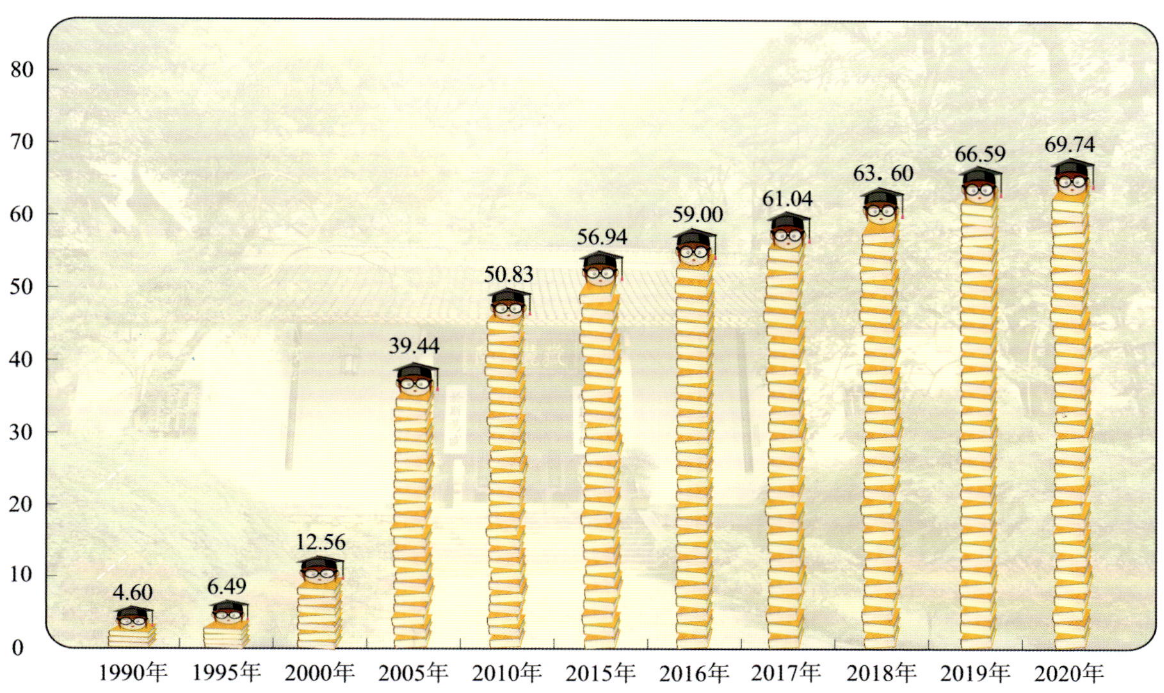

普通中学在校学生数（万人）

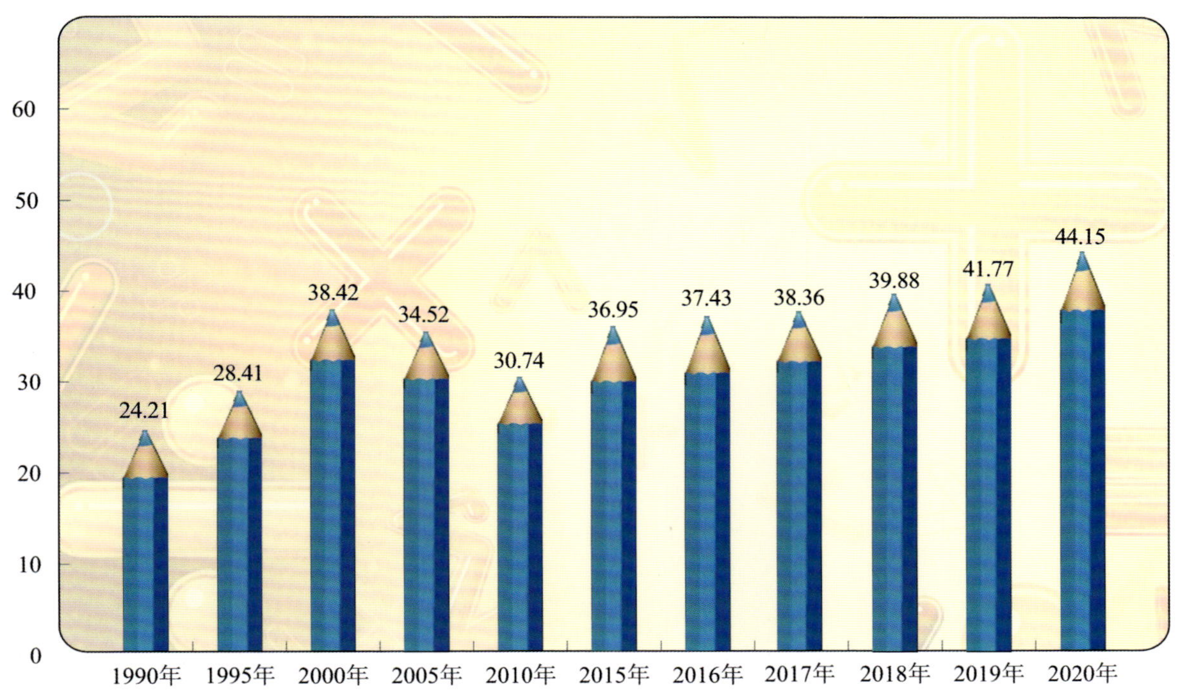

卫生技术人员（万人）

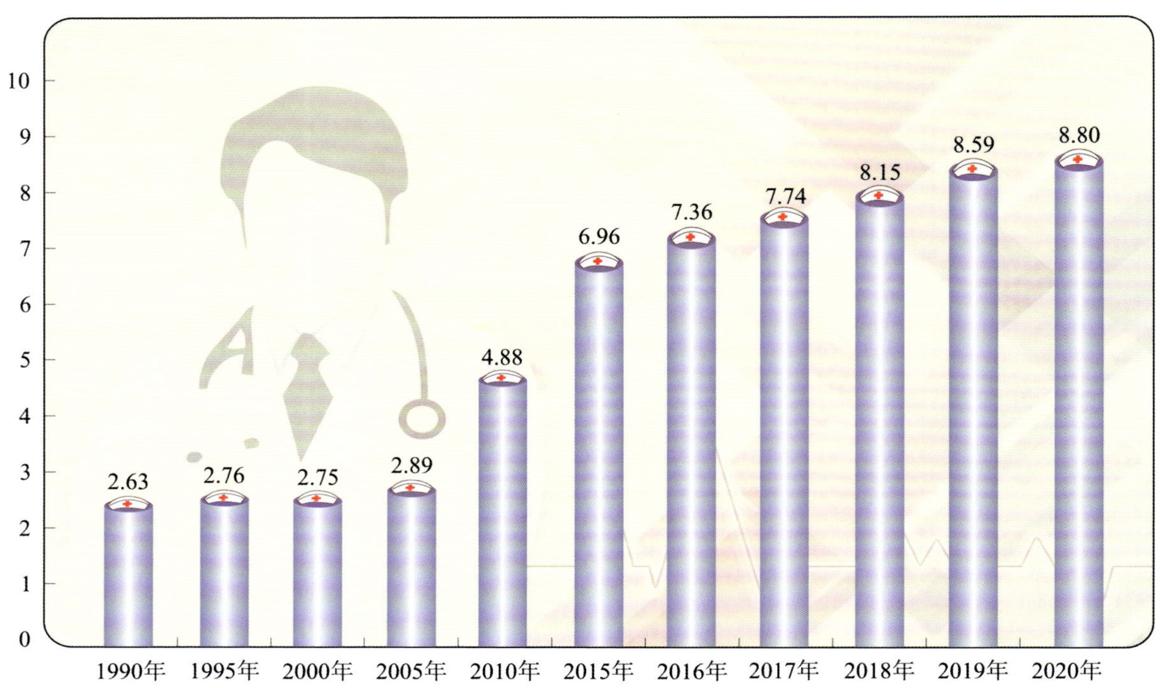

医疗病床数（万张）

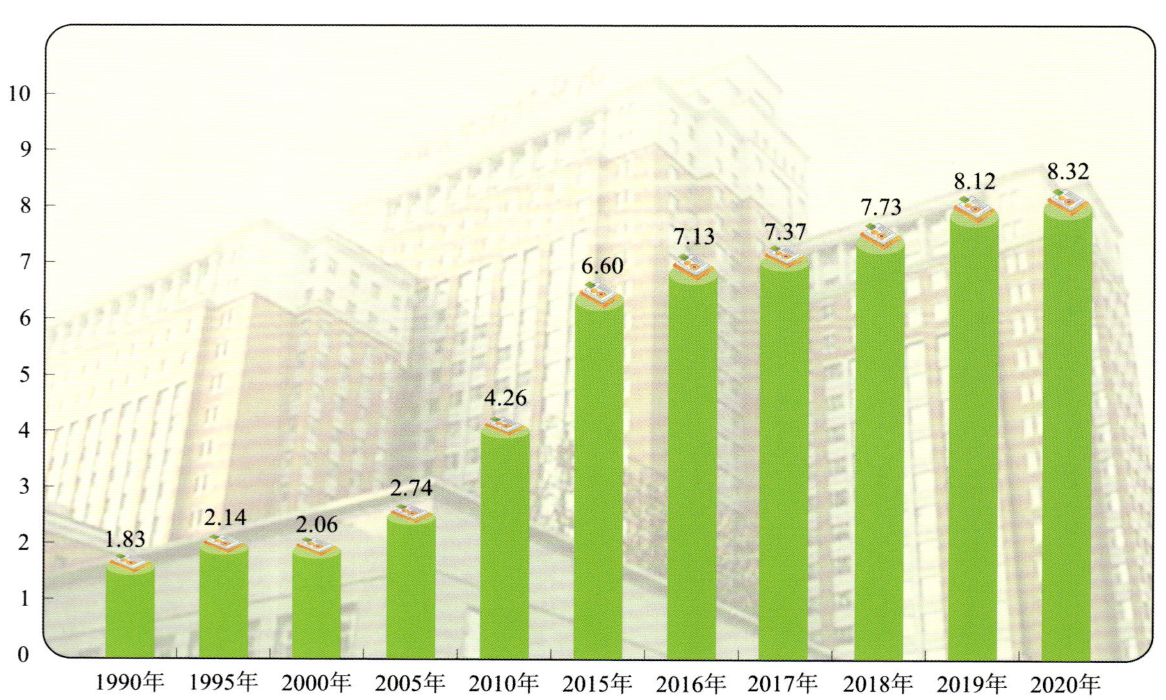

1 综　　合

1-1 自 然 环 境

位置：

长沙位于中国东南部，湖南省东部偏北，湘江下游和长浏盆地西缘。地域范围为东经111°53′~114°15′，北纬27°51′~28°41′。东临江西省宜春地区和萍乡市，南接株洲、湘潭两市，西连娄底、益阳两市，北抵岳阳、益阳两市。

地貌：

长沙地形复杂，湘江两岸形成地势低平的冲积平原，其东西两侧及东南面为地势较高的低山、丘陵。东有属于湘赣边雁阵式山系的大围山，其主峰七星岭，海拔1607.9米，为全市最高处，望城区乔口镇西侧湛湖海拔23.5米，为全市最低处。市区地势为南高北低，南郊的金盆岭、豹子岭，海拔在100米以上。北郊的浏阳河、捞刀河和湘江的汇合处，海拔仅30米，成为市区最低点。

面积：

长沙东西长约230公里，南北宽约88公里。2020年全市土地面积11816.0平方公里，其中市区面积2150.9平方公里，建成区面积560.80平方公里。

河流：

长沙市区属湘江水系。湘江自湘潭昭山流经长沙县西南边境，然后由南向北纵贯市区，经望城区乔口出境。经过市境的长度有74公里，其间流入湘江的支流有15条，其中较大的有浏阳河、捞刀河、靳江、沩水。

气候：

长沙属亚热带季风气候。由于位居盆地内部，距海较远，受冬夏季风转换，地势向北倾斜等因素的影响，气候温和，四季分明。2020年长沙市年平均气温18.2℃，极端最高温度为38.5℃，极端最低温度为零下4.1℃，降雨量1715.8毫米，总日照时数为1305.4小时。

自然资源：

长沙市地下矿藏种类多，以非金属矿具特色。已查明的有铁、锰、钒、铜、铅、锌、硫、磷、海泡石、重晶石、菊花石、煤等50余种，矿点300多处。植被以亚热带常绿阔叶林为主，有自然生长和引进栽培树102科、977种，其中常绿树462种，落叶树515种，乔木457种，灌木414种，竹藤类106种。主要林木有松、杉、栎、樟、楠、椿、茶、油茶、柑橘、毛竹等。1985年市八届人大常委会通过，市人民政府公布香樟为市树，杜鹃花为市花。

1－2 行 政 区 划

年份地区	市辖区数	市辖县（市）数	土地面积（平方公里）	镇 数
1949	5	112		
1965	4	1	3995	
1978	5	2	3995	7
1990	5	4	11818.5	21
2000	5	4	11819.46	75
2001	5	4	11819.46	76
2002	5	4	11819.46	79
2003	5	4	11819.46	81
2004	5	4	11819.46	81
2005	5	4	11819.46	79
2006	5	4	11819.46	80
2007	5	4	11819.46	83
2008	5	4	11819.46	84
2009	5	4	11819.46	86
2010	5	4	11815.96	85
2011	6	3	11815.96	88
2012	6	3	11815.96	82
2013	6	3	11815.96	79
2014	6	3	11815.96	80
2015	6	3	11815.96	67
2016	6	3	11815.96	68
2017	6	3	11815.96	68
2018	6	3	11815.96	69
2019	6	3	11815.96	69
2020	6	3	11815.96	69
芙蓉区	1		42.68	
天心区	1		137.40	
岳麓区	1		538.83	2
开福区	1		188.73	
雨花区	1		292.20	1
望城区	1		951.06	5
长沙县		1	1755.62	13
浏阳市		1	4997.35	27
宁乡市		1	2912.09	21

单位:个

街道办事处数	居民委员会数	乡 数	村民委员会数
59	18	11	
25	201	60	1145
39	329	84	1096
35	535	210	2987
50	763	46	3111
52	542	44	2786
54	568	39	2727
54	523	38	2677
54	560	38	1276
55	569	37	1281
55	571	34	1271
53	566	31	1258
53	568	30	1243
57	578	27	1236
59	590	26	1226
62	638	22	1187
82	689	19	1170
94	714	15	1169
94	715	14	1169
94	719	7	1165
94	724	6	765
95	651	6	891
96	683	5	884
96	705	5	878
96	735	5	876
13	75		5
14	86		12
17	135		52
16	103		9
12	134		28
11	36		117
5	103		114
4	25	1	299
4	38	4	240

1－3 国民经济主要综合指标

指　标	单　位	1949 年	1965 年	1978 年	1990 年	1995 年
一、土地面积	平方公里	112	3995	3995	11818	11819.5
# 市区	平方公里	112	177.07	352	367	556.33
# 建成区	平方公里	6.7	20.93	53.04	101	115
二、年末户籍总人口	万人	309.24	365.73	458.23	550.05	562.82
年末常住总人口	万人					
三、地区生产总值	亿元	2.87△	7.02	16.85	102.4	332.75
第一产业	亿元			5.61	24.38	45.58
第二产业	亿元			7.44	40.58	140.34
# 工业	亿元			6.37	34.34	106.57
第三产业	亿元			3.79	37.44	146.83
人均地区生产总值	元/人	89△	194	370	1871	5930
四、工业总产值	亿元	0.58	7.97	23.85	117.7	407.95
五、农林牧渔业总产值	亿元	1.7	2.98	7.38	36.52	86.84
# 农业	亿元	1.51	2.43			42.66
六、粮食产量	万吨	74.3	101.01	189.81	264.13	244.8
七、耕地面积	千公顷	274.27	265.87	255.91	247.93	245.77
八、固定资产投资	亿元	0.05△	0.54	2.41	18.12	104.95
# 城镇及以上固定资产投资	亿元					
新增固定资产	亿元	0.05※	0.46	1.32	8.25	49.37
竣工房屋面积	万平方米	7.02※	34.28	81.41	109.77	314.55
# 住宅	万平方米	1.19※	13.09	41.17	91.95	168.87
九、货物运输量	万吨				6165	6419
货物周转量	亿吨公里				26.26	60.13
旅客运输量	万人					8935
旅客周转量	亿人公里					34.9
十、邮电业务总量	万元	121	451	704	13870	89069
十一、社会消费品零售总额	亿元	0.92	3.52	7.72	51.39	165.51
十二、进出口总额	亿美元/亿元					
# 出口	亿美元/亿元					

2000 年	2005 年	2010 年	2015 年	2020 年	2020 年比 2019 年 ± %
11819.5	11819.5	11816	11816	11816	持平
556.33	556.33	958.8	1909.86	2150.9	持平
118.82	167.7	272.39	363.69	560.80	15.9
583.19	620.92	650.12	680.36	747.29	1.2
613.87	639.3	704.07	828.27	1006.08	4.4
720.85	1589.41	4440.32	8502.60	12142.52	4.0
74.11	113.98	199.43	289.86	423.46	4.0
281.5	645.86	2149.55	3608.39	4739.27	5.0
226.48	437.47	1687.05	2731.44	3465.88	4.9
365.24	829.58	2091.34	4604.34	6979.79	3.3
11789	25064	64903	103603	123297	-0.1
620.49	1300.62	5487.74	11174.62		
116.79	187.13	323.64	537.13	722.19	4.1
62.8	92.64	173.59	317.39	425.17	5.9
262.33	262.28	209.05	236.83	211.78	-1.8
242.32	246.9	276.79	271.97		
202.32	881.42	3192.57	6363.29		6.2
153.34	791.16	2909.83			
88.34	343.72	1471.5	4094.82		
343.54	931.57	1741.56	1432.02		
198.51	612.26	1184.42	964.28		
5910	10991	22947	33932		
140.48	100.38	219.25	386.19		
9052	10895	33983	13078		
34.83	99.57	194.55	243.69		
349844	802762	846295	2511522		
332.16	691.24	1622.09	3150.24	4469.76	-2.6
16.44	26.83	60.89	805.55	2350.46	17.4
10.51	15.95	35.51	537.42	1548.72	10.8

1－3 续表

指　标	单　位	1949 年	1965 年	1978 年	1990 年	1995 年
十三、实际使用外商直接投资金额	亿美元					
十四、全市居民消费价格总指数	上年为 100					
# 城市居民消费价格总指数	上年为 100	109.63◆	97.72	99.63	101.5	117.1
全市商品零售价格指数	上年为 100					
# 城市商品零售价格指数	上年为 100	105.64★	97.9	99.94	100.2	114
十五、地方一般公共预算收入	亿元					17.99
一般公共预算支出	亿元					21.6
十六、高等学校数	所	2	9	8	21	21
高等学校在校学生数	万人	0.27	1.94	1.89	4.6	6.49
中等职业学校数	所	16	21	23	40	42
中等职业学校在校学生数	万人	0.23	0.78	0.98	2.56	5.54
普通中学在校学生数	万人	1.13	7.54	33.11	24.21	28.41
小学在校学生数	万人	14.71	59.37	68.01	57.07	62.37
十七、艺术表演团体	个	9	19	13	12	12
十八、图书出版量	万册	1626△	2549	1983	32135	33677
杂志出版量	万份	245△	221	2680	5144	7636
报纸出版量	万份	6786△	17000	30057	40325	55721
十九、卫生机构数	个	34	1035	1195	1346	1100
# 医院、卫生院	个	14	138	248	297	205
医疗病床数	张	747	8454	12976	18349	21378
卫生技术人员	人	1253	8779	16068	26307	27553
# 执业医师和执业助理医师	人			7247	12423	12107
二十、城市居民人均可支配收入	元	131△	216	327	1770	4860
农村居民人均可支配收入	元	41	96	127	768	1710
农民人均纯收入	元	48△	103	143	820	1737
二十一、年末金融机构本外币存款余额	亿元					306
# 城乡居民储蓄余额	亿元	0.0073※	0.27	1.14	42.42	183
年末金融机构本外币贷款余额	亿元					241

注:1. 土地面积按当年实际情况整理。

2. ※为 1950 年数,★为 1951 年数,△为 1952 年数,◆为 1953 年数。

3. 工、农业总产值 1990 年以前按不变价格计算;1990 年以后按现行价格计算。

4. 邮电业务总量 1949－1978 年按 1970 年不变价格计算;1990－2001 年按 1990 年不变价格计算;2002－2009 年按 2000 年不变价格计算,2010 年以后按 2010 年不变价格计算。

5. 2003 年开始因教育制度改革,现行中等职业学校包括普通中专、职业高中,2002 年以前年份的数据是中等专业学校数据。

6. 人均地区生产总值 2000 年以前按户籍人口计算,2000 年以后按常住人口计算。

7. 2005－2008 年的地区生产总值、社会消费品零售总额、2008 年工业总产值按第二次经济普查数据修正。

8. 根据国家抽样调查情况,全省统一对 2010 年粮食产量数据进行了调整。

9. 从 2011 年起,原全社会固定资产投资指标改名为固定资产投资,固定资产投资统计起点由 50 万元提高到 500 万元及以上。

2000 年	2005 年	2010 年	2015 年	2020 年	2020 年比 2019 年 ± %
1.77	9.02	22.38	44.06	72.82	14.3
	102.3	103.1			
101.7	101.9	102.9	101.1	101.8	
	101.7	103.5			
100.7	100.4	103.8	99.6	100.8	
34.45	108.06	314.28	718.95	1100.09	3.0
41.43	133.05	403.33	925.00	1501.23	5.3
23	45	48	51	52	2.0
12.56	39.44	50.83	56.94	69.74	4.7
40	104	67	50	57	持平
8.41	11.27	11.37	9.15	11.46	-1.6
38.42	34.52	30.74	36.95	44.15	5.7
46.65	33.87	41.35	50.94	71.02	6.6
13	12	12	12	12	持平
24844	30483	31109	48494	48269	-1.0
10404	10925	12540	13918	9414	1.5
62354	75309	101861	105635	48754	-11.9
1036	1519	2655	4661	4681	1.0
263	260	255	284	339	0.9
20590	27395	42629	66036	83180	2.4
27460	28943	48791	69634	87987	2.5
12345	12088	18258	25599	32785	1.5
7530	12434	23347	39961	57971	5.0
2941	4735	10640	23601	34754	7.5
3005	4908	11206			
826	2322	6428	14066	23317	10.8
373	954	2172	4353	7572	14.7
632	2055	6354	12324	24261	14.2

10. 因统计方法制度改革，从2013年开始取消农民人均纯收入统计指标，城市居民人均可支配收入调整为城镇统计口径，2012年以前为城市统计口径，与往年数据不具可比性。
11. 2014年货物、旅客运输量及周转量统计口径发生变化，与以前年度数据不具可比性。
12. 2014年邮电业务总量测算方法发生变化，与以前年度数据不具可比性。
13. 因统计制度变化，从2014年起居民消费价格指数和商品零售价格数取消全年统计口径数据。
14. 2016年，将部分研发支出计入GDP，并对历史数据进行了调整。
15. 图书出版印数2000年以前按“书籍”统计，2000年以后按“图书”统计。
16. 2017年开始电信业务总量使用2015年不变价，而邮政业务总量仍使用2010年不变价格，故两者2017年不能合计。
17. 进出口总额数据2015年以前计量单位为亿美元，2015年开始计量单位为亿元。
18. 2020年，水运沿海部分的货运周转量数据省局不再分市州；疫情期间，高速公路免费通行，无法获取客货运数据；全省铁路相关数据未分市州。

1－4 国民经济主要指标平均递增速度

指 标	1949～1965年	1965～1978年	1949～2020年	1978～2020年	2000～2020年	2010～2020年
一、年末户籍总人口	1.1	1.7	1.3	1.2	1.2	1.4
二、地区生产总值	4.3	5.1	9.2	12.4	12.3	9.8
第一产业				5.0	4.5	4.0
第二产业				13.7	13.6	9.8
# 工业				14.3	15.2	10.5
第三产业				13.9	12.3	10.1
人均地区生产总值				10.4	9.7	5.8
三、工业总产值	18.3	9.9				
四、农林牧渔业总产值	3.2	3.6	4.4	4.9	4.7	3.6
# 农业	2.8	4.4	3.8	4.2	4.9	5.3
五、粮食产量	1.9	5.0	1.7	0.3	－1.1	0.1
六、固定资产投资						15.5
新增固定资产	23.4※	3.4				
竣工房屋面积	19.5※	1.8				
# 住宅	25.5※	1.2				
七、社会消费品零售总额	9.1	6.8	12.7	16.4	13.6	9.4
八、地方一般公共预算收入					18.9	13.3
一般公共预算支出					19.7	14.0

1－4 续表

单位:%

指 标	1949～1965年	1965～1978年	1949～2020年	1978～2020年	2000～2020年	2010～2020年
九、高等学校数	9.9	－0.9	4.7	4.6	4.2	0.8
高等学校在校学生数	13.2	－0.2	8.1	9.0	8.9	3.2
普通中学在校学生数	12.6	12.1	5.3	0.7	0.7	3.7
小学在校学生数	9.1	1.1	2.2	0.1	2.1	5.6
十、艺术表演团体	4.8	－2.9	0.4	－0.2	－0.4	0.0
十一、图书出版量	3.5△	－1.9	4.9△	7.9	3.4	4.5
杂志出版量	－1.1△	21.6	5.3△	3.0	－0.5	－2.8
报纸出版量	7.3△	4.5	2.8△	1.2	－1.2	－7.1
十二、卫生机构数	23.8	1.1	7.2	3.3	7.8	5.8
# 医院、卫生院	15.4	4.6	4.6	0.7	1.3	2.9
医疗病床数	16.4	3.4	6.9	4.5	7.2	6.9
卫生技术人员	12.9	4.8	6.2	4.1	6.0	6.1
# 执业医师和执业助理医师				3.7	5.0	6.0
十三、城市居民人均可支配收入	3.9△	4.1				
农民人均纯收入	6.0△	2.6				
城乡居民储蓄余额	27.2※	10.1	21.5※	23.3	16.2	13.3

注:※表示以1950年为基期,△表示以1952年为基期。

1－5 主要指标日均水平

指　　标	单位	1949 年	1965 年	1978 年	1990 年	1995 年
一、地区生产总值	万元	78.53△	192.44	461.52	2805	9116
二、工业总产值	万元	15.87	218.33	627.18	3196	9341
三、地方一般公共预算收入	万元					493
四、农林牧渔业总产值	万元	46.63	81.64	267.56	1001	2479
五、粮食总产量	吨	2036	2767	5200	7236	6707
六、固定资产投资	万元	5.60△	14.89	66.13	496	2875
竣工房屋面积	平方米	192※	939	2230	3007	8618
# 住宅	平方米	33※	359	1128	1265	4622
七、邮电:函件	万件	1.65※	5.28	5.88	17.68	30.52
八、社会消费品零售总额	万元	25	96	252	1408	4535
九、城市生活用水	万吨	0.1	4.33	12.81	34.15	47.23
十、城市公共汽车乘客人数	万人次	1.65	11.29	45.06	72.76	64.77
十一、出生	人		352	193	242	113
死亡	人		94	83	103	101
结婚	对				140	110
离婚	对				14	20
十二、出版报纸	万份	18.59△	46.58	82.35	110.48	150.38
出版杂志	万份	0.67△	0.58	7.34	14.09	20.92
出版图书	万册	4.45△	6.98	5.43	88.04	92.27

注:1. ※为 1950 年数,△为 1952 年数。

2. 1949 年、1965 年工农业总产值按不变价格计算,其他年份按现价计算。

2000 年	2005 年	2010 年	2015 年	2020 年
19749	43546	121653	232948	332672
17000	35633	150349	306154	
944	2960	8610	19697	30139
3200	5127	8867	14716	19786
7187	7186	5727	6488	5802
5543	24149	87468	174337	
9412	25522	47715	39233	
5439	16774	32449	26419	
23.01	10.74	11.64	4.30	3.34
9100	18938	44441	86308	122459
58.21	86.41	72.91	96.27	
92.64	214.14	197.87	203.63	113.31
170	185	196	268	206
114	117	100	89	176
110	125	190	159	130
17	28	46	60	73
170.83	206.33	279.07	289.41	133.57
28.5	29.93	34.36	38.13	25.79
68.07	83.52	85.23	132.86	132.24

1－6 主要指标人均水平

指　　标	单位	1949 年	1965 年	1978 年	1990 年	1995 年	2000 年
一、地区生产总值	元	89△	194	370	1871	5930	12368
二、工业总产值	元	19	221	503	2132	6811	10464
三、农林牧渔业总产值	元	55	82	215	667	1548	2004
四、粮食产量	公斤	240	280	417	480	435	450
五、固定资产投资完成额	元	6.34△	15.04	53.02	331	1870	3471
竣工房屋面积	平方米	0.02※	0.09	0.18	0.2	0.56	0.59
六、社会消费品零售总额	元	30	96	201	934	2950	5699
七、职工工资	元	439△	585	601	2135	5319	10137
八、人民生活							
农村居民人均可支配收入	元	48△	103	143	721	1737	3005
城镇居民人均可支配收入	元	131△	216	327	1770	4860	7530
城市居民人均购买主要商品：							
粮食	公斤				134.1	106.8	95.9
油脂类	公斤				7.8	7.7	9.8
鲜菜	公斤				134.9	115.5	115.4
猪肉	公斤				24.2	19.2	17.9
鲜蛋	公斤				5.6	7.8	7.3
煤炭	公斤				159.2	37.4	20.3
液化气	公斤				22.2	29.7	35.4
管道煤气	立方米					1.3	15.3
电	度(千瓦时)					169.2	307.3
九、城市住房建筑面积	平方米						18.6
十、城乡居民储蓄余额	元			25	771	3266	6400
十一、年末医疗病床数	张/千人	0.24	2.34	2.85	3.34	3.8	3.53

注：1. ※为 1950 年数，△为 1952 年数。
2. 1949 年、1965 年工农业总产值按不变价格计算。
3. 1999 年以后职工工资均为在岗职工平均工资。
4. 2003 年以前的除城乡居民调查指标、职工工资、城市住宅居住面积以外的指标按户籍人口计算。
5. 从 2013 年开始，农村居民人均可支配收入开始统计，2012 年及以前为农民纯收入统计口径，城镇居民人均可支配收入 2012 年以前为城市统计口径。

2005年		2010年		2015年		2020年	
按户籍人口计算	按常住人口计算	按户籍人口计算	按常住人口计算	按户籍人口计算	按常住人口计算	按户籍人口计算	按常住人口计算
25817	25064	68473	64903	125799	108652	163477	123297
21126	20510	84625	80193	165333	136161		
3040	2951	4991	4729	7947	6545	9723	7333
426	414	322	306	350	289	285	215
14317	13900	49232	46654	94148	77536		
1.51	1.47	2.69	2.55	2.12	1.74		
11228	10900	25014	23704	46609	38385	60177	45387
21499	21499	38338	38338	67266	67266	105603	105603
4908	4908	11206	11206	23601	23601	34754	34754
12434	12434	23347	23347	39961	39961	57971	57971
95.6	95.6	71.8	71.8	55.7	55.7	72.2	72.2
13.6	13.6	13.9	13.9	15.5	15.5	14.9	14.9
121.7	121.7	143.0	143.0	93.1	93.1	146.1	146.1
24.8	24.8	24.8	24.8	23.6	23.6	29.5	29.5
7.2	7.2	8.3	8.3	7.5	7.5	9.6	9.6
38.4	38.4	4.3	4.3	13.7	13.7	2.8	2.8
40	40	19.7	19.7	16.8	16.8	6.6	6.6
35.5	35.5	3.6	3.6	1.1	1.1	3.5	3.5
626.9	626.9	988.8	988.8	1041.4	1041.4	1296.4	1296.4
27.2	27.2	30.9	30.9	45.3	45.3	41.2	41.2
15503	15050	33495	31741	64399	52607	103227	91511
4.45	4.32	6.57	6.23	9.77	7.24	11.34	10.05

1－7 长沙市主要经济指标占湖南省的比重(2020年)

	单 位	湖南省	长沙市	长沙市占湖南省的比重(%)
一、地区生产总值	亿元	41781.49	12142.52	29.1
第一产业	亿元	4240.44	423.46	10.0
第二产业	亿元	15937.69	4739.27	29.7
第三产业	亿元	21603.36	6979.79	32.3
人均地区生产总值	元	62900	123297	(比全省高)60397
二、工业增加值	亿元	12363.48	3465.88	28.0
三、粮食产量	万吨	3015.10	211.80	7.0
四、社会消费品零售总额	亿元	16258.12	4469.76	27.5
五、地方一般公共预算收入	亿元	3008.66	1100.09	36.6
六、进出口总额	亿元	4874.50	2350.46	48.2
# 出口总额	亿元	3306.40	1548.72	46.8
七、实际利用外资金额	亿美元	209.98	72.82	34.7
八、年末金融机构本外币存款余额	亿元	57912.00	23316.81	40.3
# 住户存款	亿元	31869.10	7572.18	23.8
年末金融机构本外币贷款余额	亿元	49402.80	24261.26	49.1
九、城镇居民人均可支配收入	元	41698	57971	(比全省高)16273
城镇居民人均消费性支出	元	26796	39133	(比全省高)12337
农村居民人均可支配收入	元	16585	34754	(比全省高)18169
农村居民人均生活消费支出	元	14974	24427	(比全省高)9453

2 国民经济核算

长沙统计年鉴

2－1 历年地区生产总值

（按当年价格计算）

年 份	地区生产总值（GDP）	第一产业	第二产业	工 业	建筑业
1978	168453	56092	74436	63735	10701
1979	213830	66329	100585	87584	13001
1980	231716	65819	111424	96623	14801
1981	257289	70974	123181	106641	16540
1982	286247	77973	135101	112880	22221
1983	323103	91952	146343	120864	25479
1984	364037	100688	161664	129822	31842
1985	450774	120844	197301	155838	41463
1986	514749	131395	222520	174528	47992
1987	634135	147543	275363	214193	61170
1988	825712	194304	356294	288687	67607
1989	932540	212031	393832	330194	63638
1990	1023956	243772	405796	343378	62418
1991	1189012	241941	484759	410114	74645
1992	1498739	266151	626843	522893	103950
1993	1935420	301613	830974	687474	143500
1994	2609009	358777	1132512	937517	194995
1995	3327521	455780	1403433	1065652	337781
1996	4157722	583757	1731447	1369267	362180
1997	5037611	687320	2056865	1671931	384934
1998	5709136	707519	2336161	1877559	458602
1999	6280205	713285	2521526	2042102	479424
2000	7208461	741104	2814982	2264823	550159
2001	8159971	783636	3172774	2448587	724187
2002	9069159	791826	3551725	2659644	892081
2003	10625279	832886	4382509	3249686	1132823

年 份	地区生产总值（GDP）	第一产业	第二产业	工 业	建筑业
2004	12839927	1045950	5024366	3554390	1469976
2005	15894133	1139776	6458577	4374672	2083905
2006	19185845	1163200	8188304	5878122	2310182
2007	24905268	1329500	10771691	8161739	2609952
2008	31676002	1721126	15043711	11884656	3159055
2009	36014512	1757560	16851323	13275266	3576057
2010	44403211	1994291	21495472	16870515	4624957
2011	54764223	2390566	26786837	21198422	5588415
2012	61979451	2617244	28546245	22216715	6329530
2013	69022679	2652021	30383833	23296922	7102886
2014	75346767	2712187	32915220	24932653	7999493
2015	85025984	2898634	36083905	27314366	8788533
2016	91664027	3063635	37650910	28246655	9425226
2017	100501981	3120052	39912911	29191260	10744693
2018	104056317	3187298	40900938	29652625	11270307
2019	115527308	3598132	45300172	33197674	12127122
2020	121425166	4234631	47392678	34658760	12759312

注：1. 2004 年开始行业分类按《国民经济行业分类》GB/T4754－2002 标准执行；2014 年执行新的《三次产业划分规定》，第一产业不含农、林、牧、渔服务业，划入第三产业；第二产业不含开采辅助活动，金属制品、机械和设备修理划入第三产业。本章节数据相应调整。

2. 2000 年以前人均地区生产总值按户籍人口计算，2000 年以后按常住人口计算。

3. 根据第四次全国经济普查结果对历史数据进行了修订。

4. 根据第七次人口普查数据对人均地区生产总值历史数据进行了修订。

单位：万元

第三产业	运输邮电业	批零餐饮业	金融保险业	房地产业	其它服务业	人均地区生产总值（元/人）
37925	8417	13427	4090	1978	10013	370
46916	9002	19072	5811	2807	10224	464
54473	9939	23967	6211	3061	11295	496
63134	10267	25976	7797	3843	15251	544
73173	11802	27438	11609	5730	16594	596
84808	12058	31188	11826	5827	23909	662
101685	16537	37443	12074	7091	28540	737
132629	19833	48934	16764	8339	38759	900
160834	24937	54039	27907	8795	45156	1012
211229	29992	64834	37992	9294	69117	1227
275114	37180	85372	50596	10035	91931	1526
326677	43006	93404	66579	10983	112705	1718
374388	48991	112377	69000	12647	131373	1871
462312	62071	153974	71596	15994	158677	2155
605745	80035	209877	93536	18534	203763	2703
802833	105875	274691	117513	27024	277730	3485
1117720	126546	366270	178916	35650	410338	4680
1468308	184223	516085	224019	49846	494135	5930
1842518	257171	617100	270892	63915	633440	7356
2293426	337992	749793	306628	74623	824390	8842
2665456	382181	852130	336268	90688	1004189	9939
3045394	417239	952207	362988	103562	1209398	10834
3652375	525950	1086770	389800	159062	1490793	11789
4203561	584865	1215367	400167	223285	1779877	13226
4725608	649131	1390327	403000	286847	1996303	14546
5409884	709677	1565903	430689	337988	2365627	16930

第三产业	运输仓储邮政业	批发零售业	住宿餐饮业	金融保险业	房地产业	其它服务业	人均地区生产总值（元/人）
6769611	573726	1636632	387900	541361	784196	2845796	20424
8295780	746103	1960406	632588	929457	1312252	2714974	25064
9834341	863178	2300807	766399	1065051	1597439	3241467	29843
12804077	1072842	2844875	899435	1339300	2030779	4616846	38333
14911165	1291599	3345963	1104883	1551378	1991179	5626163	48306
17405629	1449110	4014241	1211250	1921361	2641254	6168413	54453
20913448	1727990	5034265	1384265	2148082	2975928	7642918	64903
25586820	2122587	6023419	1712546	2662812	3434688	9630768	75828
30815962	2466947	6935869	1820383	3132754	3853980	12606029	82281
35986825	2665575	7953215	1997318	3805906	4689646	14777637	88853
39719360	2812303	8773788	2180882	4555057	4533996	16749450	94149
46043445	3182705	9347611	2400312	5453763	5254268	20267413	103603
50949482	3403353	10128293	2613972	6274246	6301204	22059724	108652
57469018	3543910	11062235	2810858	7069470	6955549	25836378	114078
59968081	3890942	11347813	3034337	7602511	7198073	26684314	113664
66629004	4173415	12564364	3502598	8304725	7613577	30240816	122150
69797857	4092038	12566976	3112733	9203155	7889449	32685608	123297

2－2 历年地区生产总值构成

单位：%

年份	地区生产总值（GDP）	第一产业	第二产业	工业	建筑业	第三产业	运输邮电业	批零餐饮业	金融保险业	房地产业	其它服务业
1978	100	33.3	44.2	37.8	6.4	22.5	5.0	8.0	2.4	1.2	5.9
1979	100	31.0	47.1	41.0	6.1	21.9	4.2	8.9	2.7	1.3	4.8
1980	100	28.4	48.1	41.7	6.4	23.5	4.3	10.3	2.7	1.3	4.9
1981	100	27.6	47.9	41.4	6.5	24.5	4.0	10.1	3.0	1.5	5.9
1982	100	27.2	47.2	39.4	7.8	25.6	4.1	9.6	4.1	2.0	5.8
1983	100	28.5	45.3	37.4	7.9	26.2	3.7	9.7	3.7	1.8	7.3
1984	100	27.7	44.4	35.7	8.7	27.9	4.5	10.3	3.3	1.9	7.9
1985	100	26.8	43.8	34.6	9.2	29.4	4.4	10.9	3.7	1.8	8.6
1986	100	25.5	43.2	33.9	9.3	31.3	4.8	10.5	5.4	1.7	8.9
1987	100	23.3	43.4	33.8	9.6	33.3	4.7	10.2	6.0	1.5	10.9
1988	100	23.5	43.2	35.0	8.2	33.3	4.5	10.3	6.1	1.2	11.2
1989	100	22.8	42.2	35.4	6.8	35.0	4.6	10.0	7.1	1.2	12.1
1990	100	23.8	39.6	33.5	6.1	36.6	4.8	11.0	6.7	1.2	12.9
1991	100	20.3	40.8	34.5	6.3	38.9	5.2	13.0	6.0	1.3	13.4
1992	100	17.8	41.8	34.9	6.9	40.4	5.3	14.1	6.2	1.2	13.6
1993	100	15.6	42.9	35.5	7.4	41.5	5.5	14.2	6.1	1.4	14.3
1994	100	13.8	43.4	35.9	7.5	42.8	4.9	14.0	6.9	1.4	15.6
1995	100	13.7	42.2	32.0	10.2	44.1	5.5	15.5	6.7	1.5	14.9
1996	100	14.0	41.6	32.9	8.7	44.4	6.2	14.9	6.5	1.5	15.3
1997	100	13.6	40.8	33.2	7.6	45.6	6.7	14.9	6.1	1.5	16.4
1998	100	12.4	40.9	32.9	8.0	46.7	6.7	14.9	5.9	1.6	17.6
1999	100	11.4	40.2	32.5	7.7	48.4	6.6	15.2	5.8	1.6	19.2
2000	100	10.3	39.0	31.4	7.6	50.7	7.3	15.1	5.4	2.2	20.7
2001	100	9.6	38.9	30.0	8.9	51.5	7.2	14.9	4.9	2.7	21.8
2002	100	8.7	39.2	29.3	9.8	52.1	7.2	15.3	4.4	3.2	22.0
2003	100	7.8	41.3	30.6	10.7	50.9	6.7	14.7	4.1	3.2	22.3

年份	地区生产总值（GDP）	第一产业	第二产业	工业	建筑业	第三产业	运输仓储邮政业	批发零售业	住宿餐饮业	金融保险业	房地产业	其它服务业
2004	100	8.2	39.1	27.7	11.4	52.7	4.5	12.7	3.0	4.2	6.1	22.2
2005	100	7.2	40.6	27.5	13.1	52.2	4.7	12.3	4.0	5.8	8.3	17.1
2006	100	6.1	42.7	30.6	12.0	51.2	4.5	12.0	4.0	5.6	8.3	16.9
2007	100	5.3	43.3	32.8	10.5	51.4	4.3	11.4	3.6	5.4	8.2	18.5
2008	100	5.4	47.5	37.5	10.0	47.1	4.1	10.6	3.5	4.9	6.3	17.8
2009	100	4.9	46.8	36.9	9.9	48.3	4.0	11.1	3.4	5.3	7.3	17.1
2010	100	4.5	48.4	38.0	10.4	47.1	3.9	11.3	3.1	4.8	6.7	17.2
2011	100	4.4	48.9	38.7	10.2	46.7	3.9	11.0	3.1	4.9	6.3	17.6
2012	100	4.2	46.1	35.8	10.2	49.7	4.0	11.2	2.9	5.1	6.2	20.3
2013	100	3.9	44.0	33.8	10.3	52.1	3.9	11.5	2.9	5.5	6.8	21.4
2014	100	3.6	43.7	33.1	10.6	52.7	3.7	11.6	2.9	6.0	6.0	22.2
2015	100	3.4	42.4	32.1	10.3	54.2	3.7	11.0	2.8	6.4	6.2	23.8
2016	100	3.3	41.1	30.8	10.3	55.6	3.7	11.0	2.9	6.8	6.9	24.1
2017	100	3.1	39.7	29.0	10.7	57.2	3.5	11.0	2.8	7.0	6.9	25.7
2018	100	3.1	39.3	28.5	10.8	57.6	3.7	10.9	2.9	7.3	6.9	25.6
2019	100	3.1	39.2	28.7	10.5	57.7	3.6	10.9	3.0	7.2	6.6	26.2
2020	100	3.5	39.0	28.5	10.5	57.5	3.4	10.3	2.6	7.6	6.5	26.9

2-3 历年地区生产总值环比指数

（按可比价格计算，以上年为100）

单位：%

年份	地区生产总值（GDP）	第一产业	第二产业	工业	建筑业	第三产业	运输邮电业	批零餐饮业	金融保险业	房地产业	其它服务业	人均地区生产总值
1978												
1979	115.4	110.0	120.0	120.0	120.0	117.2	123.2	109.4	118.1	141.9	128.9	114.3
1980	114.7	110.1	121.3	120.7	127.4	111.3	121.7	108.1	108.3	109.1	113.8	113.1
1981	111.2	109.5	110.0	110.0	110.0	115.9	121.5	109.8	127.8	123.4	116.9	109.9
1982	112.4	109.5	110.0	107.7	131.7	120.6	114.4	106.3	138.5	146.6	139.7	110.6
1983	114.2	109.5	110.0	109.7	112.3	126.9	109.7	120.5	110.7	112.1	164.9	112.3
1984	112.3	109.8	110.0	105.6	143.1	118.2	119.5	110.9	131.8	117.4	121.2	111.4
1985	112.2	109.2	109.9	109.0	115.0	118.3	112.6	115.7	137.1	104.8	117.6	110.4
1986	109.4	105.5	111.6	109.4	122.8	110.8	112.7	105.0	124.1	103.5	110.5	107.7
1987	110.4	100.5	115.4	115.6	114.9	114.1	113.6	108.7	116.3	102.8	120.5	108.7
1988	113.7	103.3	117.1	118.3	111.2	118.4	107.6	116.9	126.0	106.7	121.7	108.8
1989	104.5	102.0	108.4	112.3	88.7	102.0	100.2	105.2	97.1	94.5	103.5	104.0
1990	104.6	103.8	102.9	103.6	98.5	107.3	112.2	102.3	103.4	104.1	112.6	103.7
1991	108.7	94.1	113.9	113.9	113.9	112.9	113.0	120.0	107.5	112.0	109.6	107.8
1992	117.2	101.7	122.6	120.6	135.9	120.0	117.5	128.7	110.3	113.8	118.3	116.6
1993	118.2	105.6	120.7	120.7	120.6	121.5	120.5	119.2	115.9	126.0	126.4	118.0
1994	113.4	105.0	116.4	117.3	110.9	113.6	101.8	108.4	118.8	107.2	121.3	113.0
1995	114.0	104.9	115.4	110.6	145.5	116.0	127.9	122.4	110.6	124.9	108.4	113.3
1996	114.0	108.0	115.4	117.7	104.7	114.5	119.9	116.0	110.9	118.3	112.3	113.2
1997	115.9	108.2	116.5	119.1	102.8	117.7	124.2	114.9	107.5	110.7	123.2	115.0
1998	113.9	102.5	114.5	113.9	118.3	116.8	121.2	113.6	108.4	120.1	121.0	113.0
1999	111.5	103.4	110.7	111.2	108.2	114.7	111.0	115.6	107.7	123.1	116.9	110.5
2000	112.2	104.0	112.5	112.6	112.0	113.9	117.0	113.3	105.7	126.0	114.6	110.7
2001	113.7	104.9	113.6	121.4	119.0	115.7	110.7	113.9	104.4	128.4	119.4	112.7
2002	114.5	101.8	114.6	116.8	119.4	116.7	113.0	117.6	102.6	129.8	118.5	113.3
2003	115.3	104.8	120.8	122.8	106.4	112.9	108.2	112.6	105.8	118.4	115.0	114.6

年份	地区生产总值（GDP）	第一产业	第二产业	工业	建筑业	第三产业	运输仓储邮政业	批发零售业	住宿餐饮业	金融保险业	房地产业	其它服务业	人均地区生产总值
2004	116.1	107.0	120.8	121.4	119.0	113.7	109.2	114.5	116.9	104.6	122.1	114.2	115.9
2005	114.9	106.7	117.4	116.8	119.4	114.0	107.6	113.3	115.7	107.3	108.9	116.9	113.9
2006	115.0	105.7	118.1	122.8	106.4	113.8	109.0	113.5	122.2	112.1	117.9	113.5	113.4
2007	115.3	106.5	115.7	119.7	104.2	116.1	120.1	115.8	112.3	118.8	116.2	116.5	114.1
2008	114.6	106.8	118.2	121.8	106.3	112.7	113.6	115.3	118.7	110.8	95.5	119.7	113.6
2009	115.1	106.5	115.8	117.0	111.3	115.4	109.9	119.6	106.0	120.7	130.0	109.0	114.1
2010	115.0	104.5	120.4	121.4	116.5	111.6	119.0	113.9	113.2	108.0	105.7	112.2	111.2
2011	114.1	104.0	117.8	120.4	108.1	111.2	113.7	112.8	112.1	110.5	98.5	114.8	108.1
2012	112.9	104.0	114.2	115.7	108.1	112.3	113.9	111.3	108.7	111.8	107.6	115.0	108.3
2013	112.0	103.0	112.1	113.0	108.3	112.8	108.5	111.3	104.9	117.9	112.5	114.0	108.6
2014	110.2	104.4	111.3	111.4	111.1	109.5	109.8	109.5	106.3	113.9	93.7	113.5	107.0
2015	109.9	103.6	108.4	108.3	108.9	112.0	107.4	107.9	105.8	124.0	112.5	112.8	107.2
2016	109.3	103.0	107.3	107.5	106.5	111.4	106.7	108.1	106.0	105.8	115.0	114.8	106.4
2017	109.0	103.0	107.6	108.1	105.9	110.4	110.8	108.6	108.3	108.7	97.8	115.0	104.3
2018	108.5	103.3	106.6	107.2	104.5	110.3	108.6	106.3	106.0	104.2	106.5	114.8	104.4
2019	108.1	103.2	107.9	109.1	103.7	108.4	110.2	106.2	104.1	109.2	103.4	110.4	104.6
2020	104.0	104.0	105.0	104.9	105.2	103.3	99.6	101.3	91.9	108.6	103.0	104.4	99.9

2-4 历年地区生产总值定基指数

（按可比价格计算，以1978年为100）

年 份	地区生产总值（GDP）	第一产业	第二产业	工 业	建筑业
1978	100	100	100	100	100
1979	115.4	110.0	120.0	120.0	120.0
1980	132.4	121.1	145.6	144.8	152.9
1981	147.2	132.6	160.2	159.3	168.2
1982	165.5	145.2	176.2	171.6	221.5
1983	189.0	159.0	193.8	188.2	248.7
1984	212.2	174.6	213.2	198.7	355.9
1985	238.1	190.7	234.3	216.6	409.3
1986	260.5	201.2	261.5	237.0	502.6
1987	287.6	202.2	301.8	274.0	577.5
1988	327.0	208.9	353.4	324.1	642.2
1989	341.7	213.1	383.1	364.0	569.6
1990	357.4	221.2	394.2	377.1	561.1
1991	388.5	208.1	449.0	429.5	639.1
1992	455.3	211.6	550.5	518.0	868.5
1993	538.2	223.4	664.5	625.2	1047.4
1994	610.3	234.6	773.5	733.4	1161.6
1995	695.7	246.1	892.6	811.1	1690.1
1996	793.1	265.8	1030.1	954.7	1769.5
1997	919.2	287.6	1200.1	1137.0	1819.0
1998	1047.0	294.8	1374.1	1295.0	2151.9
1999	1167.4	304.8	1521.1	1440.0	2328.4
2000	1309.8	317.0	1711.2	1621.4	2607.8
2001	1489.2	332.5	1943.9	1968.4	3103.3
2002	1705.2	338.5	2227.7	2299.1	3705.3
2003	1966.1	354.8	2691.1	2823.3	3942.5

年 份	地区生产总值（GDP）	第一产业	第二产业	工 业	建筑业
2004	2282.6	379.6	3250.9	3427.4	4691.5
2005	2622.7	405.0	3816.5	4003.2	5601.7
2006	3016.1	428.1	4507.3	4916.0	5960.2
2007	3477.6	455.9	5214.9	5884.4	6210.5
2008	3985.3	487.0	6164.1	7167.2	6601.8
2009	4587.1	518.6	7138.0	8385.7	7347.8
2010	5275.2	541.9	8594.1	10180.2	8560.2
2011	6019.0	563.6	10123.9	12257.0	9253.5
2012	6795.4	586.2	11561.5	14181.3	10003.1
2013	7610.9	603.8	12960.4	16024.9	10833.3
2014	8387.2	630.3	14424.9	17851.7	12035.8
2015	9217.5	653.0	15636.6	19333.4	13107.0
2016	10074.8	672.6	16778.1	20783.4	13959.0
2017	10981.5	692.8	18053.2	22466.8	14782.6
2018	11914.9	715.6	19244.7	24084.5	15447.8
2019	12880.0	738.5	20765.1	26276.1	16019.3
2020	13395.2	768.1	21803.3	27563.7	16852.3

单位:%

第三产业	运输邮电业	批零餐饮业	金融保险业	房地产业	其它服务业	人均地区生产总值
100	100	100	100	100	100	100
117.2	123.2	109.4	118.1	141.9	128.9	114.3
130.4	149.9	118.3	127.9	154.8	146.7	129.3
151.1	182.1	129.9	163.5	191.0	171.5	142.1
182.2	208.3	138.1	226.4	280.0	239.6	157.2
231.2	228.5	166.4	250.6	313.9	395.1	176.5
273.3	273.1	184.5	330.3	368.5	478.9	196.6
323.3	307.5	213.5	452.8	386.2	563.2	217.0
358.2	346.6	224.2	561.9	399.7	622.3	233.7
408.7	393.7	243.7	653.5	410.9	749.9	254.0
483.9	423.6	284.9	823.4	438.4	912.6	276.4
493.6	424.4	299.7	799.5	414.3	944.5	287.5
529.6	476.2	306.6	826.7	431.3	1063.5	298.1
597.9	538.1	367.9	888.7	483.1	1165.6	321.4
717.5	632.3	473.5	980.2	549.8	1378.9	374.8
871.8	761.9	564.4	1136.1	692.7	1742.9	442.3
990.4	775.6	611.8	1349.7	742.6	2114.1	499.8
1148.9	992.0	748.8	1492.8	927.5	2291.7	566.3
1315.5	1189.4	868.6	1655.5	1097.2	2573.6	641.1
1548.3	1477.2	998.0	1779.7	1214.6	3170.7	737.3
1808.4	1790.4	1133.7	1929.2	1458.7	3836.5	833.1
2074.2	1987.3	1310.6	2077.7	1795.7	4484.9	920.6
2362.5	2325.1	1484.9	2196.1	2262.6	5139.7	1019.1
2733.4	2573.9	1691.3	2292.7	2905.2	6136.8	1148.5
3189.9	2908.5	1989.0	2352.3	3770.9	7272.1	1301.3
3601.4	3147.0	2239.6	2488.8	4464.8	8362.9	1491.3

第三产业	运输仓储邮政业	批发零售业	住宿餐饮业	金融保险业	房地产业	其它服务业	人均地区生产总值
4181.2	3436.5	2564.3	2618.1	2603.3	5451.5	9550.5	1728.4
4766.6	3697.7	2905.4	3029.1	2793.3	5936.7	11164.5	1968.6
5424.4	4030.5	3297.6	3701.6	3131.3	6999.3	12671.7	2232.4
6297.7	4840.6	3818.6	4156.9	3720.0	8133.2	14762.5	2547.2
7097.5	5498.9	4402.9	4934.2	4121.7	7767.2	17670.7	2893.6
8190.5	6043.3	5265.8	5230.2	4974.9	10097.4	19261.1	3301.6
9140.6	7191.5	5997.8	5920.6	5372.9	10672.9	21611.0	3671.4
10164.4	8176.8	6765.5	6637.0	5937.1	10512.9	24809.4	3968.8
11414.6	9313.4	7530.0	7214.5	6637.6	11311.8	28530.8	4298.2
12875.6	10105.0	8380.9	7568.0	7825.8	12725.8	32525.1	4667.8
14098.8	11095.3	9177.1	8044.7	8913.6	11924.1	36916.0	4994.6
15790.7	11916.3	9902.1	8511.3	11052.8	13414.6	41641.2	5354.2
17590.8	12714.7	10704.1	9022.0	11693.9	15426.8	47804.2	5696.8
19420.3	14087.9	11624.7	9770.9	12711.3	15087.4	54974.8	5941.8
21420.6	15299.5	12357.0	10357.1	13245.1	16068.1	63111.0	6203.2
23219.9	16860.0	13123.2	10781.7	14463.7	16614.4	69674.6	6488.6
23986.2	16792.6	13293.8	9908.4	15707.6	17112.8	72740.3	6482.1

3 人口、就业和职工工资

长沙统计年鉴

3－1 历 年 人 口 数

单位：人

年份	年末总人口		年末总人口性别		总人口中非农业人口
		#市区	男	女	
1949	3092437	383480	1627510	1464927	
1950	3145165	413635	1651036	1494129	541516
1951	3196041	457535	1689104	1506937	541220
1952	3258889	516649	1765075	1493814	594811
1953	3303293	553645	1751683	1551610	613308
1954	3387651	611273	1787749	1599902	677017
1955	3424900	616425	1797081	1627819	681060
1956	3495470	672224	1850703	1644767	735358
1957	3503470	673291	1854666	1648804	751649
1958	3483494	663049	1825598	1657896	794300
1959	3492082	722762	1838482	1653600	871173
1960	3424156	761761	1795656	1628500	898527
1961	3377929	726486	1768523	1609406	853456
1962	3389151	721271	1776645	1612506	800737
1963	3495649	748797	1822271	1673378	826516
1964	3569849	764357	1861086	1708763	835599
1965	3657335	767725	1906015	1751320	838458
1966	3738916	770835	1950918	1787998	833097
1967	3810119	786500	1986179	1823940	826945
1968	3905884	763400	2030386	1875498	812115
1969	4001407	749700	2079936	1921471	792368
1970	4056467	742284	2105841	1950626	759390
1971	4130870	759730	2147639	1983231	819740
1972	4203286	779922	2183495	2019791	830731
1973	4290576	799715	2234648	2055928	857908
1974	4366094	824109	2270621	2095473	882576
1975	4433412	827874	2308774	2124638	886884
1976	4481192	827582	2331700	2149492	894068
1977	4521943	823848	2353927	2168016	891943
1978	4582271	948305	2387967	2194304	940265
1979	4643351	992761	2420686	2222665	1003276
1980	4700086	1019438	2449155	2250931	1039452
1981	4766041	1046890	2489027	2277014	1072702
1982	4844868	1072350	2527992	2316876	1105302
1983	4913280	1097558	2562729	2350551	1135401
1984	4969539	1123923	2593427	2376112	1247495
1985	5042168	1157176	2631652	2410516	1292901

3 - 1 续表 单位:人

年份	年末总人口		年末总人口性别		总人口中非农业人口
		#市区	男	女	
1986	5127298	1192667	2680097	2447201	1276052
1987	5212346	1226819	2721147	2491199	1317406
1988	5346897	1263481	2790048	2556849	1373221
1989	5444511	1301171	2838683	2605828	1401767
1990	5500533	1326825	2861410	2639123	1429440
1991	5535603	1349865	2881298	2654305	1449901
1992	5553843	1372749	2888636	2665207	1480589
1993	5554172	1387087	2887752	2666600	1511184
1994	5594385	1422651	2912803	2681582	1556040
1995	5628222	1454461	2919369	2708853	1601864
1996	5675339	1603804	2950934	2724405	1673328
1997	5719062	1634412	2960697	2758365	1709754
1998	5768787	1669081	2987038	2781749	1736934
1999	5824692	1714606	3011434	2813258	1809828
2000	5831894	1754142	3015303	2816591	1864206
2001	5870933	1807670	3030648	2840285	1918942
2002	5954592	1889773	3065775	2888817	1991046
2003	6017624	1962561	3093901	2923723	2058257
2004	6103844	2024646	3137629	2966215	2125741
2005	6209248	2086476	3186039	3023209	2180688
2006	6309958	2146096	3231737	3078221	2256477
2007	6373561	2187488	3258991	3114570	2305611
2008	6417367	2370643	3274848	3142519	2332132
2009	6468350	2391675	3292771	3175579	2347616
2010	6501248	2395348	3300191	3201057	2377815
2011	6566185	2967851	3326741	3239444	2418105
2012	6606166	2979005	3340494	3265672	2455126
2013	6628122	2992513	3346546	3281576	2495548
2014	6714121	3035103	3384823	3329298	2566387
2015	6803579	3184995	3423948	3379631	
2016	6959998	3283293	3494672	3465326	
2017	7087939	3397749	3542794	3545145	
2018	7288583	3557549	3630733	3657850	
2019	7382401	3643794	3669820	3712581	
2020	7472869	3737939	3702675	3770194	

注:历年人口数为公安户籍人口。因户籍制度改革,2015 年取消非农业人口统计指标。

3-2 历年城镇化率

年份	常住人口(万人)	# 城镇人口	城镇化率(%)
2002	626.88	294.01	46.90
2003	628.34	308.89	49.16
2004	629.00	321.99	51.19
2005	639.30	344.39	53.87
2006	646.50	365.27	56.50
2007	652.92	393.06	60.20
2008	658.56	403.37	61.25
2009	664.22	416.00	62.63
2010	704.07	476.58	67.69
2011	740.36	508.05	68.62
2012	766.18	528.62	68.99
2013	787.46	555.55	70.55
2014	813.11	589.09	72.45
2015	828.27	624.84	75.44
2016	859.03	666.23	77.56
2017	902.94	721.07	79.86
2018	928.00	760.34	81.93
2019	963.56	794.51	82.46
2020	1006.08	830.98	82.60

备注:2011－2020 年为根据两次人口普查修订以后的数据。

3－3 历年人口自然变动情况

年份	年内出生人数（人）	出生率（‰）	年内死亡人数（人）	死亡率（‰）	年内自然增长人数（人）	自然增长率（‰）
1954	131963	39.45	55897	16.71	76066	22.74
1956	105956	30.62	38032	10.99	67924	19.63
1957	115144	32.90	35906	10.26	79238	22.64
1958	102730	29.41	67454	19.31	35276	10.10
1960	74321	21.49	94529	27.34	－20208	－5.84
1961	43524	12.80	71606	21.05	－28082	－8.26
1962	111205	32.87	39432	11.65	71773	21.21
1963	159097	46.22	32012	9.30	127085	36.92
1965	126297	35.50	34359	9.51	93938	26.00
1971	99124	24.21	31826	7.77	67298	16.44
1973	100011	23.55	31069	7.32	68942	16.23
1974	91174	21.06	34589	7.99	56585	13.07
1975	91494	20.80	33273	7.56	58221	13.23
1976	78301	17.57	32546	7.30	45755	10.27
1977	76402	16.97	33773	7.50	42629	9.47
1978	70593	15.51	30800	6.77	39793	8.74
1979	72294	15.67	31970	6.93	40324	8.74
1980	66900	14.32	31670	6.78	35230	7.54
1981	73936	15.62	30853	6.52	43083	9.10
1982	87006	18.11	31928	6.64	55078	11.46
1983	78950	16.18	33772	6.92	45178	9.26
1984	72092	14.59	33442	6.77	38650	7.82
1985	76747	15.33	33236	6.64	43511	8.69
1986	83611	16.44	32137	6.32	51474	10.12
1987	89952	17.40	33857	6.55	56095	10.85
1988	87708	16.61	35382	6.70	52326	9.91
1989	100791	18.70	36904	6.80	63887	11.80
1990	88309	16.10	37683	6.80	50626	9.30

3－3 续表

年　份	年内出生人　数（人）	出生率（‰）	年内死亡人　数（人）	死亡率（‰）	年内自然增长人数（人）	自然增长率（‰）
1991	59771	10.83	36717	6.65	23054	4.18
1992	42654	7.69	37281	6.72	5373	0.97
1993	33420	6.02	36436	6.56	－3016	－0.54
1994	35592	6.39	35621	6.39	－29	－0.01
1995	41370	7.37	36742	6.55	4628	0.82
1996	47944	8.48	35842	6.34	12102	2.14
1997	49607	8.71	34933	6.13	14674	2.58
1998	52969	9.22	37124	6.46	15845	2.76
1999	55873	9.64	38162	6.58	17711	3.06
2000	62026	10.64	41506	7.12	20520	3.52
2001	53994	9.23	31587	5.40	22407	3.83
2002	53746	9.09	36363	6.15	17383	2.94
2003	49683	8.30	40064	6.69	9619	1.61
2004	56062	9.25	37273	6.15	18789	3.10
2005	67537	10.97	42788	6.95	24749	4.02
2006	62960	10.06	31607	5.05	31353	5.01
2007	64312	10.14	37565	5.92	26747	4.22
2008	71118	11.12	38565	6.03	32553	5.09
2009	69777	10.83	34983	5.43	34794	5.40
2010	71677	11.05	36567	5.64	35110	5.41
2011	75825	11.61	30895	4.73	44930	6.88
2012	82741	12.56	42575	6.46	40166	6.10
2013	83357	12.60	52090	7.87	31267	4.73
2014	101938	15.28	35379	5.30	66559	9.98
2015	97861	14.48	32626	4.83	65235	9.65
2016	103484	15.04	30347	4.41	73137	10.63
2017	115691	16.47	129736	18.47	－14045	－2.00
2018	98260	13.67	48647	6.77	49613	6.90
2019	91202	12.43	57928	7.90	33274	4.53
2020	75123	10.11	64308	8.66	10815	1.46

3－4 历年市区人口自然变动情况

年　份	年内出生人　数（人）	出生率（‰）	年内死亡人　数（人）	死亡率（‰）	年内自然增长人数（人）	自然增长率（‰）
1950	10356	25.98	5256	13.19	5100	12.79
1952	20076	41.22	6552	13.45	13524	27.77
1954	26861	46.12	6981	11.99	19880	34.13
1956	25303	39.27	6426	9.97	18877	29.30
1957	30306	45.05	6250	9.29	24056	35.76
1958	21682	32.45	7231	10.82	14451	21.63
1960	19431	26.18	8555	11.53	10876	14.65
1961	12814	17.22	10876	14.62	1938	2.60
1962	22248	30.73	7382	10.20	14866	20.54
1963	28618	37.88	6091	8.05	22527	29.78
1965	14028	18.31	4704	6.14	9324	12.17
1971	10638	14.16	5139	6.84	5499	7.32
1972	9739	12.65	5196	6.75	4543	5.90
1973	9795	12.40	4939	6.25	4856	6.15
1974	9476	11.67	5443	6.70	4033	4.97
1975	10737	13.00	5297	6.41	5440	6.59
1976	9384	11.34	5503	6.65	3881	4.69
1977	10416	12.61	5907	7.15	4509	5.46
1978	11600	13.09	5981	6.75	5619	6.34
1979	12502	12.88	5755	5.93	6747	6.95
1980	10098	10.04	6005	5.97	4093	4.07
1981	14382	13.92	6639	6.43	7743	7.49
1982	17287	16.31	6673	6.30	10614	10.01
1983	15576	14.36	6879	6.34	8697	8.02
1984	14139	12.73	6783	6.11	7356	6.62
1985	14546	12.75	7258	6.36	7288	6.39
1986	14359	12.23	6677	5.53	7682	6.54
1987	17779	14.70	7244	5.99	10535	8.71
1988	16962	13.62	8019	6.44	8943	7.18
1989	15966	12.50	7818	6.10	8148	6.40
1990	14920	11.40	7822	6.00	7098	5.40

3－4 续表

年　份	年内出生人　数（人）	出生率（‰）	年内死亡人　数（人）	死亡率（‰）	年内自然增长人数（人）	自然增长率（‰）
1991	10801	8.07	7599	5.68	3202	2.39
1992	9245	6.79	7993	5.87	1252	0.92
1993	8490	6.15	7504	5.44	986	0.71
1994	9760	6.95	7070	5.03	2690	1.91
1995	9799	6.81	7510	5.22	2289	1.59
1996	12508	8.18	7697	5.03	4811	3.15
1997	10400	6.42	7259	4.48	3141	1.94
1998	11631	7.04	8428	5.10	3203	1.94
1999	12775	7.55	10211	6.04	2564	1.52
2000	16533	9.53	10581	6.10	5952	3.43
2001	13735	7.71	5948	3.34	7787	4.37
2002	12286	6.65	7284	3.94	5002	2.71
2003	14334	7.44	5635	2.93	8699	4.52
2004	15768	7.91	7275	3.65	8493	4.26
2005	16037	7.80	7218	3.51	8819	4.29
2006	20156	9.52	11106	5.24	9050	4.28
2007	20815	9.61	9247	4.27	11568	5.34
2008	23565	9.95	10877	4.59	12688	5.36
2009	21218	9.08	8213	3.51	13005	5.57
2010	20485	8.56	7313	3.06	13172	5.50
2011	33652	11.39	10572	3.58	23080	7.81
2012	37146	12.49	15854	5.33	21292	7.16
2013	36757	12.30	15728	5.27	21029	7.04
2014	42139	13.98	13720	4.55	28419	9.43
2015	43335	13.93	13091	4.21	30244	9.72
2016	48740	15.07	11225	3.47	37515	11.60
2017	59031	17.67	63380	18.97	－4349	－1.30
2018	51724	14.87	24976	7.18	26748	7.69
2019	50394	14.00	25277	7.02	25117	6.98
2020	41247	11.18	24676	6.69	16571	4.49

注:2011 年开始市区包括望城区数据。

3－5 历年县(市)人口自然变动情况

年　份	年内出生人数（人）	出生率（‰）	年内死亡人数（人）	死亡率（‰）	年内自然增长人数（人）	自然增长率（‰）
1954	105102	38.04	48916	17.70	56186	20.34
1956	80653	15.28	31606	11.22	49047	17.42
1957	84838	30.01	29656	10.50	55182	19.63
1958	81048	28.69	60223	21.32	20825	7.37
1960	54890	20.21	85974	31.66	31084	－11.45
1961	30710	11.56	60730	22.86	－30020	－11.30
1962	88957	33.45	32050	12.05	56907	21.40
1963	130479	48.19	25921	9.57	104558	38.62
1965	114269	40.13	29655	10.41	84614	29.71
1971	88486	26.47	26687	6.34	61799	18.49
1972	91082	26.81	27979	8.24	63103	18.57
1973	90216	26.10	26130	7.56	64086	18.54
1974	81698	23.23	29146	8.29	52552	14.94
1975	80757	22.60	27976	7.83	52781	14.77
1976	68917	18.99	27043	7.45	41874	11.54
1977	65986	17.95	27866	7.58	38120	10.37
1978	58993	16.09	24819	6.77	34174	9.32
1979	59792	16.42	26215	7.20	33577	9.22
1980	56802	15.50	25665	7.00	31137	8.49
1981	59554	16.01	24214	6.54	35340	9.55
1982	69719	18.61	25255	6.74	44464	11.87
1983	63374	16.70	26893	7.09	36481	9.62
1984	57953	15.13	26659	6.96	31294	8.17
1985	62201	16.09	25978	6.72	36223	9.37
1986	69252	17.71	25460	6.51	43792	11.20
1987	72173	18.23	26613	6.72	45560	11.50
1988	70746	17.54	27363	6.78	43383	10.75
1989	84825	20.60	29086	7.00	55739	13.60
1990	73389	17.60	29861	7.20	43528	10.50

3-5 续表

年　份	年内出生人　数（人）	出生率（‰）	年内死亡人　数（人）	死亡率（‰）	年内自然增长人数（人）	自然增长率（‰）
1991	48970	11.72	29118	6.97	19852	4.75
1992	33409	7.99	29288	7.00	4121	0.99
1993	24930	5.97	28932	6.93	-4002	-0.96
1994	25832	6.20	28551	6.85	-2719	-0.65
1995	31571	7.57	29232	7.01	2339	0.56
1996	35436	8.60	28145	6.83	7291	1.77
1997	39207	9.61	27674	6.79	11533	2.83
1998	41338	10.10	28696	7.01	12642	3.09
1999	43098	10.50	27951	6.81	15147	3.69
2000	45493	11.11	30925	7.55	14568	3.56
2001	40259	9.91	25639	6.31	14620	3.60
2002	41460	10.20	29079	7.16	12381	3.04
2003	35349	8.72	34429	8.48	920	0.24
2004	40294	9.91	29998	7.38	10296	2.53
2005	51500	12.56	35570	8.67	15930	3.89
2006	42804	10.33	20501	4.95	22303	5.38
2007	43497	10.42	28318	6.78	15179	3.64
2008	47553	11.81	27688	6.88	19865	4.93
2009	48559	11.83	26770	6.52	21789	5.31
2010	51192	12.51	29254	7.15	21938	5.36
2011	42173	11.78	20323	5.68	21850	6.10
2012	45595	12.62	26721	7.40	18874	5.22
2013	46600	12.83	36362	10.01	10238	2.82
2014	59799	16.35	21659	5.92	38140	10.43
2015	54526	14.94	19535	5.40	34991	9.59
2016	54744	15.01	19122	5.24	35622	9.77
2017	56660	15.38	66356	18.01	-9696	-2.63
2018	46536	12.54	23671	6.38	22865	6.16
2019	40808	10.93	32651	8.74	8157	2.19
2020	33876	9.07	39632	10.61	-5756	-1.54

注:2011 年开始县(市)不包括望城区数据。

3－6 历年婚姻登记情况

单位：对

年份	登记结婚	#涉外婚	离婚总数	登记离婚	调解离婚	判决离婚
1980	37635	7		666		
1981	52812	2		706		
1982	48954	10		776		
1983	37903	3	1879	761	981	137
1984	44115	15	2327	885	1203	239
1985	44710	11	2099	763	1174	162
1986	55830	16	2545	952	1414	179
1987	53378	35	3157	1068	1831	258
1988	48000	57	4053	1324	2347	382
1989	56329	65	4753	1377	2739	637
1990	51366	95	4968	1372	2903	693
1991	48159	144	4999	1465	2696	838
1992	43702	246	5395	1765	2772	858
1993	38103	307	5755	2029	2847	878
1994	34463	361	6996	2120	3534	1342
1995	40178	468	7448	2628	3327	1493
1996	39672	551	7970	2831	3520	1619
1997	39910	512	7424	3810	2436	1178
1998	39947	576	6553	3232	2115	1206
1999	37140	596	7420	3365	1835	928
2000	39977	710	6291	3782	1486	1023
2001	39365	749	5875	3376	1465	1034
2002	35950	907	5639	4337	591	711
2003	42297	500	7152	4997	1048	1107
2004	47581	98	10064	6887	1143	2034
2005	45622	88	10048	7983	1012	1053
2006	57061	89	11443	8304	1350	1789
2007	52358	306	11889	9104	1381	1404
2008	62759	316	13885	10537	1740	1608
2009	79816	298	15862	12720	1813	1329
2010	69251	316	16786	13770	1778	1238
2011	78954	258	18310	15507	1877	926
2012	76127	241	20079	16528	2443	1108
2013	66317	231	20853	17429	2177	1247
2014	69709	213	21147	17007	1945	2195
2015	58187	133	22007	18183	2019	1805
2016	55272		25287	20108	2022	3157
2017	52453		30472	24360	2958	3154
2018	51914		26885	24122	1719	1044
2019	47787		28279	23380	3760	1139
2020	47575		26748	24064	1876	808

3-7 历年在岗职工人数与工资

年份	年末人数(人)	年平均人数(人)	工资总额(万元)	年平均工资(元)
1998	732766	737636	559561	7586
1999	693863	695666	596986	8582
2000	662207	661120	670168	10137
2001	593964	598389	733898	12265
2002	625839	628383	901247	14342
2003	598370	600425	1019924	16987
2004	631679	628634	1190857	18944
2005	684154	677171	1455835	21499
2006	741106	729237	1795041	24615
2007	782838	769253	2151481	27968
2008	816795	810169	2579185	31835
2009	931149	919382	3207591	34889
2010	1037487	1014399	3888976	38338
2011	1162124	1143753	5089361	44497
2012	1177512	1177222	5992566	50904
2013	1221088	1206441	6802064	56381
2014	1239662	1237767	7655378	61848
2015	1232744	1233405	8296622	67266
2016	1143208	1125463	8754046	77782
2017	1161485	1134512	9664535	85187
2018	1113835	1107296	10330331	93293
2019	1261395	1240641	12215173	98459
2020	1335265	1326468	14007839	105603

注:1. 因为统计制度改革,在岗职工指标从1998年年报开始使用。

2. 3-8表至3-10表统计口径为城镇非私营单位。

3－8 单位从业人员和劳动报酬情况(2020年)

项　　目	单位从业人员年末人数	在岗职工	其他从业人员
总　　计	**1425867**	**1335265**	**90602**
按国民经济行业分组			
(一)农、林、牧、渔业	1257	1162	96
(二)采矿业	469	469	
(三)制造业	278974	275648	3326
(四)电力、热力、燃气及水生产和供应业	8917	8854	63
(五)建筑业	217543	186727	30816
(六)批发和零售业	84543	81703	2840
(七)交通运输、仓储和邮政业	70740	70200	541
(八)住宿和餐饮业	33974	31452	2522
(九)信息传输、软件和信息技术服务业	34836	34107	729
(十)金融业	95210	68571	26639
(十一)房地产业	62936	60773	2163
(十二)租赁和商务服务业	40013	39384	628
(十三)科学研究和技术服务业	62069	59431	2638
(十四)水利、环境和公共设施管理业	14231	14062	169
(十五)居民服务、修理和其他服务业	7461	7379	81
(十六)教育	182289	174277	8012
(十七)卫生和社会工作	86545	84090	2455
(十八)文化、体育和娱乐业	23672	22550	1122
(十九)公共管理、社会保障和社会组织	120190	114427	5763
(二十)国际组织			

单位:人、万元

单位从业人员平均人数	在岗职工	其他从业人员	单位从业人员劳动报酬	在岗职工	其他从业人员劳动报酬
1413118	**1326468**	**86651**	**14406680**	**14007838**	**398842**
1210	1118	92	7826	7616	210
472	472		4368	4368	
282685	279350	3335	2286815	2265564	21251
8954	8890	64	104069	103885	184
209755	180236	29519	1632874	1467669	165205
83377	80493	2884	627475	620277	7198
70761	70211	550	580650	577977	2673
33553	31399	2154	134253	131403	2850
34691	34016	674	447775	442154	5621
93786	68825	24961	1408884	1330801	78083
64031	61878	2153	569813	558270	11543
39681	39087	595	350216	347450	2767
61220	58647	2573	797209	781245	15965
14316	14002	313	117111	115376	1735
7191	7111	81	54380	53987	393
178745	171362	7383	1998419	1966448	31972
85342	82936	2407	1459181	1444860	14320
23585	22471	1114	384239	375392	8847
119763	113964	5799	1441122	1413097	28025

3－9 年末分行业在岗职工人数

行　　业	2005年	2006年	2007年	2008年	2009年	2010年	2011年
总　　计	**684154**	**741106**	**782838**	**816795**	**931149**	**1037487**	**1162124**
按国民经济行业分组							
（一）农、林、牧、渔业	3003	2576	1784	1502	109	464	1446
（二）采矿业	11596	11954	9107	8187	10098	9918	12087
（三）制造业	166184	173092	190189	199707	253295	296984	366112
（四）电力、热力、燃气及水生产和供应业	7569	8169	11929	12184	13825	15849	6518
（五）建筑业	94224	119117	131732	135895	145429	153193	174571
（六）批发和零售业	44314	48692	54058	53847	60818	63755	72676
（七）交通运输、仓储和邮政业	29279	30405	30470	30230	28582	26773	43777
（八）住宿和餐饮业	31506	34215	32743	32255	34429	39177	42418
（九）信息传输、软件和信息技术服务业	9943	10241	9065	9029	9507	13299	18867
（十）金融业	19249	21033	24420	22955	31290	46108	48197
（十一）房地产业	22051	23816	22519	27311	34433	39674	41037
（十二）租赁和商务服务业	15762	15189	12333	13524	15718	20618	22370
（十三）科学研究和技术服务业	23121	25070	25536	28684	32705	34998	38592
（十四）水利、环境和公共设施管理业	7430	9056	9340	10778	13193	13224	10692
（十五）居民服务、修理和其他服务业	2388	2737	4140	4348	3863	4987	6007
（十六）教育	80410	83246	87654	97593	100022	103590	107471
（十七）卫生和社会工作	33868	37479	38950	41398	51228	54962	56478
（十八）文化、体育和娱乐业	15498	18503	18754	17109	16704	18710	22600
（十九）公共管理、社会保障和社会组织	66759	66516	68115	70259	75901	81204	70208
（二十）国际组织							

单位:人

2012 年	2013 年	2014 年	2015 年	2016 年	2017 年	2018 年	2019 年	2020 年
1177512	**1221088**	**1239662**	**1232744**	**1143208**	**1161485**	**1113835**	**1261395**	**1335265**
1219	1070	768	974	935	1366	1075	917	1162
12055	12112	4789	3716	1387	421	264	385	469
363083	371804	384988	368837	300104	331971	265453	264222	275648
7822	7262	7482	8012	7985	8089	7917	8438	8854
168026	182446	198622	209827	192915	190540	195041	187274	186727
74866	81543	75977	78176	71857	66958	69398	77393	81703
45294	49567	49570	47074	47014	44333	41931	62176	70200
44399	44326	37241	34402	27474	25793	21980	29474	31452
19455	20262	22019	22118	24423	19722	22178	31911	34107
50538	54716	57461	61284	62500	66142	60371	64045	68571
42671	44934	46982	47251	41951	43888	48185	50365	60773
28453	25791	25925	27948	26193	27284	31706	40191	39384
43548	49470	50284	42916	44514	46080	48232	59698	59431
11537	9277	9135	9193	10232	9907	9502	10952	14062
7248	5314	3937	4290	3817	3877	5349	6898	7379
105352	102571	105185	93848	98001	102594	104510	148080	174277
59349	60686	62561	65684	69726	71121	73615	83270	84090
22094	22142	22812	21521	20981	21836	20970	23551	22550
70503	75795	73924	85673	91199	79563	86158	112155	114427

3－10 全社会从业人员(2020年)

单位:万人

项　　目	2020年	2019年
从业人员合计	**555.62**	**489.95**
按产业分组		
第一产业	65.43	87.13
第二产业	187.12	156.57
第三产业	303.07	246.25

3－11 历年城镇失业情况

年　　份	年末城镇登记失业人数(人)	年末城镇登记失业率(%)
2000	39565	3.50
2001	44035	3.80
2002	50066	4.20
2003	52310	4.20
2004	53805	3.87
2005	49001	3.80
2006	47673	3.62
2007	38129	3.12
2008	43939	3.41
2009	46067	3.47
2010	41335	2.89
2011	54764	2.86
2012	58748	2.88
2013	60751	2.89
2014	59065	2.85
2015	34011	2.60
2016	40223	2.74
2017	38988	2.67
2018	36877	2.46
2019	58080	2.65
2020	77251	3.27

4 固定资产投资、建筑业

长沙统计年鉴

4－1　2011－2020年固定资产投资分类别增长情况

单位:%

指　　标	2011年	2012年	2013年	2014年	2015年	2016年	2017年	2018年	2019年	2020年
固定资产投资	26.1	20.3	20.1	18.3	17.1	13.9	13.1	11.5	10.1	6.2
按经济类型分										
国有投资	2.5	16.0	14.0	8.6	26.1	23.2	1.0	15.2	2.6	4.0
非国有投资	35.9	21.8	22.1	21.4	14.5	10.9	17.7	8.5	9.7	6.9
# 民间投资	5.1	2.4	23.5	21.0	14.8	3.1	18.0	12.3	12.5	2.9
按隶属关系分										
中央项目	27.1	49.3	-26.9	97.2	-10.7	8.9	-10.4	-0.3	46.3	58.2
地方项目	26.1	19.5	21.7	16.6	18.1	14.1	13.7	10.4	6.9	4.5
按产业分										
第一产业	-25.2	35.8	18.7	10.7	-10.5	2.9	19.9	59.8	83.3	-18.7
第二产业	28.2	25.5	25.2	20.6	23.4	9.7	6.3	22.0	10.1	4.0
第三产业	27.1	17.8	17.7	17.4	14.3	16.1	16.1	5.0	6.1	7.7
按投资方向分										
工业投资	27.3	23.7	26.2	18.9	23.4	10.7	6.7	22.1	10.9	3.9
工业技改投资	46.2	17.5	25.5	11.1	20.0	-30.5	3.3	3.7	25.4	29.4
产业投资	30.2	15.3	21.7	17.0	21.7	5.5		25.6	10.9	2.1
民生投资	-5.3	16.9	25.7	32.4	39.3	67.5	4.4	1.2	-2.0	15.2
生态投资	81.7	11.0	77.6	27.9	13.3	18.1	-6.8	52.5	23.5	-38.0
基础设施	10.0	1.3	30.8	24.6	34.0	15.4	-2.7	12.7	6.4	4.5
高技术产业投资		117.4	-14.2	-2.7	35.3	36.8	37.6	5.7	5.0	24.5
房地产开发投资	29.7	16.4	11.8	13.6	-24.0	26.5	18.2	0.7	11.2	12.0
按结构分										
建筑工程	24.9	10.0	22.5	18.4	26.0	12.8	17.8	5.5	6.9	3.2
安装工程	15.8	37.8	11.1	31.5	11.2	3.4	23.6	-5.7	-9.8	14.4
设备工器具购置	-3.6	30.3	22.5	19.0	12.0	-7.3	20.4	47.4	32.1	2.4

4-2 2011-2020年固定资产投资分行业增长情况

单位:%

指标	2011年	2012年	2013年	2014年	2015年	2016年	2017年	2018年	2019年	2020年
固定资产投资按行业分	26.1	20.3	20.1	18.3	17.1	13.9	13.1	11.5	10.1	6.2
农、林、牧、渔业	-37.9	35.8	18.7	-6.1	4.2	-8.2	-6.3	56.4	69.0	-21.8
采矿业	-13.8	30.0	-5.8	18.1	2.7	-37.7	-24.7	-20.4	78.9	43.2
制造业	30.5	27.7	27.7	18.4	26.2	11.7	8.8	17.3	6.7	3.3
电力、热力、燃气及水的生产和供应业	39.3	-16.9	16.3	28.1	-13.8	5.8	-34.2	187.8	62.7	6.5
建筑业	-69.5	189.2	-13.0	29.6	24.9	-33.3	-17.0	0.2	-63.1	38.2
批发和零售业	-1.6	4.4	20.4	44.7	11.5	-25.3	62.6	-34.5	-16.1	-18.7
交通运输、仓储和邮政业	-3.4	50.1	21.8	21.8	20.0	2.2	12.0	20.1	4.1	-0.9
住宿和餐饮业	-30.1	21.9	14.9	11.8	20.7	-50.0	41.4	22.8	29.8	-28.7
信息传输、软件和信息技术服务业	36.1	-38.7	65.0	31.0	208.5	-14.1	46.4	-37.0	75.9	9.9
金融业	11.0	116.5	11.9	19.9	15.4	-25.1	-20.8	85.7	-42.2	-30.1
房地产业	24.6	21.3	6.6	10.9	-13.3	35.2	11.7	-6.7	9.4	13.7
租赁和商务服务业	58.5	-3.3	37.4	-1.9	43.4	17.9	11.4	53.2	32.2	12.5
科学研究和技术服务业	66.6	-2.8	19.8	47.1	53.7	-8.4	21.1	46.5	-31.9	8.2
水利、环境和公共设施管理业	0.5	-4.0	44.6	27.8	49.1	25.0	-2.7	20.2	-0.3	0.7
居民服务和其他服务业	-14.4	35.3	23.7	-33.4	14.0	-6.4	37.1	118.5	4.2	-11.5
教育	-16.4	28.9	34.7	18.7	14.1	36.4	25.3	35.0	10.2	15.0
卫生和社会工作	7.3	3.6	23.0	28.2	8.0	42.0	60.3	24.4	-9.4	14.1
文化、体育和娱乐业	-42.9	67.6	37.3	73.8	10.2	117.4	31.9	3.8	-2.8	-11.0
公共管理和社会组织	103.9	129.7	-2.9	-30.4	-9.0	-11.4	72.2	76.7	18.2	-60.6

4－3 主要年份房地产开发及商品房销售主要指标

年份	完成投资额(万元)	#住宅	新增固定资产(万元)	建筑面积(万 m^2)		商品房销售情况		土地开发情况		
				施工房屋面积	竣工房屋面积	商品房销售额(万元)	商品房销售面积(万 m^2)	本年购置土地面积(万 m^2)	本年完成开发土地面积(万 m^2)	土地开发投资额(万元)
1998	174078	77797	121802	339.01	98.38	67692	39.97	35.10	118.08	26757
1999	225765	131260	205616	336.68	156.27	137043	79.97	28.91	61.66	39059
2000	330238	151091	166677	385.32	147.73	178455	92.72	49.56	176.23	85418
2001	631878	305549	377131	634.01	214.99	305217	163.90	262.86	221.25	92344
2002	817883	442655	525566	833.94	332.12	418141	232.10	544.43	358.58	130367
2003	1225551	732833	743987	1102.12	443.24	666279	325.82	789.72	562.14	216418
2004	1755376	1167921	932398	1462.41	591.90	1072486	519.95	807.63	543.46	224325
2005	2563500	2011118	828971	1913.57	515.16	1162249	536.99	1007.59	246.81	196384
2006	3038612	2305640	1048277	2411.94	547.09	1961129	741.69	1186.10	707.68	477218
2007	4129929	3408702	1268230	3270.34	699.90	3258716	985.09	973.23	645.94	626022
2008	4694654	3688740	1900755	4225.29	750.57	2733593	822.59	965.48	581.80	601574
2009	4974692	3929930	3686224	6168.62	1314.71	5130956	1406.58	392.92	640.51	337539
2010	6841481	5163283	4293394	6687.29	1392.55	7423283	1680.21	288.48	216.78	327188
2011	8869232	6843026	5294334	7670.96	1451.77	8824072	1500.20	331.71		
2012	10320003	6988572	5602631	7361.67	1402.27	9315598	1526.93	311.15		
2013	11536073	7665970	5930203	8668.15	1400.36	11603801	1840.59	458.99		
2014	13104995	8556727	5650417	9647.15	1438.85	9289202	1519.20	279.50		
2015	9966008	6391805	6899198	9208.60	1349.29	11166104	1904.89	106.68		
2016	12605475	6899559	6153304	9586.41	1670.58	16614055	2593.71	204.77		
2017	14896906	8077656	4820787	9715.03	1143.86	17367424	2259.15	205.85		
2018	15007609	9066397	5479710	10619.79	1441.27	19510052	2387.35	354.13		
2019	16684029	10208477	5414268	11775.36	1286.11	20210846	2334.86	232.52		
2020	18684070	12057030	5859402	126521485	12592071	23798994	20479654	244.92		

4-4 房地产开发投资完成情况(2020年)

单位:万元

指 标	总计	其中:地方
计划总投资	144699060	10628771
本年完成投资	18684070	1511628
# 土地购置费	3991746	442681
按登记注册类型分		
内资	18120563	1498524
国有		
集体		
股份合作		
联营		
# 其他联营		
有限责任公司	16810366	914417
国有独资公司	900195	584107
其他有限责任公司	10896467	847989
股份有限公司	374282	
私营	5949619	66428
港澳台投资	488990	13104
港澳台合资经营	296985	13104
港澳台合作经营		
港澳台独资	109830	
外商投资	74517	
中外合资经营企业	39891	
外资企业	9093	
按构成分		
建筑工程	12159674	957419
安装工程	1659387	85441
设备工器具购置	294232	7857
其他费用	4570777	460911
按工程用途分		
住宅	12057030	1179141
办公楼	1473767	95986
商业营业用房	2694978	115976
其他	2458295	120525
本年新增固定资产	5859402	456933
上年末结余资金	9337816	849637
本年实际到位资金	25906836	2022260
国内贷款	4105706	276980
利用外资		
自筹资金	7498127	349498
定金及预收款	9126824	899364
本年各项应付款合计	6005318	349584
# 工程款	3883606	224882

4－5 房地产施工竣工及销售主要指标(2020年)

指标	单位	合计	按用途分					
			商品住宅	#90平方米以下	#140平方米以上住房	办公楼	商业营业用房	其他
房屋施工面积	万㎡	12652.15	8089.69	860.03	1592.68	847.00	1680.11	2035.35
# 新开工面积	万㎡	3068.35	2051.65	114.79	485.31	174.56	352.31	489.83
房屋竣工面积	万㎡	1259.21	846.59	74.45	134.99	42.42	161.35	208.85
竣工房屋价值	万元	523.44	338.46	22.97	72.41	40.60	73.58	70.79
商品房销售面积	万㎡	2379.90	2047.97	117.16	379.62	95.85	156.62	79.47
商品房销售额	万元	2196.91	1865.11	95.48	416.86	112.17	172.69	46.94
商品房待售面积	万㎡	440.96	145.76	27.14	37.14	53.64	166.79	74.77
# 待售1－3年面积(含一年)	万㎡	240.69	90.64	13.16	23.44	32.93	87.19	29.94
待售3年以上面积(含三年)	万㎡	142.20	44.32	10.67	13.13	8.24	50.25	39.38

4－6 主要年份建筑业生产主要指标完成情况

项　　目	单位	2007 年	2008 年	2009 年	2010 年	2011 年	2012 年	2013 年
一、企业个数	个	447	501	481	517	540	555	592
二、建筑业总产值	万元	9601564	11091958	13394211	17401686	21002701	23299080	27637110
1. 建筑工程产值	万元	8172834	9503215	11660263	15073216	18474160	20611794	23998080
2. 安装工程产值	万元	601774	599862	606981	712116	814652	952003	1235752
3. 其他产值	万元	826956	988881	1126967	1616354	1713889	1735283	2403279
三、竣工产值	万元	5528176	6881158	7996605	9003006	11581484	15036364	17642193
四、房屋建筑施工面积	万 m^2	9500.7	10910.1	10998.63	15052.19	18325.65	19728.7	23775.93
# 本年新开工面积	万 m^2	5237.54	4715.3	4736.42	7149.8	7299.01	6540.38	8813.35
# 实行投标承包面积	万 m^2	8242.84	10179.8	10349.69	14298.23	14931.5	16099.54	19301.8
五、房屋建筑竣工面积	万 m^2	3045.6	3565.23	3757.24	4267.59	4523.29	5005.64	6517.54
六、年末自有施工机械设备								
1、净值	万元	446669	568426	608749	610815	706808	533180	735361
2、总台数	台	121980	133226	136815	176855	160030	144560	146421
3、总功率	万千瓦	244.35	278.69	327.69	368.86	422.21	424.8	414.55
七、计算劳动生产率平均人数	万人	56.86	64.95	64.42	72.74	75.98	78.62	91.27

4－6 续表

项　　目	单位	2014 年	2015 年	2016 年	2017 年	2018 年	2019 年	2020 年
一、企业个数	个	564	552	545	584	693	857	943
二、建筑业总产值	万元	31938738	34781817	37864479	43745344	49764570	54692126	60587739
1. 建筑工程产值	万元	27104990	30051017	33252557	38609049	43416603	47838813	53377608
2. 安装工程产值	万元	1613458	1672813	1779164	1991298	2758962	3272571	3381945
3. 其他产值	万元	3220289	3057987	2832758	3144997	3589005	3580742	3828187
三、竣工产值	万元	17984470	20216497	21999213	22731199	24123527	24635118	25108292
四、房屋建筑施工面积	万 m^2	26251.72	25848.26	27980.19	30115.1	33042.15	37341.16	39549.74
# 本年新开工面积	万 m^2	9275.52	7965.95	8885.55	9734.52	10859.75	11527.39	12114.14
# 实行投标承包面积	万 m^2	23972.89	23665.58	25374.59				
五、房屋建筑竣工面积	万 m^2	6697.81	6537.11	7370.01	7443.17	7531.67	7753.05	8030.84
六、年末自有施工机械设备								
1、净值	万元	946082	1075868	12357011	1666937	1660987	781685	898742
2、总台数	台	149930	156653	152527	199670	237028	339528	340777
3、总功率	万千瓦	419.99	500.2	452.49	443.43	469.53	431.62	529.29
七、计算劳动生产率平均人数	万人	100.27	110.22	107.01	112.33	119.71	125.27	130.08

4-7 建筑业企业生产情况(2020年)

项目	企业个数(个)	建筑业总产值(万元)	#装饰装修产值	#在外省完成的产值	#装配式建筑工程产值	建筑工程产值
总计	**943**	**60587739**	**2851140**	**27947312**	**12163641**	**53377608**
# 国有控股企业	79	32849630	933055	21649124	3858581	31084619
一、按登记注册类型分组						
内资企业	941	60416548	2817555	27822479	12163641	53226598
国有企业	8	232031	5900	85803		161102
集体企业	5	116707	5586	32165		74315
有限责任公司	200	40458483	1627838	23731470	5120761	37484632
国有独资公司	23	10457833	460561	5333593	1346851	9777082
其他有限责任公司	177	30000650	1167278	18397876	3773910	27707550
股份有限公司	22	2647596	180596	641268	286000	1972291
私营企业	706	16961732	997634	3331773	6756880	13534258
私营有限责任公司	692	15572647	856819	3026945	6193823	12323729
私营股份有限公司	14	1389085	140815	304828	563057	1210529
港、澳、台商投资企业	1	33586	33586	8900		33586
外商投资企业	1	137606		115933		117424
二、按企业资质等级分组						
总承包	568	55599661	1547173	26116361	11620998	49945923
特级	13	26184354	314521	17576088	3196061	24860775
一级	167	23650458	953879	7485093	6242347	20349528
二级	175	4413199	241238	789565	1914906	3709790
三级及以下	213	1351651	37536	265615	267684	1025830
专业承包	375	4988078	1303967	1830951	542643	3431685
一级	187	3707452	1216396	1360599	396746	2681990
二级	129	970578	54033	401542	45211	528026
三级及以下	54	257268	33464	33311	70286	171864

		竣工产值（万元）	房屋建筑施工面积（m^2）		房屋建筑竣工面积（m^2）	直接从事生产经营活动的平均人数（人）	工程技术人员（人）
安装工程产值	其他产值			#本年新开工面积			
3381945	**3828187**	**25108292**	**395497387**	**121141369**	**80308386**	**1300830**	**150191**
953753	811258	11849418	271754799	79692690	38465280	599135	63904
3381945	3808005	24950395	395497387	121141369	80308386	1294801	150155
	70929	63195	326886			7027	150155
37006	5387	63421	496907	115511	205970	5376	1283
1263033	1710817	15275587	303268805	92158406	51791750	800053	344
401618	279132	3170562	72678626	21834208	10691970	169431	85660
861415	1431685	12105025	230590179	70324198	41099780	630622	16979
152079	523225	1997151	19719561	5966287	5420338	75616	68681
1929827	1497647	7551040	71685228	22901165	22890328	406729	6797
1814838	1434080	7254165	58692671	20311547	21380481	383648	56071
114989	63567	296876	12992557	2589618	1509847	23081	53177
		20291					2894
	20182	137606					36
2307568	3346170	22813017	390398536	119275346	76772031	1184162	131837
313101	1010477	9830838	257081449	73265089	35701941	482508	36591
1426009	1874920	10039827	107264490	35225249	31907552	559506	69465
415135	288275	2348423	22114384	8957777	7629133	99331	16824
153323	172498	593929	3938213	1827231	1533405	42817	8957
1074376	482017	2295275	5098851	1866023	3536355	116668	18354
607842	417620	1537757	3287570	1167298	1261524	80008	12952
402424	40128	535844	574351	161613	2055481	25922	3927
61917	23488	193388	1231165	534547	219350	7828	1337

4－7 续表

项　　目	企业个数（个）	建筑业总产值（万元）	#装饰装修产　　值	#在外省完成的产值	#装配式建筑工程产值	建筑工程产　　值
三、按建筑业行业中类分组						
房屋建筑业	430	41968274	1495795	17936377	9275328	38008650
住宅房屋建筑	394	38100444	1399868	16217458	8312588	34294820
其他房屋建筑业	36	3867830	95928	1718918	962740	3713831
土木工程建筑业	278	15201608	101581	8602304	2611154	13157936
铁路、道路、隧道和桥梁工程建筑	120	9912344	58116	5789036	2383934	8965901
水利和水运工程建筑	25	2974979		2097718		2845751
工矿工程建筑	7	180394	795	148716		122068
架线和管道工程建筑	36	814788		321012	60214	382440
节能环保工程施工	14	162559		44776	3000	127128
电力工程施工	15	98927		7137	3253	31228
其他土木工程建筑	61	1057616	42670	193909	160753	683420
建筑安装业	104	1673078	26589	638561	20924	818776
电气安装	38	445857	12	82738		52798
管道和设备安装	10	84889		28002	3460	50890
其他建筑安装业	56	1142332	26576	527821	17464	715088
建筑装饰、装修和其他建筑业	131	1744780	1227175	770070	256235	1392245
建筑装饰和装修业	96	1383992	1215975	633381	210356	1219762
建筑物拆除和场地准备活动	7	158055		73675		37473
提供施工设备服务	3	84632		39678		82139
其他未列明建筑业	25	118102	11200	23337	45879	52871

		竣工产值（万元）	房屋建筑施工面积（m^2）		房屋建筑竣工面积（m^2）	直接从事生产经营活动的平均人数（人）	工程技术人员（人）
安装工程产值	其他产值			#本年新开工面积			
1451606	2508017	18421965	379051224	114532805	73688700	948627	92428
1367212	2438413	17033159	340812395	102914873	67542533	841672	84267
84394	69605	1388806	38238829	11617932	6146167	106955	8161
1024639	1019034	5042237	15067569	5866283	3856239	276629	46650
458005	488438	3114031	6661986	2624328	1990983	174825	31772
24370	104859	737084	6258019	2205240	1065073	56032	7514
21484	36842	16034	1432308	700910	34780	3454	717
264892	167457	638849	101682	37560	63148	18189	2828
30346	5086	25043			31219	2396	677
66800	900	37377	85961			1203	293
158743	215453	473820	527613	298245	671036	20530	2846
796189	58112	689004	839795	589170	554575	36902	5358
389193	3866	256457				5016	1052
28497	5502	46576	1450	785		1648	720
378499	48744	385972	838345	588385	554575	30238	3586
109511	243024	955085	538799	153111	2208872	38672	5755
67725	96504	734078	297435	144236	309156	31756	4097
	120582	118212				2032	643
2493		25885	69400		35700	1350	199
39292	25938	76910	171964	8875	1864016	3534	816

4－8 主要年份建筑业财务状况

项　　目	单位	2005 年	2006 年	2007 年	2008 年	2009 年	2010 年
一、年末资产负债							
流动资产合计	万元	2837325	3314982	4270154	5122164	6252585	8001811
固定资产原价	万元	1014513	1184889	1612399	1785749	1962253	1875495
# 生产经营用	万元	829613	1002572	1409999	1466618	1299391	1537300
累计折旧	万元	373969	438718	551166	602533	694491	775604
# 本年折旧	万元	69070	72647	75814	132602	139803	172206
资产合计	万元	3983250	4633015	5996227	7078559	8350689	10402388
流动负债合计	万元	2233802	2685378	3751735	4250492	5210629	6760187
长期负债合计	万元	300389	335771	402464	469312	556174	507208
所有者权益合计	万元	1449059	1611867	1842028	2358755	2583886	3135023
# 实收资本	万元	1058647	1169051	1271429	1478953	1595580	1917221
二、损益及分配							
工程结算收入	万元	5373740	6954650	8987932	10454726	12713365	16904511
工程结算成本	万元	4840714	6258321	8086699	9270280	11440235	15254694
工程结算税金	万元	192859	242343	320945	410904	444092	580124
管理费用	万元	197115	234888	271463	277710	329378	438016
利润总额	万元	120833	181684	245663	477409	418620	574081
# 应交所得税	万元	35207	49380	63394	63536	87801	91193
应交增值税	万元						
三、工资福利费							
应付职工薪酬	万元						
四、亏损企业个数	个	100	107	82	50	69	82

2011年	2012年	2013年	2014年	2015年	2016年	2017年	2018年	2019年	2020年
9709347	11483057	13600316	15879020	18371152	22082517	24984789	29040378	32754813	37329513
2026409	2152809	2341521	2574911	2670440	2616760	2763772	2999758	3469527	3558876
891674	1010130	1125930	1222525	1342849	1340516	1403635	1499799	1500972	1626381
186788	187878	178722	223529	234960	209190	224505	277283	301937	288987
12540899	14979997	17815511	20658175	23665787	28570473	33113744	39649127	45076693	50313202
7637066	8783469	10516791	12044082	13413952	16462656	19526859	23056383	26907975	30626485
753704	951942	1030037	1284100	1550722	2601079	2360007	3676892	31222598	35453125
4024090	4874075	5966979	7072768	8194043	8970403	10591487	12428130	13854095	14860077
2170676	2474991	2963173	3554730	3917093	4352833	5634836	6222832	6753292	7051617
19993351	21974786	26653588	31139757	33379898	36755907	41360815	47236383	52431992	56669373
18001663	19734193	23614205	27828963	29902777	33428524	38168137	43627150	48497353	52352601
694310	742423	978091	1175188	1126043	821344	546811	451476	468471	460015
507585	570283	793192	888405	954001	1050216	1197040	1444057	1404652	1417571
712628	828360	1129347	1102611	1125163	1181762	1273773	1550371	1679801	1760680
127590	163997	218115	198906	219279	232523	229813	246324	252528	266260
					436039	715342	1086525	1089212	1097041
1487379	1700926	4666217	4027362	3855556	3697098	3591991	6995783	5916631	5162888
65	101	69	76	80	84	81	76		15

4－9 建筑业企业财务状况(2020年)

指标	资产总计	流动资产合计	#应收工程款	#存货	固定资产原价
总计	**50313202**	**37329513**	**10622827**	**5215260**	**3558876**
一、按登记注册类型分组					
内资企业	50090738	37121604	10622827	5178469	3558876
国有企业	760856	671786	189608	110603	62231
集体企业	104707	70886	27748	14270	7984
有限责任公司	37419841	26295357	6926485	3040748	2214920
国有独资公司	8374888	5845092	1752970	832593	241895
其他有限责任公司	29044954	20450265	5173515	2208154	1973025
股份有限公司	679193	483360	179505	101759	117580
私营企业	11126141	9600216	3299481	1911089	1156161
私营有限责任公司	10135849	8771031	3017649	1704362	1013464
私营股份有限公司	975492	814946	279351	202530	141728
外商投资企业	222464	207909		36791	
二、按企业资质等级分组					
总承包	46177725	33772357	9346480	4810220	3135617
特级	26249674	16788130	4263951	1423467	1505741
一级	15501160	13269291	3865625	2683933	1095524
二级	3427745	2876923	841761	588668	431873
三级及以下	999146	838014	375142	114152	102479
专业承包	4135477	3557157	1276347	405040	423260
一级	2954471	2558134	973714	276941	288254
二级	913694	795845	218292	102597	59185
三级及以下	267311	203178	84341	25502	75821
三、按建筑业行业中类分组					
房屋建筑业	35249543	25937861	7382630	3975580	1577561
住宅房屋建筑	33177807	24271939	6918596	3722381	1486301
其他房屋建筑业	2071735	1665922	464034	253199	91260
土木工程建筑业	12267373	9068489	2350711	1021547	1672745
铁路、道路、隧道和桥梁工程建筑	6031642	4902278	1303333	629404	673589
水利和水运工程建筑	4225755	2452192	452623	181892	796609
工矿工程建筑	177077	157149	72224	3258	19659
架线和管道工程建筑	888272	776342	235837	79742	105219
节能环保工程施工	207295	130534	48349	30720	13607
电力工程施工	83445	65523	18250	2855	6936
其他土木工程建筑	653888	584471	220096	93677	57127
建筑安装业	1426184	1145298	408794	115830	113026
电气安装	452133	359721	107262	34552	71006
管道和设备安装	90169	77136	29894	3569	13964
其他建筑安装业	883882	708442	271638	77709	28056
建筑装饰、装修和其他建筑业	1370102	1177865	480691	102302	195545
建筑装饰和装修业	958951	877949	301692	83089	51979
建筑物拆除和场地准备活动	150129	113109	63887	3368	28278
提供施工设备服务	133584	70777	50981	5576	102630
其他未列明建筑业	127439	116030	64132	10269	12658

单位:万元

累计折旧	#本年折旧	在建工程	流动负债合计	#应付账款	非流动负债合计	负债合计	所有者权益合计	#实收资本
1626381	**288987**	**348940**	**30626485**	**13711646**	**4447629**	**35453125**	**14860077**	**7051617**
1626381	288987	348940	30526549	13643358	4447629	35353190	14737548	7045926
51112	14145	1048	553189	337724	58027	611516	149340	111389
4228	337	665	67100	12088	3989	71674	33033	35120
1003917	185475	116436	23992439	11132634	3999109	28082016	9337826	4344817
88410	15411	1476	5009040	2036689	1070008	6079048	2295840	1405489
915507	170064	114960	18983399	9095945	2929102	22002968	7041985	2939329
70927	6070	1214	216304	67416	21811	278163	401030	110314
496198	82960	229578	5697518	2093496	364693	6309822	4816319	2444285
425750	72570	228047	5294283	1973705	272678	5811579	4324269	2267821
69745	10210	1530	396859	118474	91252	491103	484390	170458
			99936	68288		99936	122528	5691
1455011	258807	292220	28014684	12426716	4336210	32707409	13470316	6253559
632819	144526	75292	16014193	7542070	3671538	19685731	6563943	2961473
561654	72789	121435	9532937	4041221	551260	10339148	5162012	2312515
227074	35752	75199	1987858	652361	67276	2146041	1281705	652165
33465	5740	20295	479696	191064	46136	536489	462657	327406
171370	30179	56720	2611801	1284930	111419	2745716	1389760	798058
112874	17214	50320	1941913	990821	96327	2052199	902273	536467
28878	4330	5094	530585	257213	3762	540332	373363	178498
29618	8636	1306	139303	36896	11329	153186	114125	83094
739418	143581	224285	21587106	9523322	3063879	24876917	10372626	4596543
713877	136369	200346	20409089	9272693	2741285	23371428	9806379	4267116
25541	7212	23938	1178017	250629	322595	1505489	566246	329427
759328	122865	102795	7386668	3412072	1288330	8811791	3455582	1879534
402501	70694	7322	4099809	1796428	143879	4313992	1717649	1036072
253326	39290	71176	2142214	1018502	1080017	3280174	945581	378793
10980	781		124619	72204	15405	141146	35931	36386
59062	6174	785	481183	233888	928	483161	405110	196465
3827	443	21969	108701	71953	766	109755	97541	47010
3593	2248	305	49235	18905	611	51301	32145	23001
26039	3235	1238	380908	200192	46725	432262	221626	161808
52735	5465	7191	730875	310428	21322	757602	668581	356178
36545	3751	3364	177518	59591	1309	179834	272299	94802
3597	219	23	56106	14457	349	59751	30419	23634
12593	1495	3805	497252	236380	19664	518018	365864	237742
74899	17075	14670	921835	465824	74097	1006815	363287	219362
21046	2429	9542	677110	363072	29491	716322	242629	142847
9298	3078		96292	21941	8724	105020	45109	31564
39823	10766		62099	40013	34694	96792	36792	17100
4732	803	5128	86334	40799	1188	88681	38757	27850

4－9 续表 1

指　　标	营业收入	#主营业务收入	营业成本	#主营业务成本
总　　计	**56669373**	**56308063**	**52352601**	**51793881**
一、一、按登记注册类型分组				
内资企业	56531767	56308063	52261556	51793881
国有企业	703119	702915	643241	642430
集体企业	114302	114302	104225	104225
有限责任公司	36057194	35980182	33442701	33271001
国有独资公司	7189122	7184943	6604754	6573756
其他有限责任公司	28868072	28795239	26837948	26697244
股份有限公司	1546763	1526290	1410894	1409351
私营企业	18110390	17984375	16660494	16366875
私营有限责任公司	16354262	16229217	15073992	14781027
私营股份有限公司	1751387	1750416	1582071	1581417
外商投资企业	137606		91045	
二、按企业资质等级分组				
总承包	51680558	51532972	47836885	47461185
特　　级	26108072	26076675	24173266	24129816
一　　级	20185020	20122288	18765997	18526354
二　　级	4087192	4055689	3735737	3677146
三级及以下	1300274	1278319	1161885	1127868
专业承包	4988815	4775092	4515716	4332697
一　　级	3756089	3701321	3459388	3391301
二　　级	913277	761750	788996	680813
三级及以下	319449	312021	267331	260583
三、按建筑业行业中类分组				
房屋建筑业	41895539	41805316	38925474	38636368
住宅房屋建筑	38711211	38621864	36060686	35785065
其他房屋建筑业	3184328	3183452	2864788	2851302
土木工程建筑业	11258307	11011732	10210197	9992732
铁路、道路、隧道和桥梁工程建筑	6081487	6063147	5606014	5570783
水利和水运工程建筑	3027989	3022983	2693334	2684839
工矿工程建筑	186298	180143	172643	168859
架线和管道工程建筑	847992	682658	751525	634527
节能环保工程施工	165786	165750	128613	128584
电力工程施工	96290	96267	85249	85228
其他土木工程建筑	852466	800786	772819	719913
建筑安装业	1713734	1692978	1570638	1550432
电气安装	440129	439159	392449	391337
管道和设备安装	123402	123226	114259	114226
其他建筑安装业	1150202	1130593	1063930	1044869
建筑装饰、装修和其他建筑业	1801793	1798037	1646293	1614349
建筑装饰和装修业	1441320	1439178	1328307	1305173
建筑物拆除和场地准备活动	142543	141979	137467	129437
提供施工设备服务	80550	80550	61330	61330
其他未列明建筑业	137381	136331	119189	118409

单位:万元

营业税金及附加	#主营业务税金及附加	其他业务利润	销售费用	管理费用	财务费用	#利息收入	#利息支出
460015	**434548**	**10185**	**87006**	**1417571**	**328172**	**140372**	**344415**
459094	434548	10185	86999	1411026	328297	140372	344415
3072	2936	47	791	18720	621	8649	2418
2393	2393		1640	4725	754	136	68
185442	183483	8590	21513	780537	241345	128739	302702
30346	29673	36	341	164334	44828	45451	93609
155096	153810	8554	21172	616203	196517	83288	209093
9052	6139	453	3406	34533	2008	1057	516
259135	239598	1095	59649	572512	83570	1791	38712
243540	224002	1080	52535	483532	74787	761	33843
15574	15574	15	7114	88794	8714	1017	4793
922			7	6545	-125		
402989	383020	7271	58971	1179354	307076	131064	331541
87381	83543	3103	5514	549674	181387	108785	250516
207833	194736	1937	31583	437300	106483	20353	73029
76504	75201	1909	14534	137349	15018	1962	6273
31270	29540	322	7340	55032	4188	-36	1723
57027	51528	2913	28035	238217	21096	9309	12874
34758	31208	968	16378	172568	15705	9186	9360
16376	14458	1885	6073	44371	2895	813	1346
5892	5862	60	5585	21279	2497	-690	2169
350154	336238	1647	51267	857447	226570	105363	243608
325384	311602	1646	50018	734393	190180	89273	207916
24770	24636	1	1249	123054	36390	16091	35691
81772	71971	8059	20206	418122	86304	24906	91550
29244	22366	5481	4098	144650	27585	9446	28786
23557	22942	252	3397	174629	51607	15892	57795
854	740	2285	26	7743	815	402	850
16968	15843	-411	4030	43096	1882	297	1412
632	632	8	6283	12082	1199	-1	892
1328	496	0	506	7440	413	-13	536
9190	8953	443	1866	28483	2803	-1119	1280
9568	9366	163	5261	71943	4416	1749	2233
4742	4661	15	2251	26498	268	1218	934
499	499	144	799	5151	624	367	58
4328	4207	4	2210	40294	3525	164	1241
18521	16972	316	10272	70060	10883	8355	7025
13962	12864	316	6577	50970	6336	6950	4001
1186	1186		72	6982	1272	1082	1173
350	350		2634	3768	2286	15	941
3023	2572		989	8341	990	308	909

4－9 续表 2

指　　标	资产减值损失	公允价值变动收益	投资收益	其他收益
总　　计	**29237**	**－380**	**315034**	**18917**
一、按登记注册类型分组				
内资企业	29237	－380	316184	18917
国有企业	6055		1513	163
集体企业				
有限责任公司	14007	－380	309313	16459
国有独资公司	14009		84347	3225
其他有限责任公司	－2	－380	224966	13235
股份有限公司	416		1227	626
私营企业	8760		4131	1668
私营有限责任公司	7342		3130	1617
私营股份有限公司	1418		1001	52
外商投资企业			－1150	
二、按企业资质等级分组				
总承包	26997	－380	314268	17485
特　　级	8072	－1	264549	12851
一　　级	4746	－423	47463	4271
二　　级	14091	44	2255	272
三级及以下	87		1	91
专业承包	2241		766	1432
一　　级	898		997	1111
二　　级	296		－258	224
三级及以下	1047		27	97
三、按建筑业行业中类分组				
房屋建筑业	6913	－1	305511	10838
住宅房屋建筑	8753	－1	304402	10341
其他房屋建筑业	－1841		1109	497
土木工程建筑业	16860	－423	3638	7168
铁路、道路、隧道和桥梁工程建筑	11063	－423	3826	3718
水利和水运工程建筑	2489		－105	2772
工矿工程建筑	1480		247	43
架线和管道工程建筑	－67		－1082	257
节能环保工程施工	453		906	286
电力工程施工				
其他土木工程建筑	1442		－155	93
建筑安装业	4580	44	5580	117
电气安装	949	44	150	9
管道和设备安装	15		－57	54
其他建筑安装业	3616		5487	54
建筑装饰、装修和其他建筑业	885		305	794
建筑装饰和装修业	－238		－155	558
建筑物拆除和场地准备活动	124		376	101
提供施工设备服务	891		4	6
其他未列明建筑业	108		80	129

单位:万元

营业利润	营业外收 入	营业外支 出	利润总额	应 交所得税	应付职工薪酬（本年贷方累计发生额）	应交所得税	建筑业企业在境外完成的营业收入
1763615	**29978**	**33574**	**1760680**	**266260**	**5162888**	**1351179**	**1097041**
1729912	29645	32749	1727470	260894	5149739	1092003	1351179
15413	327	49	15692	3578	53214	19036	1109
1216	2		1218	444	13215	2756	
1083012	20081	17217	1085971	127608	3031734	625940	1219220
266551	3369	4944	264976	26314	317456	155467	20657
816462	16712	12273	820996	101294	2714278	470473	1198562
83917	368	3148	81137	19841	185578	22479	
546353	8867	12334	543452	109423	1865998	421794	130851
496811	8571	11712	493683	98541	1669819	383163	130461
49508	291	622	49730	10874	195863	38406	390
33703	332	825	33211	5366	13150	5038	
1594335	25804	30501	1590182	238791	4708133	1000780	1333411
869339	12881	13705	869068	107630	2153286	353927	761076
559881	9855	12983	556612	99569	1913138	516003	551516
117243	2448	2763	116991	22976	474491	103499	16468
47872	621	1050	47511	8617	167217	27352	4351
169280	4174	3072	170498	27468	454756	96261	17768
96235	2674	1710	97313	15528	311003	70572	14677
56657	953	1055	56558	9068	121647	20312	3092
16389	546	308	16628	2873	22105	5377	
1315840	12997	20904	1308420	189986	3844646	822299	679782
1244609	12456	17982	1239609	177210	3709616	680253	678695
71231	541	2921	68811	12776	135030	142046	1087
358183	12338	9682	360877	62311	989065	210868	661357
187108	2603	3205	186604	29385	541461	111186	58196
78044	6765	3860	80809	16182	253243	43109	601383
2790	99	47	2842	281	26585	11038	
43118	1795	1854	43157	8102	81433	20024	
14720	468	86	15085	1598	13295	3450	1778
2359	102	237	2224	558	6058	3225	
30044	506	393	30157	6204	66991	18837	
37773	3723	2229	39268	5682	171464	28679	5005
15015	1132	275	15872	2999	39096	7729	
2149	95	2	2242	367	6837	1431	
20609	2496	1951	21154	2315	125531	19518	5005
51820	920	759	52115	8281	157713	35196	5034
36438	581	423	36731	5898	128426	23981	5034
407	180	158	429	122	13661	7389	
10029	46	14	10062	1387	3021	–164	
4945	112	164	4893	874	12605	3990	

5 财政、金融、保险

长沙统计年鉴

5－1 主要年份财政收支情况

单位：万元

年份	辖区内一般公共预算收入	一般公共预算收入	上划中央两税	地方一般公共预算收入	国土收入	一般预算支出
1994		231865	91711	134875	5282	152093
1995	518409	287494	98314	179864	9316	216021
1996	675251	374213	119022	245965	9226	273809
1997	787809	375994	119610	250306	6078	280728
1998	910694	422279	119613	294507	8159	329659
1999	991512	454291	130630	316691	6970	362715
2000	1096493	504342	150260	344491	9591	414336
2001	1239745	617997	170220	421620	26157	523252
2002	1369867	754759	204719	460682	35768	625493
2003	1612343	1027631	234356	598930	114311	784168
2004	2051400	1331234	287636	806555	104542	1005542
2005	2524803	1730364	336548	1080572	135778	1330503
2006	2966297	2171904	401804	1328345	183528	1671873
2007	5062048	2663841	486275	1745761	550501	2181733
2008	5989800	3188656	552269	2055700	933144	2605584
2009	6856000	3729724	663675	2462933	1123813	3140820
2010	8482000	5112800	830606	3142836	1346962	4033349
2011	11014000	6889551	1024740	4257827	2395757	5208876
2012	12453330	7965760	1148368	4906482	2651327	6246207
2013	14203395	8838849	1330601	5366331	4114049	7018238
2014	16214467	10030833	1328466	6327992	5499579	8023838
2015	17621465	11134811	1359797	7189468	3721509	9249992
2016	18261529	12310190	2018282	7436954	2762966	10414331
2017	20404954	14032905	2900339	8003456	3254258	11826043
2018	21655730	15449498	3141360	8797072	5560565	13007895
2019	21761893	15927394	3169644	9502290	8102435	14259810
2020	22278653	16429579	2917505	11000910	10505828	15012319

注：原财政总收入名称变更为一般公共预算收入。

5－2 主要年份财政收支增长速度

单位:%

年 份	辖区内一般公共预算收入	一般公共预算收入	上划中央两税	地方一般公共预算收入	一般预算支出
1995		24.0	7.2	33.4	42.0
1996	30.3	30.2	21.1	36.8	26.8
1997	16.7	0.5	0.5	1.8	2.5
1998	15.6	12.3		17.7	17.4
1999	8.9	7.6	9.2	7.5	10.0
2000	10.6	11.0	15.0	8.8	14.2
2001	13.1	22.5	13.3	22.4	26.3
2002	10.5	22.1	20.3	22.0	19.5
2003	17.7	36.2	14.5	33.2	25.4
2004	27.2	29.5	22.7	34.7	28.2
2005	23.1	30.0	17.0	34.0	32.3
2006	17.5	25.5	19.4	22.9	25.7
2007		43.3	21.0	31.4	30.5
2008	18.3	19.7	13.6	17.8	19.4
2009	14.5	17.0	20.2	19.8	20.5
2010	23.7	28.1	25.2	31.2	28.4
2011	29.9	34.8	23.4	35.5	29.1
2012	13.1	15.6	12.1	15.2	19.9
2013	14.1	11.0	15.9	9.4	12.4
2014	14.2	13.5	-0.2	17.9	14.3
2015	8.7	11.0	2.4	13.6	15.3
2016	3.6	10.6	48.4	3.4	12.6
2017	11.7	14.0	43.7	11.5	13.6
2018	6.1	10.1	8.3	9.9	10.0
2019	0.5	3.1	0.9	8.0	9.6
2020	2.4	3.2	-8.0	3.0	5.3

注:因口径变化,2006 年、2007 年辖区内一般公共预算收入不具可比性。

5－3 财 政 收 入

单位:万元

指　　标	2020 年	2019 年	2020 年比 2019 年 ±%
上划中央"两税"	2917505	3169644	－8.0
地方一般公共预算收入	11000910	9502290	3.0
增值税	2594389	2073841	－6.2
营业税			
企业所得税	1132832	696154	13.9
企业所得税退税			
个人所得税	539594	270212	39.8
资源税	4996	1834	104.3
固定资产投资方向调节税			
城市维护建设税	517118	547893	－5.6
房产税	324736	336261	－3.4
印花税	138494	138102	0.3
城镇土地使用税	192852	160080	－15.7
土地增值税	1220152	1058388	15.3
车船税	103007	95678	7.7
耕地占用税	242214	189626	27.7
烟叶税	6922	5447	27.1
契税	1046231	1072214	－2.4
国有资本经营收入	15462	546	2731.9
国有资源(资产)有偿使用收入	1115209	746086	49.5
行政性收费	327487	302144	8.4
罚没收入	168322	147715	14.0
专项收入	784927	1201320	－34.7
其他收入	518715	450410	15.2
基金收入	10934138	8592141	27.3

注:自 2020 年起,湖南省将省与长沙市共享税收收入中省级分享比例进行了调整,地方一般公共预算收入去年同期数相应调整。

5－4 财 政 支 出

单位:万元

指　　标	2020 年	2019 年	2020 年比 2019 年 ±%
一般公共预算支出	15012319	14259810	5.3
一般公共服务	1852702	1797033	3.1
科学技术	554502	492477	12.6
交通运输	466692	445125	4.9
农林水	955370	917806	4.1
节能环保	647233	633670	2.1
城乡社区	3720880	4009113	-7.2
文化旅游体育与传媒	180881	170822	5.9
教育支出	2310537	2111796	9.4
卫生健康	781034	718398	8.7
社会保障和就业	1267347	1153813	9.8
公共安全	713464	689809	3.4
外交支出			
其他支出	1561677	1119948	39.4
基金支出合计	13552661	9459393	43.3

5－5 主要年份金融统计指标

单位:亿元

年 份	各项存款余额	#城乡居民储蓄存款	各项贷款余额	#短期贷款	#中长期贷款
1994	235.31	132.80	180.85	145.33	24.21
1995	306.02	183.27	240.84	176.71	31.56
1996	399.57	218.20	350.59	233.68	57.65
1997	449.56	241.43	379.24	277.16	72.28
1998	594.69	269.43	468.90	279.30	111.78
1999	723.57	346.12	588.87	382.74	159.03
2000	826.18	373.22	631.57	378.29	184.48
2001	986.84	444.10	778.28	447.47	264.61
2002	1232.98	544.99	1207.42	555.09	550.23
2003	1598.70	704.85	1629.42	680.13	859.68
2004	1960.23	800.89	1851.38	775.58	1016.02
2005	2322.32	954.42	2055.35	751.94	1209.74
2006	2756.80	1093.04	2482.50	854.34	1495.71
2007	3267.46	1177.17	2982.40	967.88	1904.50
2008	3869.21	1494.93	3516.27	1083.35	2275.10
2009	5325.84	1881.32	5200.76	1201.37	3751.76
2010	6427.95	2172.08	6353.68	1371.86	4846.59
2011	7364.26	2526.93	7483.83	1708.80	5698.04
2012	8800.66	3004.07	8518.93	1957.10	6393.43
2013	10148.76	3507.51	9633.02	2331.67	7165.55
2014	11266.10	3898.85	10712.82	2529.89	7992.60
2015	14065.66	4352.63	12323.87	2668.64	9137.69
2016	15488.77	4872.74	13866.96	2677.38	10472.19
2017	17141.83	5203.64	16027.07	3060.20	12590.62
2018	18633.60	5692.08	18360.89	3656.00	14175.01
2019	21048.45	6600.39	21248.71	4477.57	15917.02
2020	23316.81	7572.18	24261.26	5032.76	18407.53

注:从2015年开始人民银行不公布城乡居民储蓄存款这一指标,数据由住户存款代替。

5－6 金融机构消费贷款(2020年)

单位:万元

指 标	年末余额	比年初±额
消费贷款总计	59290048	7581741
短期个人消费贷款	9758783	1031621
住房贷款	7666	－14926
汽车贷款	16205	2316
助学贷款	1253	－505
其他贷款	9733659	1044736
中长期个人消费贷款	49531265	6550120
住房贷款	43081192	4543648
汽车贷款	562407	412665
助学贷款	308009	26244
其他贷款	5579657	1567564

5－7　金融机构存贷款(本外币)(2020年)

单位:亿元

指　　标	年末余额	比年初±额	指　　标	年末余额	比年初±额
各项存款	23316.81	2268.36	各项贷款	24261.26	3012.55
一、境内存款	23251.26	2256.86	一、境内贷款	24218.09	3035.62
1.住户存款	7572.18	971.79	1.短期贷款	5032.76	634.88
2.非金融企业存款	8282.61	253.66	2.中长期贷款	18407.53	2410.81
3.广义政府存款	4920.81	652.94	3.融资租赁		
4.非银行业金融机构存款	2475.67	378.47	4.票据融资	766.79	15.63
二、境外存款	65.55	11.50	5.各项垫款	10.68	－3.20
			二、境外贷款	43.17	－23.07

5－8　金融机构存贷款(人民币)(2020年)

单位:亿元

指　　标	年末余额	比年初±额	指　　标	年末余额	比年初±额
各项存款	22993.28	2198.17	各项贷款	24048.54	3037.71
一、境内存款	22974.46	2199.46	一、境内贷款	24024.50	3035.62
1.住户存款	7500.61	971.12	1.短期贷款	4919.69	631.94
2.非金融企业存款	8084.07	191.19	2.中长期贷款	18327.93	2413.40
3.广义政府存款	4918.28	654.99	3.融资租赁		
4.非银行业金融机构存款	2471.50	382.16	4.票据融资	765.87	15.79
二、境外存款	18.82	－1.28	5.各项垫款	10.68	－3.01
			二、境外贷款	24.04	2.09

5-9 财产保险公司业务主要指标(2020年)

单位:万元

指　　标	保费收入	赔款支出
合　　计	**1867738**	**1019205**
1. 企业财产保险	85738	27716
2. 家庭财产保险	15782	1506
3. 机动车辆保险	1046251	610333
4. 工程保险	16150	8716
5. 责任保险	121357	49131
6. 信用保险	22551	8110
7. 保证保险	175470	106992
# 机动车辆消费贷款保证保险	137	233
个人贷款抵押房屋保证保险	-1	14
8. 船舶保险	1243	487
9. 货物运输保险	8140	3100
10. 特殊风险保险	3997	181
11. 农业保险	32905	21451
12. 健康险	256922	159192
13. 意外伤害保险	71564	17135
14. 其他险	9667	5156

5－10 人寿保险公司业务主要指标(2020年)

单位:万元

指　　标	合　计
一、原保险保费收入	3368841
1.寿险小计	2625899
2.意外伤害险小计	70111
(1)一年期以内业务	15773
(2)一年期业务	28368
(3)一年期以上业务	25970
3.健康险小计	672831
二、赔付支出	509840
1.赔款支出	84280
(1)意外伤害险	13280
一年期以内业务	3255
一年期业务	10025
(2)一年期以内及一年期健康险	71000
个人业务	23450
团体业务	47550
2.死伤医疗给付	109197
(1)寿险	27609
个人业务	25266
团体业务	2343
(2)一年期以上健康险	81588
个人业务	70497
团体业务	11091
3.满期给付	227032
(1)寿险	226691
个人业务	226618
其中:年金保险	12453
团体业务	74
其中:年金保险	
(2)一年期以上健康险	341
个人业务	341
团体业务	
4.年金给付	89330
(1)个人业务	83747
其中:年金保险	73259
(2)团体业务	5584
其中:年金保险	5583
三、退保金	242606
1.寿险	217524
(1)个人业务	215928
其中:年金保险	81531
(2)团体业务	1597
其中:年金保险	1577
2.一年期以上健康险	25082

6 物价指数

长沙统计年鉴

6-1 历年物价总指数

（以上年价格为100）

年份	商品零售价格指数	居民消费价格指数	服务项目价格指数
1951	105.6		
1952	97.4		
1953	107.6	109.6	105.7
1954	104.8	104.8	100.5
1955	100.9	100.2	100.2
1956	100.2	99.9	94.4
1957	103.9	104.9	96.2
1958	98.5	98.6	99.7
1959	101.0	100.8	99.3
1960	103.0	102.7	100.0
1961	128.8	123.6	100.5
1962	92.2	93.2	103.4
1963	84.9	85.8	95.0
1964	95.4	95.3	94.2
1965	97.9	97.7	95.9
1966	100.1	99.4	92.8
1967	100.9	100.7	98.1
1968	99.7	99.7	100.0
1969	100.5	100.5	100.0
1970	99.3	99.4	100.0
1971	99.8	99.9	100.0
1972	99.9	99.9	99.9
1973	100.3	99.8	94.7
1974	99.8	99.6	97.9
1975	100.1	100.1	100.0
1976	100.0	99.9	97.8
1977	100.1	99.5	94.0
1978	99.9	99.6	96.4
1979	101.3	101.3	101.7
1980	107.7	107.2	101.7
1981	101.6	101.7	102.9
1982	101.8	101.7	101.1
1983	101.4	101.8	106.9
1984	103.5	103.7	106.1
1985	112.7	112.2	107.0

6－1 续表

年　份	商品零售价格指数	居民消费价格指数	服务项目价格指数
1986	105.3	105.4	106.5
1987	109.8	109.6	107.7
1988	124.9	123.7	111.2
1989	115.4	115.8	120.3
1990	100.2	101.5	113.3
1991	106.5	106.9	110.3
1992	111.8	114.0	128.5
1993	118.4	119.7	127.6
1994	119.0	123.8	133.7
1995	114.0	117.1	119.2
1996	105.4	106.9	111.6
1997	100.8	103.5	112.3
1998	98.5	101.2	112.6
1999	98.4	100.2	112.6
2000	100.7	101.7	111.1
2001	98.2	98.4	103.1
2002	98.6	99.2	102.2
2003	99.2	100.9	101.1
2004	101.3	103.2	102.4
2005	100.4	101.9	102.9
2006	101.1	101.1	101.0
2007	102.3	104.9	101.9
2008	103.9	105.2	101.4
2009	97.7	99.4	100.5
2010	103.8	102.9	101.3
2011	105.4	105.5	103.6
2012	101.5	102.3	102.1
2013	101.2	102.8	104.0
2014	101.7	102.7	102.7
2015	99.6	101.1	100.6
2016	100.9	101.9	101.8
2017	101.4	101.3	102.5
2018	102.5	102.0	101.6
2019	102.2	102.9	101.2
2020	100.8	101.8	100.0

6-2 重要年份定基物价指数

年 份	基 期	居民消费价格指数	商品零售价格指数
1952	以1950年为100		102.9
1957	以1950年为100	124.0	121.7
	以1952年为100	120.6	118.3
1965	以1950年为100	136.5	136.1
	以1952年为100	132.7	132.3
	以1957年为100	110.1	111.8
1970	以1950年为100	138.6	138.9
	以1952年为100	134.7	135.0
	以1957年为100	111.8	114.1
	以1965年为100	101.5	102.1
1978	以1950年为100	136.0	138.8
	以1952年为100	132.2	134.9
	以1957年为100	109.6	114.0
	以1965年为100	99.6	102.0
	以1970年为100	98.1	99.9
1980	以1950年为100	147.7	151.4
	以1952年为100	143.6	147.2
	以1957年为100	119.1	124.4
	以1965年为100	108.2	111.3
	以1970年为100	106.6	109.0
	以1978年为100	108.7	109.1
1990	以1950年为100	308.8	309.1
	以1952年为100	291.9	300.5
	以1957年为100	249.0	254.0
	以1965年为100	227.7	230.5
	以1970年为100	224.1	225.9
	以1978年为100	223.7	223.0
	以1980年为100	205.9	204.4
2000	以1950年为100	733.5	613.4
	以1952年为100	713.2	596.3
	以1957年为100	591.5	504.1
	以1965年为100	537.3	450.9
	以1970年为100	529.3	441.6
	以1978年为100	539.6	442.1
	以1980年为100	496.6	405.2
	以1990年为100	241.3	198.3
	以1995年为100	114.1	103.7
2005	以1950年为100	759.8	605.3
	以1952年为100	738.7	582.6
	以1957年为100	612.7	492.4
	以1965年为100	556.5	440.4
	以1970年为100	548.3	431.4
	以1978年为100	558.9	431.9
	以1980年为100	514.3	395.8
	以1990年为100	249.9	193.7
	以1995年为100	118.2	101.3
	以2000年为100	105.3	100.5

6－2 续表 1

年　份	基　期	居民消费价格指数	商品零售价格指数
2010	以 1950 年为 100	866.9	659.6
	以 1952 年为 100	843.0	634.8
	以 1957 年为 100	699.2	536.6
	以 1965 年为 100	635.1	479.6
	以 1970 年为 100	625.5	470.1
	以 1978 年为 100	637.8	470.6
	以 1980 年为 100	586.9	431.3
	以 1990 年为 100	285.1	211.1
	以 1995 年为 100	134.8	110.4
	以 2000 年为 100	123.0	109.6
	以 2005 年为 100	116.9	111.5
2014	以 1950 年为 100	987.8	726.2
	以 1952 年为 100	960.6	698.9
	以 1957 年为 100	796.7	590.9
	以 1965 年为 100	723.6	528.1
	以 1970 年为 100	712.7	517.6
	以 1978 年为 100	726.8	518.1
	以 1980 年为 100	668.7	474.8
	以 1990 年为 100	324.8	232.4
	以 2000 年为 100	140.1	120.6
	以 2005 年为 100	131.3	122.8
	以 2010 年为 100	114.4	109.7
2015	以 1950 年为 100	998.7	723.3
	以 1952 年为 100	971.2	696.1
	以 1957 年为 100	805.5	588.5
	以 1965 年为 100	731.6	526.0
	以 1970 年为 100	720.5	515.5
	以 1978 年为 100	734.8	516.0
	以 1980 年为 100	676.1	472.9
	以 1990 年为 100	328.4	231.5
	以 2000 年为 100	141.6	120.1
	以 2005 年为 100	132.7	122.3
	以 2010 年为 100	115.7	109.9
2016	以 1950 年为 100	1017.7	729.8
	以 1952 年为 100	989.7	702.4
	以 1957 年为 100	820.8	593.8
	以 1965 年为 100	745.5	530.7
	以 1970 年为 100	734.2	520.1
	以 1978 年为 100	748.8	520.6
	以 1980 年为 100	688.9	477.2
	以 1990 年为 100	334.6	233.6
	以 2000 年为 100	139.2	123.1
	以 2005 年为 100	135.2	123.4
	以 2010 年为 100	117.9	110.9
	以 2015 年为 100	102.7	101.7

6－2 续表 2

年　份	基　期	居民消费价格指数	商品零售价格指数
2017	以 1950 年为 100	1030.9	740.0
	以 1952 年为 100	1002.6	712.2
	以 1957 年为 100	831.5	602.1
	以 1965 年为 100	755.2	538.1
	以 1970 年为 100	743.7	527.4
	以 1978 年为 100	758.5	527.9
	以 1980 年为 100	697.9	483.9
	以 1990 年为 100	338.9	236.9
	以 2000 年为 100	140.4	124.9
	以 2005 年为 100	137.0	125.1
	以 2010 年为 100	119.4	112.5
	以 2015 年为 100	103.5	103.2
2018	以 1950 年为 100	1051.5	758.5
	以 1952 年为 100	1022.7	730.0
	以 1957 年为 100	848.1	617.2
	以 1965 年为 100	770.3	551.6
	以 1970 年为 100	758.6	540.6
	以 1978 年为 100	773.7	541.1
	以 1980 年为 100	711.9	496.0
	以 1990 年为 100	345.7	242.8
	以 2000 年为 100	143.6	127.5
	以 2005 年为 100	139.7	128.2
	以 2010 年为 100	121.8	115.3
	以 2015 年为 100	105.9	105.4
2019	以 1950 年为 100	1082.0	775.2
	以 1952 年为 100	1052.4	746.1
	以 1957 年为 100	872.7	630.8
	以 1965 年为 100	792.6	563.7
	以 1970 年为 100	780.6	552.5
	以 1978 年为 100	796.1	553.0
	以 1980 年为 100	732.5	506.9
	以 1990 年为 100	355.7	248.1
	以 2000 年为 100	148.8	131.4
	以 2005 年为 100	143.8	131.0
	以 2010 年为 100	125.3	117.8
	以 2015 年为 100	109.7	108.6
2020	以 1950 年为 100	1101.5	781.4
	以 1952 年为 100	1071.3	752.1
	以 1957 年为 100	888.4	635.8
	以 1965 年为 100	806.9	568.2
	以 1970 年为 100	794.7	556.9
	以 1978 年为 100	810.4	557.4
	以 1980 年为 100	745.7	511.0
	以 1990 年为 100	362.1	250.1
	以 2000 年为 100	149.4	131.1
	以 2005 年为 100	146.4	132.0
	以 2010 年为 100	127.6	118.7
	以 2015 年为 100	110.2	108.4

6－3 商品零售价格指数(2020年)

(以上年价格为100)

项　目	以上年价格为100	项　目	以上年价格为100
商品零售价格总指数	**100.8**	15.在外餐饮	100.8
一、食品	108.1	二、饮料、烟酒	100.9
1.粮食	101.3	三、服装、鞋帽	100.5
2.薯类	102.3	四、纺织品	100.0
3.豆类	104.6	五、家用电器及音像器材	98.9
4.食用油	103.4	六、文化办公用品	100.2
5.菜	103.1	七、日用品	100.2
6.畜肉类	138.5	八、体育娱乐用品	99.8
7.禽肉类	107.6	九、交通、通信用品	98.8
8.水产品	99.7	十、家具	98.7
9.蛋类	90.9	十一、化妆品	101.7
10.奶类	99.6	十二、金银珠宝	119.6
11.干鲜瓜果类	91.0	十三、中西药品及医疗保健用品	100.4
12.糖果糕点类	101.3	十四、书报杂志及电子出版物	100.0
13.调味品	100.6	十五、燃料	88.7
14.其他食品类	100.7	十六、建筑材料及五金电料	99.9

6-4　居民消费价格指数(2020年)

(以上年价格为100)

项　目	以上年价格为100	项　目	以上年价格为100
居民消费价格总指数	**101.8**	5. 鞋类	100.3
一、食品烟酒	106.9	三、居住	100.2
1. 食品	109.8	1. 租赁房房租	101.4
(1)粮食	101.4	2. 住房保养维修及管理	100.6
(2)薯类	102.3	3. 水电燃料	98.1
(3)豆类	104.6	4. 自有住房	101.0
(4)食用油	103.4	四、生活用品及服务	99.8
(5)菜	103.1	1. 家具及室内装饰品	99.0
(6)畜肉类	138.7	2. 家用器具	98.6
(7)禽肉类	107.3	3. 家用纺织品	100.0
(8)水产品	99.6	4. 家庭日用杂品	100.3
(9)蛋类	90.8	5. 个人护理用品	101.5
(10)奶类	99.5	6. 家庭服务	100.3
(11)干鲜瓜果类	90.8	五、交通和通信	96.9
(12)糖果糕点类	101.3	1. 交通	96.0
(13)调味品	100.6	2. 通信	98.6
(14)其他食品类	100.6	六、教育文化和娱乐	99.0
2. 茶及饮料	99.9	1. 教育	99.8
3. 烟酒	101.3	2. 文化娱乐	98.0
4. 在外餐饮	100.7	七、医疗保健	101.0
二、衣着	100.4	1. 药品及医疗器具	100.3
1. 服装	100.5	2. 医疗服务	101.5
2. 服装材料	99.8	八、其他用品和服务	105.5
3. 其他衣着及配件	100.0	1. 其他用品类	112.8
4. 衣着加工服务费	99.8	2. 其他服务类	98.6

6－5 居民消费价格定基指数(2020年)

(以2015年价格为100)

项　　目	以2015年价格为100	项　　目	以2015年价格为100
居民消费价格总指数	**110.2**	5.鞋类	102.2
一、食品烟酒	121.5	三、居住	111.3
1.食品	127.8	1.租赁房房租	114.0
(1)粮食	107.2	2.住房保养维修及管理	108.2
(2)薯类	123.7	3.水电燃料	103.5
(3)豆类	109.8	4.自有住房	117.4
(4)食用油	110.0	四、生活用品及服务	102.4
(5)菜	131.3	1.家具及室内装饰品	100.3
(6)畜肉类	178.7	2.家用器具	98.8
(7)禽肉类	117.6	3.家用纺织品	101.3
(8)水产品	109.5	4.家庭日用杂品	106.4
(9)蛋类	100.0	5.个人护理用品	104.1
(10)奶类	103.0	6.家庭服务	105.6
(11)干鲜瓜果类	106.7	五、交通和通信	95.5
(12)糖果糕点类	107.0	1.交通	97.8
(13)调味品	113.3	2.通信	91.8
(14)其他食品类	103.9	六、教育文化和娱乐	104.6
2.茶及饮料	101.9	1.教育	106.2
3.烟酒	111.3	2.文化娱乐	102.6
4.在外餐饮	108.5	七、医疗保健	108.9
二、衣着	108.4	1.药品及医疗器具	115.1
1.服装	109.8	2.医疗服务	104.8
2.服装材料	105.3	八、其他用品和服务	113.9
3.其他衣着及配件	100.4	1.其他用品类	126.8
4.衣着加工服务费	133.4	2.其他服务类	102.2

6－6 商品零售价格定基指数(2020年)

(以2015年价格为100)

项　　目	以2015年价格为100	项　　目	以2015年价格为100
商品零售价格总指数	**108.4**	15. 在外餐饮	108.6
一、食品	124.0	二、饮料、烟酒	108.7
1. 粮食	107.4	三、服装、鞋帽	107.7
2. 薯类	123.7	四、纺织品	102.2
3. 豆类	109.9	五、家用电器及音像器材	99.6
4. 食用油	110.0	六、文化办公用品	102.9
5. 菜	131.2	七、日用品	105.2
6. 畜肉类	179.4	八、体育娱乐用品	101.3
7. 禽肉类	117.6	九、交通、通信用品	97.4
8. 水产品	109.7	十、家具	100.4
9. 蛋类	100.0	十一、化妆品	104.1
10. 奶类	102.7	十二、金银珠宝	143.3
11. 干鲜瓜果类	106.5	十三、中西药品及医疗保健用品	115.6
12. 糖果糕点类	107.1	十四、书报杂志及电子出版物	99.6
13. 调味品	114.2	十五、燃料	99.5
14. 其他食品类	104.5	十六、建筑材料及五金电料	107.1

6－7 居民消费价格指数(分月)(2020年)

(以上年同月为100)

项　目	一月	二月	三月	四月	五月	六月	七月	八月	九月	十月	十一月	十二月
居民消费价格总指数	**104.1**	**104.2**	**103.0**	**102.0**	**100.8**	**101.7**	**102.8**	**101.6**	**101.6**	**100.6**	**99.4**	**100.4**
一、食品烟酒	112.3	114.5	111.3	108.1	104.9	107.5	110.7	106.0	106.2	102.4	99.1	102.0
1. 食品	118.2	121.2	116.7	111.8	106.9	110.9	115.4	108.2	108.6	103.1	98.1	102.2
(1)粮食	100.8	100.8	100.8	101.1	101.0	101.3	100.9	100.9	100.9	102.5	102.9	102.9
(2)薯类	107.5	104.7	125.0	117.2	101.8	99.4	96.9	94.3	93.2	95.6	97.9	97.2
(3)豆类	101.8	101.8	102.9	103.6	104.2	105.2	106.3	106.4	105.9	105.1	105.5	106.0
(4)食用油	105.5	105.0	104.3	104.1	103.6	103.8	105.0	104.1	102.2	101.0	100.1	101.8
(5)菜	101.1	94.9	90.7	88.8	83.6	100.9	109.5	109.3	117.3	122.4	112.3	114.7
(6)畜肉类	182.6	202.9	184.0	168.2	158.1	162.3	175.8	135.0	118.8	98.5	89.5	98.5
(7)禽肉类	117.4	116.7	118.0	116.0	113.2	111.0	110.1	105.3	101.6	97.6	93.0	94.9
(8)水产品	100.2	100.9	99.1	98.1	99.0	99.7	100.2	99.7	100.4	101.0	98.0	98.6
(9)蛋类	99.8	100.3	99.4	96.4	91.1	87.2	86.2	89.7	86.8	85.0	83.9	86.4
(10)奶类	100.1	99.8	98.9	99.1	98.6	98.8	99.1	99.8	100.2	99.9	99.4	99.7
(11)干鲜瓜果类	89.5	91.1	91.6	88.2	80.8	79.7	79.9	80.8	101.9	104.6	105.5	107.5
(12)糖果糕点类	100.3	99.7	100.5	100.6	100.7	101.7	101.5	102.1	101.9	102.0	102.4	102.3
(13)调味品	101.0	100.4	101.2	100.8	100.8	100.8	100.6	100.3	100.3	100.4	100.3	100.2
(14)其他食品类	99.9	100.0	100.1	100.1	100.1	100.7	100.7	100.7	100.9	101.1	101.4	101.9
2. 茶及饮料	99.4	99.4	99.3	99.1	99.3	99.3	99.5	100.4	101.1	101.1	100.7	100.4
3. 烟酒	101.3	101.3	100.9	100.8	100.9	100.8	100.8	100.8	101.1	101.3	102.7	103.0
4. 在外餐饮	100.4	100.4	100.4	100.5	100.6	100.6	101.5	101.5	100.8	100.7	100.7	100.7
二、衣着	99.8	99.9	100.3	100.3	100.2	100.2	100.2	100.5	100.8	100.7	100.9	100.8
三、居住	101.3	100.4	99.5	100.5	99.6	99.7	100.3	100.8	99.7	100.1	100.3	100.2
四、生活用品及服务	99.8	99.5	99.7	99.8	99.9	99.8	99.8	99.5	99.7	99.8	99.8	99.9
五、交通和通信	99.9	97.8	96.7	96.0	95.7	96.0	95.9	96.6	97.1	97.0	96.8	97.3
六、教育文化和娱乐	99.9	99.2	99.6	98.6	98.3	98.6	98.5	97.9	98.8	99.9	99.2	99.4
七、医疗保健	101.4	100.8	101.0	100.8	100.9	101.1	101.1	101.0	100.9	100.9	100.9	100.9
八、其他用品和服务	105.9	105.9	106.1	105.7	106.6	106.2	106.5	107.5	105.7	104.4	103.7	102.5

6-8 商品零售价格指数(分月)(2020年)

(以上年同月为100)

项　　目	一月	二月	三月	四月	五月	六月	七月	八月	九月	十月	十一月	十二月
商品零售价格总指数	**103.6**	**103.3**	**101.8**	**100.4**	**99.4**	**100.3**	**101.3**	**100.7**	**100.8**	**99.9**	**99.0**	**99.8**
一、食品	114.3	116.6	113.2	109.6	105.9	109.0	112.6	107.3	107.3	103.1	99.0	102.0
1. 粮食	100.9	100.8	100.8	101.2	101.0	101.1	100.7	100.7	100.7	102.4	102.7	102.7
2. 薯类	107.5	104.7	125.0	117.2	101.8	99.4	96.9	94.3	93.2	95.6	97.9	97.2
3. 豆类	101.8	101.8	103.0	103.7	104.3	105.3	106.4	106.5	106.0	105.1	105.5	105.9
4. 食用油	105.5	105.0	104.3	104.1	103.6	103.8	105.0	104.1	102.2	101.0	100.1	101.8
5. 菜	101.1	94.9	90.8	88.8	83.7	100.9	109.5	109.3	117.2	122.3	112.3	114.7
6. 畜肉类	179.5	198.6	181.5	166.6	157.0	160.6	173.2	135.2	119.6	100.2	91.4	99.5
7. 禽肉类	117.8	117.2	118.6	116.6	113.7	111.5	110.5	105.5	101.7	97.6	92.8	94.7
8. 水产品	99.9	101.0	99.0	98.0	99.3	100.0	100.6	100.0	100.6	101.1	98.3	98.9
9. 蛋类	99.8	100.3	99.4	96.4	91.1	87.2	86.3	89.9	86.9	85.1	84.0	86.6
10. 奶类	100.2	100.1	99.3	99.4	98.9	99.0	99.3	100.0	100.2	99.8	99.4	99.5
11. 干鲜瓜果类	89.8	91.3	91.8	88.5	81.2	80.2	80.3	81.2	101.9	104.5	105.3	107.3
12. 糖果糕点类	100.4	99.7	100.5	100.6	100.8	101.7	101.5	102.1	101.9	102.1	102.4	102.4
13. 调味品	101.0	100.4	101.2	100.8	100.8	100.9	100.7	100.4	100.4	100.5	100.4	100.4
14. 其他食品类	99.9	100.0	100.0	100.0	100.1	100.7	100.8	100.7	100.9	101.1	101.5	102.1
15. 在外餐饮	100.6	100.6	100.6	100.7	100.8	100.8	101.6	101.6	100.8	100.6	100.6	100.6
二、饮料、烟酒	100.8	100.8	100.4	100.3	100.4	100.3	100.3	100.6	101.0	101.2	102.2	102.4
三、服装、鞋帽	99.9	99.9	100.3	100.3	100.3	100.2	100.3	100.7	101.0	100.9	101.0	101.0
四、纺织品	100.0	100.0	100.0	100.0	100.0	100.0	99.6	99.5	99.9	100.1	100.4	100.7
五、家用电器及音像器材	99.6	99.6	99.5	99.1	98.9	98.3	98.6	98.4	98.1	98.8	98.9	99.3
六、文化办公用品	101.0	100.9	100.9	100.0	99.7	99.4	99.7	100.5	100.1	100.0	100.0	100.1
七、日用品	99.9	99.7	99.7	100.4	100.8	100.9	100.7	100.3	100.1	100.2	100.1	100.1
八、体育娱乐用品	100.1	99.9	99.6	99.1	99.2	99.2	99.4	99.7	100.2	100.0	100.4	100.8
九、交通、通信用品	97.9	97.9	98.8	98.6	98.0	98.0	97.5	98.4	99.3	99.8	100.4	100.8
十、家具	99.0	99.1	98.6	98.6	98.4	98.3	98.4	97.7	98.7	99.3	99.2	99.4
十一、化妆品	100.8	101.7	101.3	102.0	101.9	101.6	102.0	101.8	102.5	102.2	101.6	101.2
十二、金银饰品	114.9	116.2	118.6	119.1	122.3	121.9	123.6	126.8	119.6	119.6	118.5	113.6
十三、中西药品及医疗保健用品	101.2	100.0	100.5	100.0	100.2	100.6	100.7	100.6	100.4	100.4	100.3	100.3
十四、书报杂志及电子出版物	100.4	100.4	100.6	100.1	100.1	100.0	99.8	99.8	99.7	99.7	99.7	99.7
十五、燃料	104.4	97.8	88.5	83.4	82.2	84.2	86.1	88.8	88.1	87.0	86.7	88.0
十六、建筑材料及五金电料	100.5	99.8	99.6	99.5	99.7	99.3	99.7	99.6	99.8	100.3	100.1	100.5

6-9 工业生产者出厂价格指数(2020年)

(以上年价格为100)

项　　目	2020年	项　　目	2020年
总指数	**99.0**		
煤炭开采和洗选业	90.8	医药制造业	101.6
黑色金属矿采选业	97.2	橡胶和塑料制品业	96.0
有色金属矿采选业	99.0	非金属矿物制品业	100.5
非金属矿采选业	105.7	黑色金属冶炼和压延加工业	96.0
农副食品加工业	104.1	有色金属冶炼和压延加工业	99.4
食品制造业	99.9	金属制品业	100.9
酒、饮料和精制茶制造业	99.4	通用设备制造业	99.7
烟草制品业	100.0	专用设备制造业	98.5
纺织业	99.4	汽车制造业	98.9
纺织服装、服饰业	101.1	铁路、船舶、航空航天和其他运输设备制造业	99.4
皮革、毛皮、羽毛及其制品和制鞋业	100.1	电气机械和器材制造业	101.0
木材加工和木、竹、藤、棕、草制品业	99.7	计算机、通信和其他电子设备制造业	98.6
造纸和纸制品业	99.4	电力、热力生产和供应业	97.3
石油、煤炭及其他燃料加工业	85.4	燃气生产和供应业	99.0
化学原料和化学制品制造业	95.3	水的生产和供应业	100.5

6－10 原材料、燃料、动力购进价格指数(2020年)

(以上年价格为100)

项　　目	2020年	项　　目	2020年
总指数	**98.9**		
1.燃料、动力类	95.0	6.建筑材料类及非金属矿类	104.7
2.黑色金属材料类	100.5	7.其他工业原材料及半成品类	101.2
3.有色金属材料和电线类	97.4	8.农副食品类	102.0
4.化工原料类	94.7	9.纺织原料类	99.9
5.木材及纸浆类	98.8		

6－11 房地产价格指数(2020年12月)

项　　目	以上年同月为100	以2015年为100
一、新建商品住宅销售价格指数	105.0	153.7
1.90㎡及以下	104.3	150.6
2.90－144㎡	104.5	152.4
3.144㎡以上	106.3	157.6
二、二手住宅销售价格指数	101.3	136.1
1.90㎡及以下	100.7	132.9
2.90－144㎡	101.4	136.3
3.144㎡以上	101.6	139.2

注:房地产价格指数为2020年12月指数。

7 人民生活

长沙统计年鉴

7－1　历年城市居民调查户基本情况

年　份	调查户数（户）	平均每户家庭人口（人）	平均每一就业者负担人数（人）	月人均家庭总收入（元）	#可支配收入（元）	月人均消费性支出（元）	人均住房使用面积（m^2）
1980	100	3.70	1.68	44.26	43.47	39.41	7.67
1981	100	3.75	1.61	45.74	44.94	42.32	8.31
1982	100	3.75	1.60	47.05	46.25	41.68	8.93
1983	100	3.72	1.65	50.01	48.39	44.59	9.33
1984	100	3.70	1.67	55.92	55.01	47.63	10.10
1985	150	3.49	1.77	70.65	69.54	65.16	11.18
1986	150	3.44	1.82	81.99	80.87	74.59	11.85
1987	150	3.39	1.80	92.87	91.80	82.69	11.95
1988	200	3.46	1.76	118.89	117.80	114.72	11.51
1989	200	3.38	1.76	138.69	136.59	119.71	11.69
1990	200	3.30	1.71	148.74	147.51	124.64	12.07
1991	200	3.28	1.73	165.49	164.21	139.95	12.90
1992	200	3.20	1.76	208.10	206.80	162.79	13.53
1993	200	3.13	1.70	271.81	270.52	216.23	13.33
1994	200	3.39	1.60	341.58	339.08	291.85	13.22
1995	200	3.36	1.69	408.98	405.02	344.25	13.11
1996	200	3.31	1.65	470.22	440.74	391.40	13.93
1997	200	3.13	1.62	522.52	490.01	455.75	15.89
1998	200	3.07	1.57	558.43	522.84	465.38	16.66
1999	200	3.07	1.66	610.72	573.56	530.36	17.22
2000	200	3.07	1.64	670.92	627.48	587.55	18.23
2001	400	3.04	1.69	732.98	683.95	617.51	17.88
2002	400	2.99	1.85	802.87	751.72	654.52	17.82
2003	400	3.06	1.92	888.15	827.71	694.20	18.17
2004	400	3.05	1.85	993.93	918.38	752.63	18.80
2005	400	2.85	2.09	1114.26	1036.16	804.99	21.26
2006	400	2.81	2.06	1167.56	1160.34	889.98	21.40
2007	400	2.82	1.97	1472.43	1346.10	1023.99	21.64
2008	400	2.97	2.17	1611.48	1523.52	1080.00	21.23
2009	500	2.99	1.97	1859.38	1738.65	1287.28	29.33
2010	500	2.93	1.84	2062.92	1945.55	1380.25	30.88
2011	550	2.95	1.90	2364.69	2255.76	1505.76	33.10
2012	550	2.91	1.86	2698.07	2586.96	1636.59	33.08
2013	532	2.99	1.95	3007.87	2805.18	1862.18	41.42
2014	528	2.98	1.83	3614.48	3068.87	2231.55	46.74
2015	536	3.03	1.83	3565.11	3330.09	2479.42	45.34
2016	560	3.04	1.84	3974.11	3607.84	2652.13	44.77
2017	562	3.03	1.87	4791.65	3912.36	2887.06	45.48
2018	570	3.21	1.91	5239.42	4232.66	3064.62	42.72
2019	570	3.22	1.94	5676.65	4600.90	3293.03	41.30
2020	570	3.28	1.96	5631.42	4830.94	3261.06	41.20

注：1. 从2002年起，由于报表制度的变动，人均可支配收入应剔除出售财物收入、从1996年开始工资中扣除的各项社会保障支出，以及从1997年起的自有房房租折算收入。因此，本年鉴按新制度重新整理的（1980—2002年）各年的可支配收入额与原来相应年度出版的年鉴数据不一致，均以本年鉴数据为准。

2. 2012年以前数据为城市居民统计范围，从2013年起，因统计方法制度改革，统计范围调整为城镇居民统计范围，与往年数据不具有可比性。同时原人均住房使用面积指标调整为人均现住房建筑面积。

7－2 历年城市居民调查户消费性支出情况

单位:元

年份	全年人平消费性支出	食品支出	衣着支出	用品支出	燃料支出	非商品支出
1980	472.92	251.76	66.84	105.00	7.44	41.88
1981	507.90	286.69	66.61	106.92	7.68	40.00
1982	500.11	297.21	63.35	91.25	8.85	39.45
1983	535.13	316.86	73.00	96.07	8.77	40.43
1984	571.59	333.77	75.30	106.06	9.25	47.21
1985	781.95	424.80	112.76	173.87	11.29	59.23
1986	895.08	489.45	124.47	197.63	11.96	71.57
1987	992.32	561.30	129.40	204.93	11.41	85.28
1988	1376.64	672.13	173.07	402.32	12.25	116.87
1989	1436.52	788.83	184.73	307.20	17.79	137.97
1990	1495.68	823.29	202.33	287.72	22.06	160.28
1991	1679.40	879.93	227.33	357.18	24.01	190.95

年份	全年人平消费性支出	食品支出	衣着支出	家庭设备用品及服务支出	医疗保健支出	交通与通讯支出	教育、文化娱乐、服务支出	居住支出	杂项商品与服务支出
1992	1953.48	1003.40	279.11	192.23	41.82	54.19	209.56	96.17	77.00
1993	2594.76	1231.77	385.36	350.65	63.85	92.51	216.72	1540.00	99.90
1994	3502.20	1631.27	480.54	349.40	79.85	244.79	414.00	191.03	111.32
1995	4131.00	2031.19	513.42	372.25	123.91	257.41	439.72	262.95	130.15
1996	4696.80	2232.78	544.73	421.61	177.78	259.58	554.83	326.48	179.01
1997	5469.01	2408.21	645.88	394.89	186.45	432.40	856.45	356.62	188.11
1998	5584.51	2373.27	623.44	328.60	203.83	381.40	878.38	569.29	226.30
1999	6364.34	2454.35	765.00	575.22	228.58	482.08	943.56	661.06	254.49
2000	7050.55	2454.14	682.88	777.38	265.72	581.84	1057.01	964.47	267.11
2001	7410.13	2511.51	714.80	623.10	393.60	727.55	1289.36	852.51	297.70
2002	7854.24	2535.96	777.00	565.80	489.96	795.24	1402.80	1035.84	251.64
2003	8330.40	2629.44	778.08	558.24	607.92	1115.40	1574.88	792.00	274.44
2004	9031.60	3017.27	850.22	484.81	662.11	1195.27	1606.43	924.38	291.11
2005	9659.85	3229.71	969.53	613.96	788.21	1209.39	1685.70	851.56	311.78
2006	10679.74	3481.27	1055.52	669.78	867.24	1398.33	1794.97	1089.36	323.27
2007	12287.83	4286.48	1249.64	732.62	973.67	1925.14	1739.61	1074.84	305.83
2008	12960.00	4779.86	1297.81	932.80	1166.20	1614.84	1450.07	1388.04	330.38
2009	15447.36	4987.99	1487.31	1388.59	1096.78	2604.82	1870.60	1673.08	338.19
2010	16562.95	5654.76	1500.48	1261.87	981.47	2780.31	2101.30	1813.19	469.57
2011	18069.10	6498.30	1953.41	1162.05	943.05	2915.54	2410.48	1700.71	485.55
2012	19639.08	7128.28	2253.87	1297.49	882.00	2950.06	2669.97	1815.96	641.46
2013	22346.17	6589.32	1804.08	1388.03	1255.07	2990.38	2498.87	5415.40	405.02
2014	26778.55	7082.14	1915.39	1471.12	1610.42	4595.56	3807.73	5749.04	547.16
2015	29753.00	7739.98	2250.71	1853.36	1535.47	4218.87	5178.85	6462.21	513.55
2016	31825.56	7940.60	2164.87	2541.50	1983.73	4498.99	5739.09	6379.29	577.50
2017	34644.74	8549.50	2173.20	2809.96	2265.91	4813.34	6378.19	6946.71	707.93
2018	36775.43	9522.60	2399.13	2835.61	2569.19	4706.00	6876.48	7039.92	826.49
2019	39516.35	10188.39	2563.92	3049.18	2819.55	5037.18	7361.09	7628.18	868.85
2020	39132.67	10568.47	2521.99	7566.60	2889.95	4627.38	7179.77	2921.72	856.79

注:1. 从2002年起由于报表制度的变动,人均消费性支出不包括在外就学子女费用和1997年开始的自有房房租折算支出,以及各类社会保障支出。旅游消费也从杂项商品与服务支出中按相关指标相应地调整到娱乐文教、食品、交通与通讯支出项目中。因此,本年鉴按新制度重新整理的(1988－2002年)各年的消费支出与分类支出额与原来相应年度出版的年鉴数据不一致,均以本年鉴数据为准。

2. 2012年以前数据为城市居民统计范围,从2013年起,由于统计方法制度改革,统计范围调整为城镇居民统计范围,与往年数据不具有可比性。

7－3 历年城市居民家庭全年人平主要食品、衣着及日用品消费量

指　标	单位	1980 年	1981 年	1982 年	1983 年	1984 年	1985 年	1986 年	1987 年	1988 年	1989 年	1990 年	1991 年	1992 年
粮食	公斤	146.8	143.1	144.0	144.3	142.4	139.5	138.8	135.1	137.1	137.2	134.1	119.2	114.1
油脂类	公斤	5.4	4.7	5.2	5.7	5.9	5.4	5.4	7.3	8.1	5.3	7.8	7.5	9.0
鲜菜	公斤	168.0	151.9	160.0	161.8	162.0	182.4	153.6	156.5	149.6	137.3	134.9	138.7	127.2
猪肉	公斤	22.6	27.2	26.3	28.0	26.7	29.0	28.6	29.8	28.4	24.0	24.2	23.6	20.1
家禽	公斤	1.0	1.0	1.2	1.6	1.6	2.3	2.8	1.7	2.3	2.6	2.2	3.3	3.5
鲜蛋	公斤	4.3	4.6	4.9	4.3	5.8	6.1	6.0	4.9	5.3	6.0	5.6	6.5	7.2
鱼	公斤	9.0	7.5	6.7	8.3	8.2	9.3	11.6	10.4	9.5	9.4	9.1	8.4	8.0
酒	公斤	3.2	3.0	3.1	4.0	4.1	5.4	6.4	5.8	5.3	4.1	3.9	3.7	3.2
糕点	公斤	4.3	4.5	4.6	4.6	4.4	4.4	4.3	4.0	3.8	3.5	3.6	3.6	3.2
鲜瓜果	公斤										32.3	31.8	36.9	35.2
碳酸饮料	公斤													0.8
茶叶	公斤										0.1	0.3	0.3	0.3
鲜乳品	公斤										0.8	0.6	1.5	1.9
奶粉	公斤													0.5
鞋类	双/人										2.5	2.8	3.1	3.0
男式服装	件/人													2.4
女式服装	件/人													2.9
煤炭	公斤/人	194.0	193.5	211.5	210.0	212.5	235.0	194.1	182.7	173.6	172.7	159.2	261.9	110.6
液化石油气	公斤/人	4.2	4.9	5.9	6.7	8.4	10.9	12.3	15.3	17.1	19.3	22.2	22.2	24.7
管道煤气	立方米/人													
管道天然气	立方米/人													
水	吨/人													28.6
电	度/人													115.1

7－3 续表 1

指　标	单位	1993 年	1994 年	1995 年	1996 年	1997 年	1998 年	1999 年	2000 年	2001 年	2002 年
粮食	公斤	108.4	107.7	106.8	105.5	101.8	101.4	93.7	95.9	96.6	93.0
# 大米	公斤										
# 面粉	公斤										
油脂类	公斤	7.6	7.8	7.7	8.1	10.3	10.0	9.1	9.8	9.9	10.8
# 食用植物油	公斤										
鲜菜	公斤	126.3	116.3	115.5	130.2	112.5	113.4	110.1	115.4	120.7	129.1
猪肉	公斤	19.7	18.1	19.2	19.2	18.5	18.8	17.0	17.9	17.1	21.2
家禽	公斤	4.1	5.8	6.0	7.3	9.0	9.5	10.2	10.6	11.3	9.9
鲜蛋	公斤	7.5	7.4	7.8	7.2	7.6	7.2	6.7	7.3	7.0	6.4
鱼	公斤	8.1	7.6	8.1	8.1	8.1	7.9	8.7	9.1	9.0	8.6
酒	公斤	3.7	4.8	5.3	4.3	3.8	4.4	4.3	4.8	4.4	4.1
糕点	公斤	3.4	4.1	3.7	3.9	4.1	3.8	3.9	3.9	3.5	3.5
鲜瓜果	公斤	29.6	32.7	36.0	34.8	42.7	50.3	51.6	55.5	59.3	57.6
碳酸饮料	公斤	0.8	0.7	0.7	0.7	0.7	0.7	1.0	1.4	1.1	1.8
茶叶	公斤	0.3	0.3	0.2	0.2	0.2	0.2	0.2	0.2	0.3	0.3
鲜乳品	公斤	0.9	0.3	0.1	0.3	1.0	1.7	2.0	3.4	4.5	7.8
奶粉	公斤	0.5	0.5	0.5	0.5	0.7	0.8	1.0	1.0	1.2	1.2
鞋类	双/人	3.0	2.9	3.0	3.0	3.0	2.9	3.1	2.9	2.9	3.1
服装	件/人	5.4	5.5	5.5	6.0	7.2	6.5	7.9	7.1	7.6	7.8
煤炭	公斤/人	67.1	69.6	37.4	31.3	31.0	25.6	20.6	20.3	32.9	34.0
液化石油气	公斤/人	25.4	26.1	29.7	36.5	34.9	33.6	34.4	35.4	39.5	40.3
管道煤气	立方米/人		0.3	1.3	4.0	6.5	13.5	14.2	15.3	23.6	22.8
管道天然气	立方米/人										
水	吨/人	24.2	29.1	26.8	36.5	41.6	42.5	41.3	43.5	54.1	49.8
电	度/人	124.9	149.7	169.2	173.0	172.8	239.3	266.4	307.3	372.2	419.0

7－3 续表 2

指　标	单位	2003 年	2004 年	2005 年	2006 年	2007 年	2008 年	2009 年	2010 年	2011 年	2012 年
粮食	公斤	93.7	92.5	95.6	91.5	80.6	85.9	82.8	71.8	70.6	71.7
# 大米	公斤				47.3	50.1	58.0	58.0	49.7	46.8	45.6
# 面粉	公斤				2.1	2.6	2.9	2.2	2.6	2.8	3.1
油脂类	公斤	11.0	15.1	13.6	12.7	15.9	15.5	13.8	13.9	12.8	14.0
# 食用植物油	公斤				11.5	14.0	13.6	12.6	12.6	11.4	12.3
鲜菜	公斤	132.5	126.0	121.7	124.2	129.0	134.6	146.7	143.0	141.5	128.3
猪肉	公斤	21.0	23.4	24.8	26.1	24.5	23.9	24.6	24.8	25.3	23.5
家禽	公斤	7.7	6.7	7.6	7.8	8.0	8.5	9.3	11.7	10.2	9.8
鲜蛋	公斤	7.1	6.6	7.2	7.3	7.7	8.1	8.9	8.3	7.9	8.1
鱼	公斤	9.4	9.0	9.9	9.3	10.9	10.8	11.5	12.0	12.0	11.6
酒	公斤	3.9	4.4	5.6	6.3	6.1	5.6	5.1	5.2	4.1	3.6
糕点	公斤	3.6	3.0	3.9	3.6	3.8	2.7	3.0	3.1	3.0	3.6
鲜瓜果	公斤	59.9	56.9	51.0	60.3	62.3	54.0	83.6	57.1	53.0	55.5
碳酸饮料	公斤	1.4	1.2	0.9	1.0	0.8	1.1	1.1	1.1	0.8	0.7
茶叶	公斤	0.3	0.2	0.4	0.4	0.5	0.6	0.6	0.5	0.5	0.5
鲜乳品	公斤	12.4	13.5	10.5	9.7	8.3	5.8	6.2	8.7	6.3	5.4
奶粉	公斤	1.0	0.9	1.4	1.3	0.8	1.5	1.6	0.9	0.7	1.0
鞋类	双/人	3.0	2.6	3.1	3.2	3.1	2.7	3.8	3.0	3.2	3.2
服装	件/人	6.8	6.9	6.5	6.4	6.9	6.5	7.1	6.5	7.2	7.9
煤炭	公斤/人	42.1	33.5	38.4	18.1	11.0	23.5	15.4	4.3	2.9	2.0
罐装液化石油气	公斤/人	38.8	36.4	40.0	28.5	26.5	23.0	25.0	19.7	14.4	16.5
管道煤气	立方米/人	17.5	24.1	35.5	32.4	33.3			3.6	6.9	5.1
管道天然气	立方米/人							39.1	65.2	68.4	73.7
水	吨/人	49.1	58.2	54.7	59.7	54.9	59.4	70.5	76.3	86.9	83.1
电	度/人	571.7	495.3	626.9	717.9	711.4	828.4	849.2	988.8	1004.9	987.4

7－3 续表3

指　标	单位	2013年	2014年	2015年	2016年	2017年	2018年	2019年	2020年
粮食	公斤	77.8	64.3	55.7	59.8	62.1	66.4	60.6	72.2
# 大米	公斤	59.0	45.4	40.0	38.3	39.0	33.0	31.2	33.1
# 面粉	公斤	2.3	1.9	1.3	1.5	1.4	2.4	1.4	1.8
油脂类	公斤	18.5	16.8	15.5	17.1	16.2	17.5	16.5	14.9
# 食用植物油	公斤	14.4	13.4	12.1	13.3	12.2	13.8	13.1	10.3
鲜菜	公斤	118.4	99.9	93.1	97.1	102.3	132.1	113.8	146.1
猪肉	公斤	27.6	25.0	23.6	25.6	27.3	36.5	32.9	29.5
家禽	公斤	9.7	9.6	9.3	10.7	9.5	9.3	10.2	11.6
鲜蛋	公斤	9.3	8.7	7.5	8.2	7.7	8.0	8.2	9.6
鱼	公斤	15.6	14.4	12.3	13.9	12.9	16.3	13.3	14.1
酒	公斤	6.6	6.2	4.6	5.3	6.1	7.0	4.8	5.7
糕点	公斤	4.5	4.1	4.1	4.3	3.9	5.2	6.1	6.5
鲜瓜果	公斤	59.2	52.6	54.3	52.3	53.3	60.6	63.1	63.3
碳酸饮料	公斤								
茶叶	公斤	0.7	0.7	0.5	0.5	0.6	0.4	0.3	0.3
鲜乳品	公斤	8.8	12.3	8.0	6.1	6.0	8.8	8.6	10.6
奶粉	公斤	0.6	0.5	0.7	0.9	0.9	1.3	0.9	1.4
鞋类	双/人	3.2	4.1	3.6	3.5	3.5	3.1	3.3	3.2
服装	件/人								
煤炭	公斤/人	17.2	16.5	13.7	9.7	5.4	4.0	3.1	2.8
罐装液化石油气	公斤/人	19.4	16.4	16.8	18.0	24.1	12.1	7.6	6.6
管道煤气	立方米/人	1.3	1.2	1.1	0.4	0.4	5.2	6.0	3.5
管道天然气	立方米/人	114.2	57.6	57.2	86.6	72.3	73.9	54.5	65.4
水	吨/人	88.6	82.4	85.0	90.7	95.8	96.1	96.3	108.0
电	度/人	1038.4	964.4	1041.4	1234.2	1238.6	1240.5	1233.8	1296.4

注:2012年以前数据为城市居民统计范围,从2013年起,因统计方法制度改革,统计范围调整为城镇居民统计范围,与往年数据不具有可比性。

7-4 历年年末城市居民家庭平均每百户耐用消费品拥有量

年份	摩托车（辆）	助力车（辆）	家用汽车（辆）	洗衣机（台）	电冰箱（台）	彩色电视机（台）	家用电脑（台）	组合音响（套）	摄像机（架）	照相机（架）
1980										3
1981				1						2
1982				7						3
1983	2			18	1	2				1
1984	2			32	1	5				2
1985	2			56	5	13				11
1986	2			65	9	21				15
1987	1			73	17	29				17
1988	1			83	45	61				23
1989	1			86	61	64		2		25
1990	1			90	68	68		2		27
1991				89	80	78		5		31
1992										
1993	1			97	86	91		9		30
1994	2			97	87	90		11		39
1995	3			103	87	93		13		42
1996	7			105	88	95		15		35
1997	10			98	91	103	6	17	1	38
1998	14			101	97	113	9	28	1	44
1999	16			102	100	123	14	36	1	51
2000	12			102	93	130	22	37		46
2001	16		0.5	102	96	132	27	40		49
2002	14	2	0.8	101	96	132	32	41	2	55
2003	18	3	0.8	102	97	134	38	41	2	55
2004	18	9	1	102	94	142	36	45	1	59
2005	19	8	4	101	94	135	49	41	6	59
2006	19	8	6	101	97	136	57	40	8	59
2007	13.5	7.8	8.8	101.0	99.5	132.8	62.3	40.5	10.8	54.3
2008	9.0	13.3	10.3	100.0	97.8	122.0	60.5	30.8	6.3	42.5
2009	7.2	16.8	14.6	97.8	97.3	121.7	65.7	32.6	8.4	45.4
2010	3.2	24.5	23.6	100.8	100.4	125.5	79.0	38.5	12.9	50.8
2011	2.9	23.6	29.7	102.7	102.6	127.8	88.1	39.3	14.3	59.1
2012	2.2	23.4	36.5	101.4	103.0	125.1	96.4	39.9	13.5	61.8
2013	33.5	16.0	37.7	97.1	97.2	116.6	78.4	17.8	10.5	43.7
2014	36.0	17.6	45.4	98.9	98.5	117.1	83.8	18.7	10.8	46.8
2015	32.6	19.5	49.0	98.7	101.3	120.7	91.5	17.2	8.4	43.3
2016	31.7	21.9	51.8	99.3	102.0	119.5	92.4	15.0	9.6	38.2
2017	32.4	27.2	55.1	100.4	103.0	124.8	91.4			35.6
2018	25.6	20.5	69.2	106.5	106.6	117.9	91.5			29.7
2019	19.5	26.1	61.8	108.9	107.7	117.5	94.0			30.5
2020	18.9	27.9	63.5	109.5	107.9	117.2	94.6			30.5

7－4 续表

年份	钢琴（架）	中高档乐器（件）	微波炉（台）	空调器（台）	淋浴热水器（台）	消毒碗柜（台）	健身器材（套）	固定电话（部）	移动电话（部）
1980									
1981									
2010	5.6	4.8	70.1	161.8	101.6	34.2	6.1	89.7	202.5
2011	5.0	3.2	73.2	188.4	100.2	34.9	6.3	82.7	215.5
2012	3.7	4.8	75.0	192.9	100.8	35.3	6.3	77.2	224.4
2013		4.2	57.6	174.3	90.1	21.8	4.4	50.3	221.4
2014		4.6	60.5	180.2	94.1	21.4	4.0	59.8	229.9
2015		5.8	63.2	209.4	95.2	29.5	3.5	48.5	234.3
2016		7.0	64.2	223.8	102.3	26.1	7.9	43.5	245.0
2017		9.3	66.2	226.1	104.6		9.2	40.2	251.4
2018		10.7	56.5	239.1	103.5		10.0	19.0	262.3
2019		16.8	60.0	252.8	107.4		13.3	12.3	268.6
2020		15.6	59.6	253.0	109.1		14.2	8.9	268.2

注：1. 以上固定电话数据中，1992 年至 1998 年包含公费电话，其中括号中的数为剔除公费电话后的纯私费电话数。
2. 2012 年以前数据为城市居民统计范围，从 2013 年起，因统计方法制度改革，统计范围调整为城镇居民统计范围，与往年数据不具有可比性。自 2013 年起，不再调查钢琴拥有量。

7－5 城镇居民家庭人平收入情况(2020年)

单位:元

指　　标	合计
家庭总收入	67576.67
# 可支配收入	57971.23
一、工资性收入	32542.85
1. 工资	31224.95
2. 实物福利	144.56
3. 其他	1173.34
二、经营净收入	7569.23
三、财产净收入	7419.68
1. 利息净收入	519.62
2. 红利收入	760.05
3. 储蓄性保险净收益	14.89
4. 转让承包土地经营权租金净收入	7.19
5. 出租房屋财产性收入	3131.83
6. 出租机械、专利、版权等资产的收入	135.63
7. 其他财产净收入	79.00
8. 房屋虚拟租金	2771.48
四、转移净收入	10439.47
(一)转移性收入	14385.42
1. 养老金或离退休金	10434.83
2. 社会救济和补助	32.82
3. 政策性生活补贴	103.80
4. 报销医疗费	428.61
5. 家庭外出从业人员寄回带回收入	671.51
6. 赡养收入	658.97
7. 其他经常转移收入	2018.55
8. 从政府和组织得到的实物产品和服务折价	12.57
9. 现金政策性惠农补贴	23.77
(二)转移性支出	3945.95

7－6 城镇居民家庭人平支出情况(2020年)

单位:元

指　　标	合计
家庭人均总支出	58605.86
一、消费支出	39132.67
二、生产经营费用支出	5012.55
(一)第一产业经营费用支出	558.58
(二)第二产业经营费用支出	990.05
(三)第三产业经营费用支出	3463.93
三、财产性支出	180.17
(一)生活贷款利息支出	176.89
1. 住房贷款利息支出	175.15
2. 其他生活贷款利息支出	1.74
(二)其他财产性支出	3.28
1. 非储蓄性财产保险支出	0.50
2. 其他财产性支出	2.78
四、转移性支出	3945.95
(一)个人所得税	256.19
(二)社会保障支出	1900.56
1. 个人缴纳的养老保险	1329.20
2. 个人缴纳的医疗保险	455.03
3. 个人缴纳的失业保险	37.54
4. 其他社会保障支出	78.78
(三)外来从业人员寄给家人的支出	0.31
(四)赡养支出	414.53
(五)其他转移性支出	1374.36
五、部分商业保险支出	585.60
六、购置资产及非经常性转移支出	7107.76
七、借贷性支出	2641.15

7－7 城镇居民家庭人平主要食品支出额(2020年)

单位:元

指 标	合 计
谷物	437.65
油脂类	283.61
猪肉	1286.76
牛肉	262.21
羊肉	83.43
家禽	366.96
蛋类	145.18
鱼	278.58
鲜菜	841.09
白酒	338.66
果酒	19.18
啤酒	17.04
瓶装饮用水	23.05
茶叶	44.56
干鲜瓜果类	938.95
糕点类	165.16
鲜乳品	133.22
奶粉	223.93
酸奶	65.60
在外饮食	2392.09

7－8 城镇居民家庭人平主要设备用品及水电燃料消费额(2020年)

指 标	合 计
摩托车	44.48
电动自行车	22.44
洗衣机	42.48
电冰箱	60.39
彩色电视机	137.79
计算机	346.09
组合音响	2.35
摄像机	
照相机	4.48
微波炉	2.84
空调器	94.74
热水器	19.27
固定电话机	0.04
移动电话	341.61
水	261.23
电	820.81
煤炭	2.81
液化石油气	48.73
管道煤气	9.30
管道天然气	188.66

7－9 年末城镇居民家庭居住情况(2020年)

指　　标	单位	合计	比重(%)
一、现住房房屋来源			
1. 租赁公房	户	7	1.23
2. 租赁私房	户	32	5.61
3. 自建住房	户	106	18.60
4. 购买商品房	户	329	57.72
5. 购买房改住房	户	44	7.72
6. 购买保障性住房	户	17	2.98
7. 拆迁安置房	户	25	4.39
8. 继承或获赠住房	户	3	0.53
9. 免费借用房	户	3	0.53
10. 雇主提供免费住房	户	1	0.18
11. 其他来源	户	3	0.53
二、居住空间样式			
1. 单栋楼房	户	114	20.00
2. 单栋平房	户	11	1.93
3. 四居室及以上单元房	户	44	7.72
4. 三居室单元房	户	241	42.28
5. 二居室单元房	户	144	25.26
6. 一居室单元房	户	11	1.93
7. 筒子楼或连片平房	户	5	0.88
8. 其他	户		
三、住户主要饮用水来源情况			
1. 经过净化处理的自来水	户	501	87.89
2. 受保护的井水和泉水	户	55	9.65
3. 不受保护的井水和泉水	户	1	0.18
4. 江河湖泊水	户		0.00
5. 收集雨水	户		0.00
6. 桶装水	户	11	1.93
7. 其他水源	户	2	0.35

7－9 续表

指　　标	单　位	合　计	比重(%)
四、住宅有管道供水情况			
1.管道供水入户	户	546	95.79
2.管道供水至公共取水点	户	2	0.35
3.没有管道设施	户	22	3.86
五、住户厕所类型			
1.水冲式卫生厕所	户	484	84.91
2.水冲式非卫生厕所	户	73	12.81
3.卫生旱厕	户	10	1.75
4.普通旱厕	户	2	0.35
5.无厕所	户	1	0.18
六、住户洗澡设施情况			
1.统一供热水	户	13	2.28
2.家庭自装热水器	户	550	96.49
3.其他	户	6	1.05
4.无洗澡设施	户	1	0.18
七、住户主要取暖设备状况			
1.由市政或小区集中供暖	户	4	0.70
2.自行供暖	户	504	88.42
3.无取暖设备	户	62	10.88
八、主要炊用能源状况			
1.柴草	户		
2.煤炭	户	2	0.35
3.罐装液化石油气	户	118	20.70
4.管道液化石油气	户	3	0.53
5.管道煤气	户	11	1.93
6.管道天然气	户	386	67.72
7.电	户	45	7.89
8.燃料用油	户		0.00
9.沼气	户	4	0.70
10.其他	户	1	0.18
11.无炊用行为	户		

7－10 城乡(镇)居民分区、县(市)家庭人平收入情况(2020年)

指　　标	合　计	芙蓉区	天心区	岳麓区
家庭人均总收入	60431.63	66418.61	87454.67	65989.78
# 可支配收入	51477.60	61985.05	62293.00	61835.00
一、工资性收入	29373.34	29170.18	32180.00	37912.20
1. 工资	28277.95	28210.55	31142.71	35651.15
2. 实物福利	154.01	16.15	29.21	57.13
3. 其他	941.38	943.47	1008.07	2203.92
二、经营净收入	8276.75	7488.93	8750.00	8102.10
三、财产净收入	5483.35	12651.00	8110.00	5685.00
1. 利息净收入	395.64	340.23	723.05	－129.83
2. 红利收入	580.08	764.67	3010.10	
3. 储蓄性保险净收益	11.41			
4. 转让承包土地经营权租金净收入	17.26			
5. 出租房屋财产性收入	2339.05	7531.82	2395.82	1666.31
6. 出租机械、专利、版权等资产的收入	101.50			
7. 其他财产净收入	42.12	264.05	－20.73	97.12
8. 房屋虚拟租金	1996.31	3750.24	2001.77	4051.41
四、转移净收入	8344.16	12674.95	13253.00	10135.70
(一)转移性收入	11557.11	14890.50	17089.20	13828.11
1. 养老金或离退休金	7868.11	13577.83	15461.89	12331.91
2. 社会救济和补助	76.17	5.82	39.46	1.07
3. 政策性生活补贴	104.57	19.06	202.51	13.95
4. 报销医疗费	372.59	401.63	420.71	223.83
5. 家庭外出从业人员寄回带回收入	823.40	394.04	0.00	566.96
6. 赡养收入	685.16	446.00	391.41	478.54
7. 其他经常转移收入	1466.61	27.42	572.31	199.87
8. 从政府和组织得到的实物产品和服务折价	15.83	17.25	0.90	7.59
9. 现金政策性惠农补贴	144.68	1.45		4.38
(二)转移性支出	3212.96	2215.55	3836.20	3692.40

注:7－15表至7－17表芙蓉区、天心区、岳麓区、开福区和雨花区无农村调查点,均为城镇数据。

单位:元

开福区	雨花区	望城区	长沙县	浏阳市	宁乡市
63921.86	68079.68	50120.94	57913.62	60893.65	46485.75
61075.19	62402.67	46615.03	46587.28	45840.14	40488.25
30569.07	33349.61	28157.03	31801.50	26863.96	23808.46
29736.54	31184.43	26333.67	30847.49	26320.61	23302.84
128.72	82.37	641.84	141.90	304.79	32.82
703.81	2082.81	1181.52	812.11	238.55	472.81
4018.72	8753.35	12366.15	5985.90	11993.09	7070.62
7882.17	5319.57	3154.31	6220.66	2628.77	3867.38
305.63	-21.60	758.62	1482.45	190.60	109.75
14.77	65.01	38.69	109.94	162.65	1309.92
			38.41	3.90	37.41
36.28		15.94	24.56	4.68	1.66
4244.67	883.30	955.51	3786.51	687.48	1717.81
		2.27	45.00	546.17	
	281.88	0.08	-240.27	-0.42	92.06
3280.82	4110.98	1383.20	974.06	1033.71	598.76
18605.23	14980.13	2937.53	2579.22	4354.32	5741.78
20751.78	18833.37	4297.84	5121.30	9364.20	8786.87
18377.53	17207.94	3533.79	1668.64	2640.81	1266.39
68.07	15.37	86.23	48.29	182.75	46.97
65.06	323.58	47.48	42.63	44.65	182.47
728.12	839.71	248.44	347.94	330.99	108.11
		151.99	1504.90	1223.62	2022.50
1198.59	218.30	97.54	402.41	754.45	1256.53
302.08	197.74	12.61	157.08	4117.08	3817.08
9.38	21.02	3.76	22.48	22.54	6.45
2.94	9.70	116.00	926.94	47.29	80.36
2146.55	3853.24	1360.31	2542.09	5009.88	3045.09

7－11　城乡(镇)居民分区、县(市)家庭人平支出情况(2020 年)

指　　标	合　计	芙蓉区	天心区	岳麓区
家庭人均总支出	52613.39	54989.79	81401.87	60321.85
一、消费支出	35019.53	43508.75	44088.00	45485.00
二、生产经营费用支出	4625.24	1912.97	19774.02	256.02
(一)第一产业经营费用支出	596.55		0.71	14.65
(二)第二产业经营费用支出	1297.55	102.67	7836.97	5.38
(三)第三产业经营费用支出	2731.14	1810.30	11936.34	235.99
三、财产性支出	395.18	160.50	474.81	206.36
(一)生活贷款利息支出	363.02	160.50	454.08	202.27
(二)其他财产性支出	32.16		20.73	4.08
四、转移性支出	3212.96	2215.55	3836.20	3692.40
(一)个人所得税	187.76	164.97	313.78	576.32
(二)社会保障支出	1510.36	1802.99	2673.03	2707.20
(三)外来从业人员寄给家人的支出	0.23			
(四)赡养支出	514.60	221.60	515.03	282.27
(五)其他转移性支出	1000.01	26.00	334.35	126.61
五、部分商业保险支出	470.85	389.12	529.11	1041.59
(一)意外伤害保险	21.87	11.72	47.04	13.87
(二)商业医疗保险(含大病保险)	211.80	311.05	244.06	453.40
(三)其他非储蓄性商业保险	75.17	34.20	33.86	97.94
(四)其他储蓄性商业保险	162.01	32.14	204.15	476.39
六、购置资产及非经常性转移支出	6720.96	4876.74	8393.63	7086.58
(一)购置资产支出	2933.94	407.87	4739.02	3873.02
(二)非经常性转移支出	3787.02	4468.87	3654.61	3213.56
七、借贷性支出	2168.66	1926.16	4306.10	2553.90

单位:元

开福区	雨花区	望城区	长沙县	浏阳市	宁乡市
44922.81	64305.95	45304.19	52493.46	45779.86	44299.43
35874.51	48745.84	30677.36	29738.41	26404.82	28330.24
329.15	1092.40	1799.30	7019.76	7933.31	2069.69
12.73	0.63	411.60	757.38	2355.87	321.49
		866.83	2.47	3366.14	22.80
316.41	1091.77	520.87	6259.92	2211.30	1725.40
215.46	128.01	59.58	1377.12	44.93	320.11
215.46	128.01	59.58	1134.89	44.51	316.92
			242.23	0.42	3.20
2146.55	3853.24	1360.31	2542.09	5009.88	3045.09
38.33	451.38	150.20	303.86	1.81	28.17
1708.84	2827.90	1113.17	1140.94	830.24	646.46
			1.84		
323.69	479.54	68.76	1036.21	41.98	1064.99
75.70	94.42	28.18	59.22	4135.85	1305.48
360.52	560.55	889.42	652.32	286.71	170.75
22.55	21.35	51.83	36.20	16.05	5.59
99.11	254.56	273.15	345.11	125.32	52.36
193.75	182.13	22.98	74.76	14.41	78.94
45.10	102.50	541.46	196.24	130.92	33.86
3968.79	6218.79	8122.81	8935.62	4920.74	8753.92
17.93	2429.98	3850.79	5024.52	809.41	5858.54
3950.86	3788.82	4272.03	3911.10	4111.33	2895.38
2027.83	3707.12	2395.41	2228.14	1179.47	1609.63

7－12 城乡(镇)居民分区、县(市)家庭人平消费支出情况(2020年)

单位:元

指标	合计	芙蓉区	天心区	岳麓区	开福区	雨花区
全年人均消费支出	35019.53	43508.75	44088.00	45485.00	35874.51	48745.84
一、食品烟酒	9340.10	11751.49	11412.62	12173.10	11326.25	12835.71
二、衣着	2186.74	3508.12	2282.52	2586.65	2256.17	2959.41
三、居住	6841.05	8078.79	7001.00	8225.38	7036.10	9179.88
四、生活用品及服务	2521.44	2924.37	2890.00	2944.67	2334.29	6033.71
五、交通通信	4575.22	4729.39	8150.00	5613.59	2615.90	4381.81
六、教育文化娱乐	6322.18	7748.08	8094.61	8220.12	6441.70	8820.86
七、医疗保健	2515.87	3336.81	3308.00	4793.22	3447.27	3654.05
八、其他用品和服务	716.93	1431.69	949.25	928.27	416.83	880.40

7－12 续表

指标	望城区	长沙县	浏阳市	宁乡市
全年人均消费支出	30677.36	29738.41	26404.82	28330.24
一、食品烟酒	7974.09	8006.36	6723.53	7248.61
二、衣着	1816.65	2014.04	1628.05	1721.47
三、居住	6050.42	5544.20	5911.08	6229.63
四、生活用品及服务	1821.65	2076.92	1373.09	1932.80
五、交通通信	5286.33	4567.85	3745.68	3819.70
六、教育文化娱乐	5595.40	5524.46	4591.58	5308.58
七、医疗保健	1588.69	1704.61	1735.88	1443.15
八、其他用品和服务	544.11	299.98	695.93	626.29

7-13 2000—2020年农村居民家庭调查户基本情况

项目	单位	2000年	2005年	2006年	2007年	2008年	2009年	2010年	2011年	2012年
一、调查户数	户	560	1000	1000	1000	1000	1000	1000	980	690
常住人口	人	2249	3901	3887	3896	3833	3832	3836	3796	2648
年末人均住房面积	平方米	44.13	49.42	53.42	57.07	58.63	59.93	59.53	62.04	62.57
二、全年人均总收入	元	4558.39	7395.06	8215.63	9234.55	11097.88	12923.08	14920.03	18057.28	20648.09
(一)工资性收入	元	1107.3	2082.14	2657.13	3207.31	3707.79	4481.72	5354.01	6784.44	8751.13
(二)家庭经营收入	元	2935.69	4456.38	4659.24	5005.67	6090.95	6896.3	7623.05	8840.48	9243.61
1.农业收入	元	1017.52	1239.05	1342.94	1439.64	1830.53	1994.15	2409.98	2800.08	3144
2.林业收入	元	36.58	61.08	76.85	84.14	104.98	105.01	134.21	291.04	265.95
3.牧业收入	元	1198.03	1958.27	1792.85	1888.64	2110.96	2262.87	2239.78	2809.87	2015.99
4.渔业收入	元	58.4	74.09	80.74	65.91	81.98	103.27	106.29	70.71	64.02
5.二、三产业收入	元	625.16	1123.89	1365.86	1527.34	1962.49	2430.99	2732.8	2868.79	3754
(三)转移性收入	元	471.08	576.88	616.14	701.38	891.75	1013.04	1346.19	1653.53	1762.1
(四)财产性收入	元	44.32	279.67	283.08	320.19	407.39	532.03	596.78	778.83	891.25
三、全年人均纯收入	元	3005	4908	5653	6613.36	8002.6	9431.9	11205.87	13400.42	15763.1
人均可支配收入	元	2941	4735	5438	6339.41	7631.67	8986.35	10639.78	12717.27	15056.55
四、全年人均总支出	元	4162.65	6773.5	7282.19	8276.29	9637.71	10635.68	11749.13	13628.59	15579.1
(一)家庭经营费用支出	元	1061.21	1934.15	1981.7	2038.91	2384.49	2692.48	2774.01	3160.06	3415.44
1.种植业生产支出	元	225.53	336.98	353.94	366.87	397.07	471.17	524.36	638.03	691.33
2.林业生产支出	元	1.97	8.26	10.96	18.72	15.48	27.22	32.46	62.55	193.75
3.牧业生产支出	元	693.31	1203.1	1127.24	1075.98	1207.58	1263.44	1189.78	1426.63	1269.95
4.渔业生产支出	元	15.02	21.98	22.69	29.72	30.26	30.95	28.34	19.49	20.44
5.二、三产业支出	元	140.4	363.48	466.88	547.62	734.1	899.7	999.08	1013.37	1240
(二)购置生产用固定资产支出	元	71.83	141	142.32	174.31	201.11	156.08	204.65	218.36	274.25
(三)税费支出	元	76.13	15.83	14.2	9.35	20.62	14.2	31.56	4.34	4.84
(四)生活消费支出	元	2584.16	4166.23	4573.97	5413.68	6211.73	6826.35	7532.56	8579.29	10154.71
(五)其他	元	369.48	514.08	570	640.04	819.76	946.57	1206.36	1666.54	1729.86

7－13 续表

指　　标	单　位	2013 年	2014 年	2015 年	2016 年	2017 年	2018 年	2019 年	2020 年
一、调查户数	户	308	305	304	310	310	310	310	310
常住人口	人	1091	1114	1138	1188	1191	1124	1126	1153
年末人均住房建筑面积	平方米	61.97	51.79	56.47	60	59.12	59.4	58.05	62.40
二、总收入(未扣除生产费用)	元	23611.93	30122.45	31114.24	32363.62	33912.37	41947.4	42948.27	42030.73
(一)工资性收入	元	10311.07	10103.47	13355.44	15617.47	16708.74	18129.8	20109.67	21210.80
(二)经营性收入	元	10445.96	16225.54	14635.79	13765.49	13990.73	18879.6	17839.58	15101.09
1. 农业	元	1810.14	2086.12	1762.5	1821.81	1663.66	1026.9	1157.41	1055.47
2. 林业	元	846.74	944.18	615.51	225.56	218.92	236	141.85	292.40
3. 牧业	元	4020.2	8354.31	6943.8	2169.74	2769.48	861.4	491.88	518.71
4. 渔业	元	126.81	108.82	168.88	140.83	118.33	89.8	36.92	51.93
5. 农林牧渔服务业	元	77.32	189.76	39.01	28.76	47.99	1.5	11.57	6.21
6. 二、三产业经营收入	元	3564.74	4732.11	5145.09	9407.55	9220.34	16665.5	16011.52	13182.57
(三)财产性收入	元	557.73	632.1	331.1	345.25	484.2	1540.6	1527.77	1445.57
(四)转移性收入	元	2297.17	3161.34	2791.92	2635.41	2728.69	3397.4	3471.26	4273.28
(五)非收入所得	元	1420.53	3271.03	3287.44	5827.71	3372.1	2377.9	3343.86	3781.23
(六)借贷性所得	元	2782.6	2135.37	2003.91	1800.98	1506.76	3493.8	1179.66	1195.86
三、可支配收入	元	19712.57	21723.25	23601.02	25448.25	27359.94	29714.1	32328.88	34754.34
四、全年人均总支出	元	22658.36	28381.6	30699.74	33057	33487.82	41749.1	39801.53	37180.75
(一)消费支出	元	11585.76	13147.44	15953.98	17574	19188.96	20959.3	23090.46	24426.81
(二)生产经营费用支出	元	3422.63	7722.55	6724.49	6046.57	5588.34	9016.7	7697.1	3627.78
1. 农业	元	705.81	992.31	799.85	581.41	721.77	450.6	296.83	397.16
2. 林业	元	50.38	85	143.38	17.82	52.62	176.4	30.01	108.05
3. 牧业	元	2062.18	5476.13	4590.55	1260.37	1524.79	415.7	242.48	175.53
4. 渔业	元	32.02	14.85	52.03	31.89	33	12.1	9.42	13.60
5. 农林牧渔服务业	元	36.29	37.86	6.96	14.66	13.85	16.1	3.42	3.95
6. 二、三产业经营支出	元	535.95	1154.26	1138.68	4140.42	3256.15	7961.8	7118.36	2933.45
(三)财产性支出	元	18.78	45.7	20.47	82.4	128.1	1154.7	1056.04	948.91
(四)转移性支出	元	344.05	242.43	340.23	332.35	377.33	806.1	763.58	1325.26
(五)部分商业保险支出	元	31.08	52.07	66.88	77.69	124.65	192.2	182.67	175.34
(六)购置资产及非经常性转移支出	元	3989.66	4555.96	6252.53	7472.88	6654.91	7685.5	5891	5724.81
(七)借贷性支出	元	3266.4	2615.46	1341.15	1471.12	1425.52	1934.7	1120.67	951.83

注:自 2013 年起,因统计方法制度改革,2013 年统计数据与以往年度数据不具有可比性。

7－14 农村居民家庭人均收入(2020 年)

单位:元

项目	全市	#望城区	长沙县	宁乡市	浏阳市
全年人均总收入(未扣除生产费用)	42030.73	41571.90	45444.41	35092.81	49612.79
一、工资性收入	21210.80	24657.90	27852.84	20312.00	15726.30
1.工资	20688.42	23798.81	27417.86	19725.74	15556.79
2.实物福利	178.36	685.58	150.81	41.67	163.40
3.其他	344.02	173.51	284.17	544.59	6.11
二、经营性收入	15101.09	13885.65	8944.11	9207.45	29076.55
1.第一产业经营收入	1918.52	1518.64	2031.77	803.40	3921.84
(1)农业收入	1055.47	866.52	810.49	419.78	2329.92
(2)林业收入	292.40	35.91	109.18	90.19	868.71
(3)牧业收入	518.71	544.14	1080.02	233.99	649.49
(4)渔业收入	51.93	72.07	32.08	59.45	73.72
2.第二产业收入	6024.94	7900.06		246.68	17045.91
(1)采矿业					
(2)制造业	4756.93				17032.76
(3)电力、热力、燃气及水生产和供应业					
(4)建筑业	1268.01	7900.06		246.68	13.15
3.第三产业收入	7157.63	4466.94	6912.34	8157.36	8108.80
(1)批发和零售业	5011.11	3046.94	4582.56	5025.89	5739.59
(2)交通运输、仓储和邮政业	343.89	94.92		801.71	378.46
(3)住宿和餐饮业	1337.15	72.43	2115.02	1858.72	1477.18
(4)房地产业					
(5)租赁和商务服务业	27.97	243.69			
(6)居民服务、修理和其他服务业	239.60	457.00	214.76	16.18	493.53
(7)其他	191.70	551.97		452.69	
(8)农林牧渔服务业	6.21			2.18	20.04
三、财产性收入	1445.57	791.55	3577.45	668.90	478.27
四、转移性收入	4273.28	2236.80	5070.02	4904.46	4331.67
五、非收入所得	3781.23	7517.37	1615.39	2582.79	4684.72
六、借贷性所得	1195.86	2715.14	861.59	2265.75	149.83

注:7－14 表至 7－20 表芙蓉区、天心区、岳麓区、开福区和雨花区无农村调查点。

7－15 农村居民家庭人均支出(2020 年)

单位:元

项　　目	全　市	#望城区	长沙县	宁乡市	浏阳市
全年人均总支出	37180.75	40197.49	38191.26	32764.12	38199.80
一、消费支出	24426.81	24361.37	24086.08	24675.99	21392.72
(一)食品烟酒	6176.65	6655.80	5949.75	6396.61	5153.03
(二)衣着	1323.36	1226.36	1571.84	1211.00	1055.18
(三)居住	4972.51	5103.58	5110.73	4610.64	4330.87
(四)生活用品及服务	1572.38	1431.97	2364.50	1544.00	1144.59
(五)交通通信	4440.88	3898.73	3572.76	4754.00	4345.13
(六)教育文化娱乐	4113.60	4224.97	4383.29	4434.74	3189.02
(七)医疗保健	1470.68	1520.53	914.20	1397.99	1823.52
(八)其他用品和服务	356.75	299.43	219.01	327.00	351.41
二、生产经营费用支出	3627.78	2743.98	1855.59	904.60	8918.37
(一)第一产业经营费用支出	694.34	603.59	1798.40	253.43	706.12
1. 农业	397.16	354.24	979.75	157.39	383.74
2. 林业	108.05	6.11	509.00	6.34	41.28
3. 牧业	175.53	221.51	291.06	88.45	254.85
4. 渔业	13.60	21.73	18.59	1.25	26.25
(二)第二产业经营费用支出	2089.49	1890.67	5.86	29.06	6343.00
1. 采矿业					
2. 制造业	1771.48				6343.00
3. 电力、热力、燃气及水生产和供应业					
4. 建筑业	318.01	1890.67	5.86	29.06	
(三)第三产业经营费用支出	843.96	249.72	51.33	622.11	1869.25
1. 批发和零售业	515.29	200.67	7.73	379.46	1065.04
2. 交通运输、仓储和邮政业	15.71	1.51		0.12	55.51
3. 住宿和餐饮业	193.46	0.36		11.44	680.94
4. 房地产业	5.47			4.68	
5. 租赁和商务服务业	1.64	5.74		3.46	
6. 居民服务、修理和其他服务业	46.84	37.59	36.15	2.47	63.36
7. 其他	61.61	3.72	5.08	212.49	
8. 农林牧渔服务业	3.95	0.13	2.37	7.99	4.40
三、财产性支出	948.91	64.98	3051.14	430.90	100.45
四、转移性支出	1325.26	561.41	2764.34	1185.46	516.52
五、部分商业保险支出	175.34	36.94	415.53	144.03	139.22
六、购置资产及非经常性转移支出	5724.81	10364.18	4870.99	4689.42	6114.91
七、借贷性支出	951.83	2064.64	1147.58	733.71	1017.60

7－16 农村居民家庭人平可支配收入(2020 年)

单位:元

项 目	全 市	#望城区	长沙县	宁乡市	浏阳市
可支配收入	34754.34	37738.15	37140.88	31568.00	37154.15
一、工资性收入	21210.80	24657.90	27852.84	20312.00	15726.30
(一)工资	20688.42	23798.81	27417.86	19725.74	15556.79
1. 按月发放的工资	12280.75	15121.93	18686.24	12200.06	6570.63
2. 补发工资	562.39	7.58	283.06	268.11	1551.86
3. 不按月发放的奖金、津贴、过节费等	7845.28	8669.30	8448.56	7257.57	7434.30
(二)实物福利	178.36	685.58	150.81	41.67	163.40
1. 从单位或雇主得到的实物产品折价	76.13	13.00	46.09	24.74	160.03
2. 从单位或雇主得到的服务折价	102.23	672.58	104.71	16.94	3.37
3. 单位或雇主实物福利报销所得					
(三)其他	344.02	173.51	284.17	544.59	6.11
1. 住房公积金	81.02	121.50	237.14	76.62	6.11
2. 辞退金					
3. 自由职业劳动所得(如稿费、翻译费)	2.28		9.43	1.93	
4. 安家费					
5. 股票期权	115.43				
6. 其他劳动所得	145.29	52.02	37.61	466.04	
二、经营净收入	10098.87	10678.28	6456.06	7299.00	17234.89
(一)第一产业经营净收入	1121.74	816.44	－37.82	522.08	3113.65
1. 农业	577.32	421.44	－336.11	235.15	1845.82
2. 林业	183.14	29.80	－399.82	83.41	825.99
3. 牧业	325.17	315.03	696.58	145.32	394.37
4. 渔业	36.11	50.17	1.53	58.20	47.46
(二)第二产业经营净收入	3139.37	5788.67	－5.86	217.62	8006.09
1. 采矿业					
2. 制造业	2232.28				7992.94
3. 电力、热力、燃气及水生产和供应业	－2.29				
4. 建筑业	909.39	5788.67	－5.86	217.62	13.15
(三)第三产业经营净收入	5837.75	4073.17	6499.74	6559.29	6115.14
1. 批发和零售业	4224.13	2767.40	4415.30	4085.94	4638.67
2. 交通运输、仓储和邮政业	299.64	82.02	0.00	801.58	255.77
3. 住宿和餐饮业	1037.76	72.07	1976.05	1570.52	789.48
4. 房地产业	－5.47			－4.68	
5. 租赁和商务服务业	13.00	220.73	－28.47	－3.46	
6. 居民服务、修理和其他服务业	182.32	392.03	168.98	13.39	416.39
7. 其他	88.73	539.05	－5.08	101.82	－0.55
8. 农林牧渔服务业	－2.35	－0.13	－27.04	－5.82	15.38

7－16 续表

单位:元

项目	全市	#望城区	长沙县	宁乡市	浏阳市
三、财产净收入	496.66	726.57	526.30	238.00	377.82
(一)利息净收入	153.21	670.51	－95.12	－385.67	321.41
(二)红利收入	116.59			141.58	13.32
1.集体分配的红利	40.54				13.32
2.其他红利收入	76.05			141.58	0.00
(三)储蓄性保险净收益	2.44				8.75
(四)转让承包土地经营权租金净收入	96.32	35.42	30.46	1.64	5.75
(五)出租房屋净收入	127.36	15.61	1109.31	295.50	17.38
(六)出租机械、专利、版权等资产的收入	13.59	5.03	52.95		11.69
(七)其他财产净收入	－12.86		－571.29	184.94	－0.47
(八)房屋虚拟租金					
四、转移净收入	2948.01	1675.39	2305.68	3719.00	3815.15
(一)转移性收入	4273.28	2236.80	5070.02	4904.46	4331.67
1.养老金或离退休金	1257.93	1192.21	1190.21	1593.07	1038.75
2.社会救济和补助	187.79	100.61	91.39	37.21	363.86
3.政策性生活补贴	106.56	61.75	42.85	283.63	20.47
4.报销医疗费	228.33	152.51	230.06	70.94	499.84
5.家庭外出从业人员寄回带回收入	1214.57	337.80	555.47	1894.80	1787.43
6.赡养收入	752.63	183.39	710.06	912.36	459.21
7.其他经常转移收入	45.17		21.77	85.00	59.49
8.从政府和组织得到的实物产品和服务折价	24.23	4.56	30.62	6.16	23.46
9.现金政策性惠农补贴	456.06	203.97	2197.58	21.28	79.16
(二)转移性支出	1325.26	561.41	2764.34	1185.46	516.52

7－17 农村居民家庭人平消费支出(2020年)

单位:元

项目	全市	#望城区	长沙县	宁乡市	浏阳市
消费支出	24426.81	24361.37	24086.08	24675.99	21392.72
一、食品烟酒	6176.65	6655.80	5949.75	6396.61	5153.03
二、衣着	1323.36	1226.36	1571.84	1211.00	1055.18
三、居住	4972.51	5103.58	5110.73	4610.64	4330.87
四、生活用品及服务	1572.38	1431.97	2364.50	1544.00	1144.59
五、交通通信	4440.88	3898.73	3572.76	4754.00	4345.13
#通信	722.09	648.21	1016.84	623.22	661.86
六、教育文化娱乐	4113.60	4224.97	4383.29	4434.74	3189.02
教育	2487.39	2665.20	1965.75	2906.03	2906.92
文化娱乐	1626.21	1559.77	2417.54	1528.71	282.10
七、医疗保健	1470.68	1520.53	914.20	1397.99	1823.52
八、其他用品和服务	356.75	299.43	219.01	327.00	351.41

7－18　农村居民家庭人平主要实物消费量(2020年)

单位:公斤

项　　目	全　市	#望城区	长沙县	浏阳市	宁乡市
一、粮食消费量	158.0	168.8	134.1	214.3	127.3
1. 谷物消费量	151.2	164.3	127.8	204.5	121.4
2. 薯类消费量	1.7	0.6	0.8	3.6	1.4
3. 豆类消费量	5.1	3.9	5.5	6.2	4.5
二、油脂类消费量	16.2	12.6	15.3	14.0	13.5
1. 植物油	10.6	5.8	6.7	11.4	6.2
2. 动物油	5.6	6.8	8.6	2.6	7.3
三、烟叶消费量	48.7	60.8	59.2	39.0	44.7
四、蔬菜及菜制品消费量	105.9	128.5	78.6	118.4	78.1
五、干鲜瓜果类	46.6	29.7	52.8	39.8	56.2
1. 鲜瓜果	40.7	26.0	42.2	35.2	50.1
2. 瓜果制品	1.4	0.9	3.4	1.1	1.2
3. 坚果	4.5	2.8	7.2	3.5	5.0
六、消费茶叶	0.5	0.6	0.9	0.3	0.4
七、肉类	31.5	18.9	25.4	18.4	48.7
1. 猪肉	27.5	17.1	22.2	14.6	43.9
2. 牛肉	2.2	1.0	1.8	1.1	2.9
3. 羊肉	0.5	0.1	0.3	1.1	0.2
4. 其他肉类及制品	1.4	0.7	1.1	1.6	1.7
八、禽类	12.2	11.2	12.3	14.9	12.2
九、蛋类及蛋制品	10.5	11.6	8.8	9.6	13.5
十、奶和奶制品	6.2	3.6	11.9	3.5	6.1
十一、水产品	14.8	12.7	17.5	9.2	19.3
十二、糖果糕点	6.8	4.5	9.1	4.4	8.2
十三、酒	6.2	4.4	6.9	1.9	11.7

7－19 农村居民家庭每百户耐用消费品拥有量(2020 年)

项　　目	单位	全　市	#望城区	长沙县	浏阳市	宁乡市
1. 家用汽车	辆	53.5	44.3	65.7	54.3	44.3
2. 摩托车	辆	75.5	31.4	91.4	107.1	91.4
3. 助力车	台	41.3	102.9	24.3	18.6	17.1
4. 洗衣机	台	105.8	112.9	107.1	105.7	107.1
5. 电冰箱(柜)	台	107.7	117.1	115.7	100.0	102.9
6. 微波炉	台	19.7	25.7	25.7	10.0	17.1
7. 彩色电视机	台	125.2	137.1	110.0	125.7	137.1
# 接入有线电视	台					
8. 空调	台	171.9	210.0	184.3	167.1	137.1
9. 热水器	台	96.5	101.4	98.6	88.6	94.3
# 太阳能热水器	台					
10. 洗碗机	台					
11. 排油烟机	台	68.1	94.3	55.7	54.3	67.1
12. 固定电话	线	4.8	10.0	2.9	1.4	7.1
13. 移动电话	部	295.2	330.0	298.6	304.3	281.4
# 接入互联网	部	247.1	311.4	262.9	237.1	218.6
14. 计算机	台	39.0	45.7	42.9	22.9	48.6
# 接入互联网	台	32.9	44.3	35.7	17.1	37.1
15. 照相机	台	3.2	7.1	2.9	2.9	1.4
16. 中高档乐器	架	2.9	1.4	5.7	4.3	1.4
17. 健身器材	台	4.5	5.7	7.1	2.9	4.3
18. 吸尘器	台	2.3	1.4	2.9	1.4	2.9

7－20　农村居民抽样调查人口与就业期末情况（2020年）

单位：人

项　　目	全　市	#望城区	长沙县	浏阳市	宁乡市
一、家庭常住人口	1153	294	246	273	244
二、家庭常住人口年龄状况					
1.5岁及以下	86	24	18	20	17
2.6－15岁	166	42	37	45	27
3.16－19岁	35	3	11	10	9
4.20－24岁	42	11	5	5	17
5.25－29岁	36	14	6	7	8
6.30－34岁	89	26	23	9	24
7.35－40岁	103	36	19	24	10
8.41－50岁	155	24	44	27	46
9.51－60岁	247	62	50	60	54
10.61－65岁	61	25	8	23	4
11.66岁及以上	133	27	25	43	28
三、由本户供养的在校学生	199	45	48	56	35
四、农村住户劳动力素质状况					
（一）整半劳动力数	797	211	169	165	181
（二）就业劳动力文化程度					
1.未上过学	3	0	1	0	0
2.小学	153	37	23	54	26
3.初中	409	111	87	85	100
4.高中	157	43	42	23	28
5.大学专科	53	14	14	3	17
6.大学本科	21	6	2	0	9
7.研究生	1	0	0	0	1
五、农村住户劳动力就业状况					
（一）劳动力就业行业情况	617	170	122	135	153
1.一产业就业劳动力	140	48	17	36	37
2.非农产业就业劳动力	477	122	105	99	116
（1）二产业就业劳动力	200	57	37	65	32
（2）三产业就业劳动力	277	65	68	34	84

8 城市建设、环境保护

8－1 2009－2020年城市公共交通情况

年份	全年客运总量（万人次）	公共汽车营运情况				出租汽车营运情况		轨道交通营运情况		
		客运量（万人次）	年末营运车辆数（辆）	年末营运线网长度（公里）	年末营运线路条数（条）	客运量（万人次）	年末营运车辆数（辆）	客运量（万人次）	年末营运车数（辆）	年末营运线路长度（公里）
2009	104478	67305	3553	1018	129	37173	6280			
2010	101303	72222	3557	1048	129	29081	6280			
2011	106159	75433	3651	3195	135	30726	6420			
2012	105599	75844	3775	3263	140	29755	6420			
2013	104103	73943	4157	3484	141	30160	6915			
2014	115109	75221	5142	3512	150	35308	7816	4580	96	21.9
2015	116944	74324	6102	3559	180	34213	7816	8407	162	26.6
2016	112719	68162	7187	4519	187	28524	7816	16033	345	68.8
2017	121732	69118	8361	5570	226	29267	7820	23347	345	68.8
2018	120860	68457	8806	6603	266	27373	7840	25030	345	68.8
2019	142104	76644	11486	10238	284	31671	9128	33789	522	100.5
2020	98765	41359	11858	7344	366	18830	8080	38576	891	158.0

注：1. 从2011年开始，表中数据含望城区。

2. 从2011年开始，公交车年末营运线网长度统计口径变更，与以前年度数据不可比，按同口径计算，2010年为3173公里；从2014年开始全年客运总量中含有轨道交通客运量。

8－2 2000－2020年城市房屋发展状况及住房水平

年份	城市房屋建筑面积（万 m^2）	#住宅	人均住房建筑面积（m^2/人）	年末危险房屋（万 m^2）
2000	5283.28	2839.76	18.6	24.2
2001	5635.30	3097.40	19.6	35.4
2002	6132.40	3447.20	21.5	35.4
2003	6624.90	3771.81	23.2	33.3
2004	7352.00	4268.30	25.3	31.7
2005	8223.00	4776.00	27.2	27.7
2006	9021.62	5280.36	28.3	26.2
2007	9939.52	5883.72	28.9	22.2
2008	10891.33	6561.62	28.3	21.7
2009	10578.92	9219.11	29.5	3.0
2010	14940.70	10581.09	30.9	2.5
2011	16619.67	11813.00	32.2	3.2
2012	18583.00	13267.00	31.8	4.7
2013	17249.29	11858.72	41.4	8.6
2014	19177.00	13239.00	48.3	120.0
2015	21407.00	14836.00	45.3	120.0
2016	22904.80	15844.30	44.8	81.9
2017	25630.41	18617.19	45.5	42.0
2018	29950.63	20658.21	42.7	33.5
2019	32848.39	22750.63	41.3	32.2
2020	34712.27	24138.32	41.2	

注：1. 人均住房建筑面积统计指标2012年以前为城市统计口径，2013年开始调整为城镇统计口径。

2. 从2014年起年末危险住宅指标改为年末危险房屋，统计口径由危房改造面积调整为危房存量面积。

8－3　2000－2020年城市自来水、供气、用电供应情况

年份	自来水					供气情况			
						液化气			
	年末水厂个数(个)	年末供水管道长度(公里)	年末供水总量(万吨)	#生活用水	年末水厂生产能力(万吨/日)	供气总量(吨)	#生活用	用气人口(万人)	储气能力(吨)
2000	6	1087	37399	21246	132	65700	63796	106.5	3700
2001	6	1120	39872	22262	157	70200	68806	137.8	3700
2002	6	1188	36748	24199	165	72306	70870	140.3	3800
2003	6	1292	38845	29369	165	75668	74911	142.2	3800
2004	6	1338	39819	30105	165	91500	90584	149.1	3800
2005	6	1450	41969	31540	165	92600	91600	151.1	3800
2006	6	1529	43328	32441	165	85000	80300	138.0	3800
2007	6	1659	32840	24630	167	84000	79500	119.9	4000
2008	6	1801	44866	24870	167	82000	78000	146.5	4000
2009	6	1925	45144	26597	167	85000	80000	125.0	4000
2010	6	2012	46431	26611	180	83000	77000	115.0	4000
2011	7	2323	51224	29243	221	93000	84300	101.5	4000
2012	7	3050	41997	29950	265	76663	63385	267.3	4000
2013	7	3300	52739	31263	270	86492	72573	275.0	4000
2014	8	3490	55589	33880	225	101838	87210	210.0	6400
2015	8	3457	57652	34507	215	60876	49667	64.0	3770
2016	8	3647	60558	35201	215	61620	48766	64.0	3770
2017	9	3817	50167	37083	235	52120	38417	60.0	3770
2018	8	5721	67721	45300	235	58742	45405	50.0	3770
2019	8	5885	69466	40892	240	73572	56868	59.1	3770
2020	8	7533	70747	24325	240	69187	39459	61.2	3770

注：1.液化气用气人口统计受加气站增减和用气人口流动性等因素影响，变动较大。

2.2020年生活用水统计口径调整与以往年度不可比。

供气情况				供电(万度)					
天然气									
供气总量(万 m^3)	#生活用	用气人口(万人)	储气能力(万 m^3)	全市用电总量	#工业用电	城乡居民生活用电	其中:市区用电总量	#工业用电	居民生活用电
				480160	221763	136507	313975	131522	105952
				529409	281711	143681	343137	156001	119738
				591319	310605	235649	375933	175375	163622
				696000	354800	360300	439000	201500	154200
				722087	375058	276637	430300	194500	215800
3418	2238	25.0	10	923856	384129	282458	501464	193501	205719
11947	3390	68.0	10	1039585	345094	423066	602611	200408	277750
19254	4647	90.1	10	1153430	368754	456961	637260	167545	247098
26607	6192	90.9	10	1265685	498417	426619	683642	198858	273759
32948	10618	164.7	100	1414653	456798	564587	817921	185517	343932
39300	12500	192.0	100	1603152	573315	513122	943789	223612	344333
50363	19450	246.1	100	1838972	675729	587635	1156205	308003	417589
64298	24911	264.7	100	2040474	757802	666846	1268341	332841	464827
70321	26019	311.9	100	2245429	898159	718282	1373249	383172	489662
85657	30780	337.2	1200	2274871	923598	691650	1382042	387454	465045
72731	23057	260.0	1280	2464961	993670	754227	1501794	423836	506081
76757	27625	290.0	1280	2848657	1142014	915832	1759889	527313	610681
80157	26703	320.0	1280	3129032	1296129	980630	1862295	558290	644786
86826	35097	319.0	1280	3636932	1488684	1126535	2138396	619967	737304
88998	37017	322.8	1280	3959312	1569024	1250627	2354586	661979	826907
84475	35495	333.0	1280	4116782	1688776	1269589	2424258	675468	871864

8－4　2000－2020年城市环境卫生基本情况

年　份	道路清扫保洁面积（万 m^2）	生活垃圾无害处理量（万吨）	环卫专用车辆（辆）					公共厕所（座）		垃圾站（个）	
			垃圾运输车	真空吸粪车	洒水车	清扫车	专用集装式垃圾中转车		#本年新建		#本年新建
2000	540		156	9	27			462	10	504	11
2001	566	67.7	148	7	29			461	2	504	4
2002	912	68.0	160	8	31			431	7	494	5
2003	1200	65.7	173	1	35			388	13	458	15
2004	1741	77.0	219	8	65			422	35	487	32
2005	1912	77.0	182	8	77			455	33	576	42
2006	2689	77.5	199	9	85			516	61	637	61
2007	3033	85.6	180	9	104			545	29	545	25
2008	2523	101.5	187	10	99	43	25	490	24	570	287
2009	2638	107.3	200	6	99	45	27	542	52	615	51
2010	2954	117.3	368	10	104	52	40	551	9	635	20
2011	3543	143.2	201	4	133	82	40	543		661	
2012	3608	169.4	204	4	170	73	48	567		673	
2013	5238	160.0	264	2	296	124	60	566		676	
2014	5140	206.6	368	5	307	148	63	519		620	
2015	5810	201.0	339	6	492	181	80	536		641	
2016	6846	215.0	395	8	493	195	72	549		672	
2017	6920	228.0	341	9	595	232	82	557		650	
2018	7162	251.0	627	13	549	271	80	539	26	668	23
2019	8461	285.5	594	12	490	282		549	10	670	2
2020	8104	257.4	587	1	502	25		353	22	551	2

8－5 2000－2020年市政设施基本情况

年 份	城市道路		年末实有永久性桥梁(座)	年末实有下水道长度(公里)	路灯盏数(盏)
	年末实有道路长度(公里)	年末实有道路面积(万 m^2)			
2000	998	928	71	636	16259
2001	1098	1099	71	648	17309
2002	1150	1575	73	648	26411
2003	1188	1980	73	770	37215
2004	1323	2385	76	800	43215
2005	1415	2795	77	895	53468
2006	1466	3002	77	1046	64938
2007	1552	3131	87	1046	69731
2008	1608	3320	92	1186	77135
2009	1660	3489	93	1230	76200
2010	1781	3618	97	1842	79542
2011	2173	4258	168	2601	82423
2012	2342	3958	172	2169	87389
2013	2966	4307	174	2169	91393
2014	1698	4382	179	2698	102602
2015	1698	4596	186	2172	84848
2016	1798	4706	196	2270	86349
2017			219	2637	89943
2018	1985	4808		2742	94157
2019	1950	4950	236	3198	101167
2020	2101	4084		3521	107939

注:路灯盏数2015年以前为城市拥有路灯统计口径,2015年统计口径开始调整为移交使用路灯盏数。

8－6 2000－2020年城市园林、绿化情况

年份	城市园林绿化覆盖面积(公顷)	城市园林绿地面积(公里)	公共绿地面积(公里)	公园处数(处)	公园面积(公里)
2000	5508	5152	889	10	575
2001	5846	5541	1006	11	576
2002	6094	5712	1085	12	717
2003	6720	5712	1229	14	904
2004	6949	5907	1240	14	904
2005	7368	6244	1381	18	1143
2006	7876	6706	1590	19	1210
2007	8541	5656	1892	21	1302
2008	8818	7693	2142	21	1302
2009	9304	8134	2348	22	1323
2010	9857	8598	2522	22	1323
2011	10235	9188	2794	22	1323
2012	10729	9293	2804	23	1573
2013	11206	9611	2913	24	1581
2014	11813	10163	3256	26	1779
2015	12278	10586	3538	27	1809
2016	12928	11177	3779	30	2002
2017	14877	12584	4031	32	2235
2018	15157	12848	4261	36	2286
2019	15633	13324	4444	42	2476
2020	24338	20639	5427	44	2797

说明:绿地面积、绿化覆盖面积均不含湿地面积。

8－7 2000－2020年城市环境污染和治理情况

年 份	工业废水排放总量（万吨）	工业废水排放达标量（万吨）	工业废气排放总量（万标 m^3）	工业粉尘排放量（万吨）	工业粉尘去除量（万吨）	工业固体废物产生量（万吨）	#综合利用	工业锅炉数（台）	#达标数	工业炉窑数（台）	#达标数
2000	5532.9	4212.6	2624324	7.81	11.19	137.53	101.79	407	359	465	232
2001	4992.2	3956.9	3252834	4.81	9.32	133.95	120.83	392	321	477	149
2002	4310.7	3556.8	2762532	7.11	13.37	111.83	105.64	351	285	430	150
2003	4006.7	3510	2501271	7.22	13.34	112.72	99.67	318	245	371	309
2004	4047	3552	2679022	9.39	11.03	107.70	94.00	324	257	262	124
2005	4065	3562	3078324	10.06	11.83	109.70	98.40	307	243	222	117
2006	4073	3482	2891585	10.35	10.58	111.69	102.94	273	267	226	118
2007	4377	3704	2933547	10.29	19.15	107.30	101.96	229	222	251	194
2008	4162	3665	5278500	13.48	20.08	183.60	164.60	187	167	213	163
2009	3726	3354	5315831	13.35	19.19	154.60	140.10	267	254	232	178
2010	4336	3955	6269499	10.52	12.62	148.80	148.40	284	256	219	151
2011	4051		10219789	1.59	198.59	177.60	174.80	269		108	
2012	3777		5470000	1.20	131.69	103.50	94.70	259		116	
2013	4049		6233559	1.90	114.10	100.50	86.90	280		108	
2014	4397		6486474	1.73	138.90	107.00	91.50	288		117	
2015	5102		4803775	1.16	102.20	107.60	92.70	272		124	
2016	4287		4834697	0.69	40.80	141.30	132.80	264		94	
2017	4066		6360805	0.76	150.80	113.10	93.30	223		118	
2018	3475		8775533	0.55	132.00	148.70	122.00	239		147	
2019	6063			1.56		301.93	223.94	370		331	
2020	4537		11973900	0.40	109.26	141.93	114.06	345		259	

注：2011年起工业粉尘排放量（去除量）指标改为工业烟粉尘排放量（去除量）。

9 农　业

长沙统计年鉴

9－1 历年农、林、牧、渔业总产值

（按现行价格计算）

单位：万元

年 份	合 计	农 业	林 业	牧 业	渔 业	服务业
1978	97658					
1980	99524					
1983	133455					
1984	139627					
1985	165803					
1986	180977					
1987	212304					
1988	274536					
1989	307534					
1990	365244					
1991	368160					
1992	409372					
1993	480104	237282	16083	205582	21157	
1994	725156	351689	17108	328777	27582	
1995	868362	426578	28951	375241	37592	
1996	1011363	509820	40193	416774	44576	
1997	1114485	561705	41906	460042	50832	
1998	1137969	596651	43425	446164	51729	
1999	1146402	635440	41800	413206	55956	
2000	1167935	628013	43598	442543	53781	
2001	1239985	672704	47407	464641	55233	
2002	1302245	700436	57148	486981	57680	
2003	1371608	694002	70917	527412	61035	18242
2004	1720668	825189	73635	734973	68050	18821
2005	1871313	926445	76257	771539	75967	21105
2006	1903000	994600	80300	712700	74700	40600
2007	2171300	1146600	94000	780900	103500	46100
2008	2818996	1367085	112079	1165305	122893	51634
2009	2946120	1465841	123699	1171296	127520	57764
2010	3236412	1735890	144988	1156629	137340	61565
2011	3877163	2082639	179791	1405473	142489	66770
2012	4197846	2303064	195535	1484271	145535	69441
2013	4546157	2518547	217452	1572730	161432	75996
2014	4905925	2849093	238930	1552892	182015	82995
2015	5371294	3173856	273543	1637130	194604	92161
2016	5042983	3121606	291856	1202878	158241	268402
2017	5141997	3239403	318304	1110648	169161	304481
2018	5269212	3327540	348683	1083731	173735	335523
2019	6076974	3782294	382424	1354874	191116	366265
2020	7221925	4251662	393552	1953530	225399	397782

注：1. 2003年开始农林牧渔服务业从规模以下工业中划归农业统计，同时种植业中的农民家庭兼营商品性工业产值划入规模以下工业中。

2. 2006年、2007年、2008年数据根据第二次全国农业普查结果予以调整。

3. 2016年、2017年数据根据第三次全国农业普查结果予以调整。

9－1 续表 1　　（按不变价格计算）　　单位:万元

年份	合计	农业	林业	牧业	渔业	服务业
		（按 1952 年不变价格计算）				
1949	17020	15081	390	1356	193	
1952	21728	18337	734	2084	573	
1957	27743	22819	504	4001	419	
		（按 1957 年不变价格计算）				
1957	27743	22819	504	4001	419	
1962	24328	21436	527	2084	281	
1965	29799	24251	663	4499	386	
1970	38426	31441	639	6115	231	
1971	43127	35736	1137	5982	272	
		（按 1970 年不变价格计算）				
1971	43127	35736	1137	5982	272	
1972	62622	50111	1576	10618	317	
1973	66813	54094	1730	10637	352	
1974	67157	54138	1777	10849	393	
1975	67676	54516	1675	11096	389	
1976	70920	57176	1536	11753	455	
1977	73598	59758	1771	11603	466	
1978	73800	58941	1911	12475	473	
1979	78000	61738	1726	13968	568	
1980	77400	59996	1789	14927	688	
		（按 1980 年不变价格计算）				
1980	98260	73690	3079	20109	1382	
1981	102770	76279	3380	21494	1617	
1982	115532	85345	3406	24870	1911	
1983	125664	93427	3253	26879	2105	
1984	129025	92077	3588	30767	2593	
1985	139379	93056	3819	39692	2812	
1986	147691	97645	3586	43193	3267	
1987	152161	100216	4491	43812	3642	
1988	159036	100182	4570	50212	4072	
1989	163414	102263	5623	51134	4394	
1990	167152	104672	4217	53793	4470	

9－1 续表2 （按不变价格计算） 单位：万元

年份	合计	农业	林业	牧业	渔业	服务业
（按1990年不变价格计算）						
1990	393694	222433	12668	143383	15210	
1991	407495	231266	13740	145338	17151	
1992	419479	222100	14341	163178	19860	
1993	442505	219393	15467	184955	22690	
1994	470439	227779	16548	201545	24567	
1995	500336	236182	23768	212214	28172	
1996	542354	267499	31460	213555	29840	
1997	584737	290795	35970	223452	34520	
1998	605182	293536	36341	238917	36388	
1999	623902	321588	34528	229693	38093	
2000	653582	336044	37905	238238	41395	
2001	692224	357291	37281	252324	45328	
2002	723725	375476	41428	259782	47039	
2003	746034	339273	57973	276659	53887	
2004	800454	361818	56654	305791	57070	
（按可比价格计算）						
2005	1841526	882440	76519	791928	70443	20196
2006	1860893	950749	80731	713768	75825	39819
2007	1987611	1051292	87366	728379	77090	43483
2008	2318577	1179040	94567	887459	107671	49840
2009	3004722	1432889	110758	1276600	128220	56255
2010	3078386	1600565	130924	1152458	133944	60495
2011	3365918	1864808	159174	1136426	138659	66851
2012	4032356	2180591	192860	1443670	144529	70705
2013	4324845	2386699	204710	1503566	155792	74078
2014	4752645	2691186	231027	1574997	173981	81455
2015	5080925	3036773	257485	1504251	190846	91571
2016						
2017	5209402	3257593	319582	1172806	165520	293901
2018	5318095	3354143	339668	1124710	170536	329039
2019	5437824	3449518	371580	1066580	192814	357332
2020	6326196	4006199	412197	1299167	216730	391903

注：1. 根据湖南省统计局制定的2004年农林牧渔业综合统计报表制度规定，从2004年开始取消不变价计算农林牧渔业产值，改用可比价计算产值，用农产品价格指数缩减法计算农业发展速度。
2. 2006年、2007年、2008年数据根据第二次农业普查结果予以调整。
3. 2016年数据因第三次农业普查数据修正暂无核定数据。

9－2 历年粮食总产量

单位:吨

年份	合计	稻谷	小麦	折粮薯类	杂粮	大豆
1949	742990	694100	2835	30400	10980	4675
1950	836155	774735	3165	37490	11290	9475
1951	924745	858455	3965	47375	10720	4230
1952	941680	879335	4900	36270	14185	6990
1953	959055	892065	6345	39730	13800	7115
1954	855385	784730	7735	44225	13730	4965
1955	1026360	925905	12220	69045	14845	4345
1956	982635	919265	9565	42550	9210	2045
1957	1002970	911700	4480	69455	13155	4180
1958	1054150	947910	8155	82070	10645	5370
1959	962480	861870	8325	70490	14745	7050
1960	657725	622300	7280	21100	6420	625
1961	607360	543910	7650	45385	9605	810
1962	833095	729930	11180	74505	15465	2015
1963	920345	853725	5960	40875	18485	1300
1964	936420	872145	5265	39790	17200	2020
1965	1010075	929350	7675	55745	13895	3410
1966	1145640	1098985	6355	29465	7265	3570
1967	1198540	1127455	9465	48510	9910	3200
1968	1252535	1189595	6660	46560	7195	2525
1969	1166505	1100210	6735	51155	6510	1895
1970	1308655	1249270	9515	40930	6040	2900
1971	1536300	1468475	8905	47170	7480	4270
1972	1453085	1370820	8100	61575	8200	4390
1973	1562770	1487460	7040	60010	5400	2860
1974	1550020	1493725	6245	43145	4035	2870
1975	1546080	1478850	8410	50855	5220	2745
1976	1543550	1471275	14965	49300	4835	3175
1977	1537670	1465765	11240	53105	4710	2850
1978	1898070	1829940	15135	44545	3300	5150
1979	1960495	1892480	13060	44880	5000	5075
1980	2028640	1970115	7885	42590	3565	4485
1981	1931885	1878290	8575	35120	5525	4375
1982	2334880	2269795	8630	44360	4735	7360
1983	2558240	2487825	7335	51200	4860	7020
1984	2443660	2373670	6565	48105	7915	7405
1985	2449215	2386240	5210	45600	5215	6950
1986	2518856	2458199	5550	37918	9536	7653
1987	2554153	2469708	5487	45653	24970	8335
1988	2535020	2453928	6436	42982	23901	7773
1989	2588563	2499928	7733	47108	24606	9188
1990	2641261	2542642	6094	50715	31949	9861

9－2 续表

单位:吨

年 份	合 计	稻 谷	小 麦	折粮薯类	杂 粮	大 豆
1991	2693046	2586304	7760	53322	33903	11757
1992	2548991	2440907	8370	53100	33969	12645
1993	2450080	2349086	7318	50828	26659	16189
1994	2534843	2412841	5801	62742	37218	16241
1995	2448028	2325133	4928	77917	24793	15257
1996	2737179	2597117	6905	77701	40598	14858
1997	2928132	2757668	9551	85889	58636	16388
1998	2618000	2443065	10211	90492	57497	16735
1999	2750152	2503557	9372	100343	121111	15769
2000	2623327	2405899	5324	98682	98444	14978
2001	2503041	2299943	6859	97099	86043	13097
2002	2119788	1908942	5245	116868	72908	15825
2003	2163732	1939536	3091	121342	82360	17403
2004	2520412	2300549	3498	125934	74045	16386
2005	2622817	2386731	3598	131021	82366	19101
2006	2424098	2344684	607	37223	32502	9082
2007	2230293	2018315	1030	124066	73827	13055
2008	2174385	2107480	372	35998	24062	6473
2009	2155996	2052794	1698	53948	38192	9364
2010	2090484	1967873	2285	63203	46338	10785
2011	2160047	2012963	3108	69802	59573	14601
2012	2248647	2086972	2599	75314	69346	14416
2013	2303074	2158998	3239	57159	68805	14873
2014	2345703	2204677	1218	55116	68643	16049
2015	2368295	2235192	1070	49305	67944	14784
2016	2330692	2200024	448	45627	69006	15587
2017	2264435	2126581	568	47341	74460	15485
2018	2155160	1990866	627	50673	92482	20512
2019	2156812	1981479	623	53602	98291	22817
2020	2117806	1974654	370	58892	69031	14859

注:1. 2006 年数据根据第二次全国农业普查结果予以调整。
2. 2007－2017 年数据根据第三次全国农业普查结果予以调整。
3. 2020 年开始,粮食数据由国家统计局长沙调查队核定提供。

9－3 历年耕地面积

单位：千公顷

年份	合计	水田	旱地	每一农业人口占有耕地(亩)
1949	274.27	253.77	20.50	
1950	278.19	255.97	22.22	1.60
1951	282.98	258.87	24.11	1.60
1952	287.05	264.09	22.96	1.62
1953	291.23	265.75	25.48	1.62
1954	292.94	265.89	27.05	1.62
1955	297.80	266.27	31.53	1.63
1956	298.36	265.45	32.91	1.62
1957	295.05	260.49	34.56	1.61
1958	276.36	247.11	29.25	1.54
1959	271.76	241.87	29.89	1.56
1960	266.09	234.82	31.27	1.58
1961	261.71	235.12	26.59	1.55
1962	263.38	234.45	28.93	1.53
1963	261.97	235.25	26.72	1.47
1964	264.50	235.60	28.90	1.45
1965	265.87	235.99	29.88	1.41
1966	264.43	234.05	30.38	1.36
1967	263.07	231.56	31.51	1.32
1968	257.48	231.51	25.97	1.26
1969	260.65	231.72	28.93	1.22
1970	261.79	231.55	30.24	1.19
1971	261.47	231.93	29.54	1.18
1972	260.93	231.17	29.76	1.16
1973	260.49	230.51	29.98	1.14
1974	260.03	229.66	30.37	1.14
1975	258.92	228.44	30.48	1.09
1976	257.33	227.44	29.89	1.08
1977	257.11	227.22	29.89	1.06
1978	255.91	226.27	29.64	1.05
1979	255.49	225.86	29.63	1.05
1980	254.80	225.85	28.95	1.04
1981	254.31	225.74	28.57	1.03
1982	253.96	225.77	28.19	1.02
1983	253.30	225.11	28.19	1.01
1984	251.97	224.80	27.17	1.02
1985	250.05	223.64	26.41	1.00
1986	249.58	223.65	25.93	0.97
1987	249.04	223.33	25.71	0.96
1988	248.44	222.91	25.53	0.94
1989	248.20	222.69	25.51	0.92
1990	247.93	222.47	25.46	0.91

9－3 续表

单位：千公顷

年 份	合 计	水 田	旱 地	每一农业人口占有耕地(亩)
1991	248.07	222.58	25.49	0.91
1992	247.89	220.03	27.86	0.90
1993	246.89	219.37	27.52	0.90
1994	246.00	218.36	27.64	0.90
1995	245.77	218.18	27.59	0.89
1996	244.68	217.20	27.48	0.89
1997	244.07	216.70	27.37	0.88
1998	242.99	215.73	27.26	0.88
1999	242.14	215.26	26.88	0.87
2000	242.32	215.26	27.06	0.87
2001	242.53	215.48	27.05	0.87
2002	239.99	214.73	25.26	0.87
2003	237.10	215.20	21.90	0.86
2004	246.79	224.31	22.48	0.89
2005	246.90	220.43	26.47	0.88
2006	243.66	202.19	38.02	
2007	262.20	226.24	35.96	1.01
2008	274.03			
2009	278.07	245.62	32.45	1.05
2010	276.79	244.41	32.38	1.05
2011	275.65	243.33	32.32	1.04
2012	274.89	241.62	33.27	1.04
2013	274.15	241.42	32.73	1.04
2014	273.36	241.00	32.36	
2015	271.97	236.01	35.64	
2016	270.16	234.17	35.65	
2017	274.16	240.99	32.80	
2018	273.56	240.19	33.00	
2019				
2020				

注：从2017年开始，农业用地有关数据均来自自然资源规划部门。

9－4 历年生猪、水产品生产情况

年　份	全年出栏肉猪(万头)	年末生猪存栏(万头)	每一农业人口出栏肉猪(头)	水产品产量(吨)	#鱼　类(吨)	#虾贝类(吨)
1950	31.14	36.44	0.12	4945	4945	
1951	34.83	39.44	0.13	4865	4865	
1952	39.97	46.42	0.15	5335	5335	
1953	43.40	48.64	0.16	5840	5840	
1954	48.56	39.24	0.18	7320	7320	
1955	45.69	41.77	0.17	6300	6300	
1956	46.70	81.19	0.17	7105	7105	
1957	72.89	123.12	0.26	7195	7175	20
1958	73.25	102.37	0.27	6635	6580	55
1959	49.19	88.98	0.19	7055	6730	325
1960	37.64	66.15	0.15	6270	5780	490
1961	15.44	37.05	0.06	4180	4125	55
1962	14.09	55.42	0.05	3875	3575	300
1963	31.27	82.81	0.12	3815	3490	325
1964	73.35	79.57	0.27	5050	4355	700
1965	68.20	76.22	0.24	7620	6170	1450
1966	55.80	101.08	0.19	8130	6805	1325
1967	80.36	104.46	0.27	3950	3925	25
1968	92.58	104.17	0.30	4220	4190	30
1969	92.69	96.31	0.29	5950	5585	365
1970	80.19	129.80	0.24	5370	5365	5
1971	97.24	150.42	0.29	5845	5835	10
1972	147.12	162.80	0.44	5350	5205	145
1973	151.93	166.88	0.44	5535	5445	90
1974	155.31	166.56	0.45	6380	6375	5
1975	132.83	165.53	0.37	6490	6480	10
1976	149.60	182.02	0.42	7415	7340	75
1977	146.23	171.03	0.40	7555	7425	130
1978	147.47	170.29	0.40	7755	7575	180
1979	154.09	199.79	0.42	9995	9510	485
1980	184.47	185.29	0.50	11865	11185	680
1981	162.53	185.15	0.44	13195	12045	1150
1982	171.95	209.23	0.46	15520	14175	1345
1983	186.52	238.51	0.49	17025	16100	925
1984	230.25	245.42	0.62	21310	21140	170
1985	273.91	265.86	0.74	23265	22785	480
1986	306.75	283.68	0.81	27050	26572	478
1987	331.33	294.08	0.87	29983	29464	519
1988	370.10	307.93	0.93	33426	32983	443
1989	378.68	313.48	0.94	36079	35585	494
1990	399.12	328.75	0.98	36669	36184	485

9－4 续表

年 份	全年出栏肉猪(万头)	年末生猪存栏(万头)	每一农业人口出栏肉猪(头)	水产品产量(吨)	#鱼 类(吨)	#虾贝类(吨)
1991	415.00	336.04	1.02	41276	40726	550
1992	480.11	358.38	1.17	47762	47198	564
1993	537.38	396.32	1.31	53917	53234	683
1994	560.84	385.31	1.37	56256	55128	1128
1995	592.63	369.33	1.43	61664	60719	679
1996	601.34	346.91	1.50	67887	66601	710
1997	608.33	355.90	1.53	75529	73663	851
1998	622.75	345.52	1.54	77425	75451	954
1999	596.75	322.08	1.52	82195	80965	771
2000	621.28	350.78	1.58	85191	83744	1015
2001	655.78	364.91	1.67	89965	88334	1208
2002	658.26	367.07	1.69	92874	90875	1502
2003	683.13	391.77	1.77	94235	91553	2104
2004	756.66	415.30	1.96	100128	97790	1805
2005	801.54	432.77	2.08	104201	101355	2249
2006	786.94	417.29		105074	102726	1764
2007	832.20	424.90	2.13	95302	93000	1537
2008	835.90	446.26	2.13	96395	94296	1442
2009	846.00	450.70	2.14	101443	99056	1738
2010	824.65	438.00	2.08	106571	104328	1819
2011	804.68	427.60	2.02	107154	104889	1563
2012	833.20	436.20	2.01	84550	82537	1735
2013	547.44	371.74		88450	86299	1847
2014	552.03	368.81		90740	88587	1841
2015	517.10	343.28		94000	91715	1990
2016	490.31	324.91		93622	90496	2644
2017	436.94	309.36		93435	90772	2363
2018	438.53	274.94		92595	89552	2754
2019	349.50	92.09		98698	91620	6769
2020	275.34	203.82		113631	96984	14738

注：1. 2013－2017 年畜牧指标数据根据第三次农业普查结果予以调整。
2. 2012－2017 年水产指标数据根据第三次农业普查结果予以调整。

9－5　农村基层组织情况与农业生产条件(2020年)

指　　标	单　位	全　市	芙蓉区	天心区
一、农村基层组织情况				
1. 乡镇个数	个	74		
# 镇个数	个	69		
2. 村(居)民委员会个数	个	983	5	20
# 村委员会个数	个	817	5	13
二、乡村人口与从业人员				
1. 乡村户数	万户	118.01	0.32	1.23
2. 乡村人口数	万人	391.01	0.87	4.52
3. 乡村劳动力资源数	万人	259.93	0.61	2.87
4. 乡村从业人员数	万人	226.30	0.41	2.70
按性别分				
(1)男	万人	126.63	0.21	1.64
(2)女	万人	99.67	0.20	1.06
按国民经济行业分				
(1)农业从业人员	万人	84.26		0.53
(2)工业从业人员	万人	55.39	0.05	0.35
(3)建筑业从业人员	万人	28.32	0.03	0.54
(4)交运运输、仓储及邮政从业人员	万人	11.14	0.06	0.19
(5)信息传输、计算机服务和软件从业人员	万人	5.31	0.03	0.14
(6)批零零售业从业人员	万人	17.01	0.08	0.30
(7)住宿和餐饮业从业人员	万人	10.42	0.04	0.28
(8)其他从业人员	万人	14.45	0.12	0.37
三、农村基础设施				
1. 通自来水村个数	个	703	5	13
2. 通汽车村个数	个	817	5	13
3. 通公共交通村个数	个	518	5	13
4. 通电话村个数	个	817	5	13
5. 通宽带村个数	个	817	5	13
6. 通有线电视村个数	个	817	5	13
7. 垃圾集中处理村个数	个	793	5	13
8. 污水集中处理村个数	个	367	5	13

岳麓区	开福区	雨花区	望城区	长沙县	浏阳市	宁乡市
2		1	5	13	28	25
2		1	5	13	27	21
59	31	15	119	146	310	278
50	9	13	98	114	300	215
6.04	2.76	1.17	15.30	18.23	35.86	37.10
18.50	8.20	4.09	49.12	63.79	125.72	116.20
11.39	4.45	3.40	30.71	38.74	79.16	88.60
10.61	2.69	3.05	28.36	34.75	71.93	71.80
5.56	1.58	1.62	15.30	19.96	39.78	40.98
5.05	1.11	1.43	13.06	14.79	32.15	30.82
4.51	0.81	2.02	10.38	15.48	26.03	24.50
1.09	0.44	0.13	3.62	7.53	25.38	16.80
1.67	0.51	0.20	5.86	3.75	5.26	10.50
0.58	0.18	0.16	1.02	1.43	3.00	4.52
0.37	0.16	0.08	0.39	0.79	1.42	1.93
0.69	0.18	0.18	1.62	2.32	5.24	6.40
0.71	0.18	0.15	1.13	2.01	3.12	2.80
0.99	0.23	0.13	4.34	1.44	2.48	4.35
30	9	13	88	102	275	168
50	9	13	98	114	300	215
47	9	13	92	109	117	113
50	9	13	98	114	300	215
50	9	13	98	114	300	215
50	9	13	98	114	300	215
50	9	13	95	114	279	215
38	9	4	47	81	97	73

9－5 续表

指　　标	单　位	全　市	芙蓉区	天心区
四、农业主要能源及物资消耗				
（一）农村用电量情况				
农村用电量（不包括县办工业和城镇生活用电）	万千瓦小时	189660	1062	8285
（二）农用化肥施用量				
1. 按实物量计算	吨	524124		2605
（1）氮　肥	吨	180772		1066
（2）磷　肥	吨	108486		541
（3）钾　肥	吨	62488		356
（4）复合肥	吨	172379		641
2. 按折纯量计算	吨	169476		813
（1）氮　肥	吨	46820		276
（2）磷　肥	吨	15188		76
（3）钾　肥	吨	30932		176
（4）复合肥	吨	76536		285
（三）农用塑料薄膜使用量	吨	6920		38
# 地膜使用量	吨	5309		8
地膜覆盖面积	公顷	63791		88
（四）农用柴油使用量	吨	61442		168
（五）农药使用量（实物量）	吨	7048		27
五、耕地面积				
1. 水田				
2. 水浇地				
3. 旱地				

岳麓区	开福区	雨花区	望城区	长沙县	浏阳市	宁乡市
9485	12906	6496	10031	64437	49501	27457
15407	4428	1398	65616	91158	143857	199655
7038	2007	547	35781	31558	32745	70030
3879	751	271	14992	19900	26283	41868
1428	537	187	7033	8750	16677	27520
3062	1133	393	7810	30950	68152	60237
4432	1394	447	18315	29033	50675	64367
1823	520	142	9267	8174	8481	18138
543	105	38	2099	2786	3680	5862
707	266	93	3481	4331	8255	13622
1360	503	174	3468	13742	30259	26745
425	55	65	1049	712	2080	2496
247	55	65	975	531	1529	1899
2703	753	719	10708	9673	17607	21539
345	394	21	2207	9550	36035	12722
197	57	13	912	1363	1772	2708

9－6 主要农产品生产情况(2020年)

指标	单位	全市	芙蓉区	天心区
农作物总播种面积	**千公顷**	**572.37**		**1.56**
一、粮食作物播种面积	千公顷	312.71		0.26
单产	公斤/亩	451		533
总产量	吨	2117806		2058
(一)谷物播种面积	千公顷	295.83		0.25
单产	公斤/亩	459		540
总产量	吨	2038054		1998
1.稻谷播种面积	千公顷	286.27		0.24
单产	公斤/亩	460		541
总产量	吨	1974654		1986
(1)早稻播种面积	千公顷	96.97		
单产	公斤/亩	393		
总产量	吨	571228		
(2)中稻与一季晚稻播种面积	千公顷	90.02		0.24
单产	公斤/亩	538		541
总产量	吨	726768		1986
(3)晚稻播种面积	千公顷	99.28		
单产	公斤/亩	454		
总产量	吨	676658		

岳麓区	开福区	雨花区	望城区	长沙县	浏阳市	宁乡市
13.46	**2.38**	**0.87**	**88.97**	**123.43**	**169.86**	**171.83**
5.74	1.39	0.24	45.34	75.86	78.70	105.19
490	468	497	458	432	472	445
42234	9736	1751	311198	491519	556675	702634
5.49	1.35	0.23	43.88	67.78	74.31	102.55
500	472	509	462	445	482	449
41129	9563	1717	303988	452305	536924	690431
5.44	1.24	0.23	43.73	63.75	72.50	99.14
501	484	509	462	445	483	448
40837	9017	1717	302847	425631	525668	666951
0.66	0.03		18.03	24.77	18.09	35.40
396	413		406	410	404	368
3917	165		109848	152245	109634	195419
4.11	1.19	0.23	7.65	13.36	35.49	27.75
524	487	509	583	521	535	543
32330	8679	1717	66868	104318	284789	226081
0.67	0.03		18.04	25.63	18.92	36.00
459	426		466	440	462	455
4589	173		126131	169068	131246	245451

9－6 续表 1

指标	单位	全市	芙蓉区	天心区
2. 小麦播种面积	千公顷	0.14		
单　产	公斤/亩	176		
总产量	吨	370		
3. 玉米播种面积	千公顷	8.70		
单　产	公斤/亩	460		422
总产量	吨	59987		12
4. 高粱播种面积	千公顷	0.38		
单　产	公斤/亩	305		
总产量	吨	1739		
5. 其他谷物播种面积	千公顷	0.34		
单　产	公斤/亩	256		
总产量	吨	1304		
(二)豆类播种面积	千公顷	6.20		
单　产	公斤/亩	224		164
总产量	吨	20859		10
1. 大豆播种面积	千公顷	4.10		
单　产	公斤/亩	242		200
总产量	吨	14859		9
2. 绿豆播种面积	千公顷	0.38		
单　产	公斤/亩	167		190
总产量	吨	951		1
3. 红小豆播种面积	千公顷			
单　产	公斤			
总产量	吨			
4. 其他杂豆播种面积	千公顷	1.72		
单　产	公斤	196		
总产量	吨	5048		

岳麓区	开福区	雨花区	望城区	长沙县	浏阳市	宁乡市
						0.14
						176
						370
0.04			0.16	3.87	1.46	3.17
405			489	449	447	478
228			1141	26080	9826	22701
				0.12	0.18	0.08
360				264	335	298
9				470	905	355
0.01	0.11			0.03	0.17	0.02
372	331			245	210	182
55	546			124	525	54
0.08	0.01		0.32	3.15	1.83	0.80
204	223		193	223	219	255
255	36		941	10527	6009	3080
0.03	0.01		0.15	1.82	1.44	0.66
193	231		250	230	240	277
84	20		554	6273	5174	2745
0.02				0.09	0.13	0.14
183				211	147	155
44				288	282	336
0.04	0.01		0.18	1.24	0.26	
222	213		146	213	141	
127	16		387	3966	553	

9－6 续表 2

指　　标	单　位	全　市	芙蓉区	天心区
（三）薯类播种面积	千公顷	10.68		0.01
单　产	公斤/亩	368		481
总产量	吨	58892		50
1. 甘薯播种面积	千公顷	6.67		0.01
单　产	公斤/亩	381		380
总产量	吨	38092		40
2. 马铃薯播种面积	千公顷	4.01		
单　产	公斤/亩	346		
总产量	吨	20801		10
二、油料播种面积	千公顷	59.64		0.01
单　产	公斤/亩	123		111
总产量	吨	110167		15
1. 花生果播种面积	千公顷	4.12		
单　产	公斤/亩	207		
总产量	吨	12768		
2. 油菜籽播种面积	千公顷	54.68		0.01
单　产	公斤/亩	117		111
总产量	吨	95824		15
3. 芝麻播种面积	千公顷	0.62		
单　产	公斤/亩	99		
总产量	吨	924		
三、棉花播种面积	千公顷	0.1		
单　产	公斤/亩	93		
总产量	吨	132		
四、生麻播种面积	千公顷			
单　产	公斤/亩	250		
总产量	吨	3		
# 生苎麻播种面积	千公顷			
单　产	公斤/亩	250		
总产量	吨	3		
五、甘蔗播种面积	千公顷	0.12		
单　产	公斤/亩	1541		
总产量	吨	2818		

	岳麓区	开福区	雨花区	望城区	长沙县	浏阳市	宁乡市
	0.17	0.03	0.01	1.13	4.93	2.57	1.83
	329	357	230	369	388	357	332
	850	137	35	6270	28687	13741	9122
	0.09	0.03		0.47	3.56	1.86	0.65
	325	338		393	386	366	392
	449	130		2797	20632	10200	3845
	0.08		0.01	0.66	1.37	0.71	1.18
	334		230	351	392	333	298
	400	7	35	3473	8055	3542	5278
	1.08	0.02	0.02	5.8	9.16	33.79	9.76
	152	101	83	143	121	121	119
	2460	30	29	12447	16602	61242	17342
	0.07			0.71	0.57	1.24	1.52
	225			206	195	201	215
	244			2191	1677	3741	4915
	0.99	0.02	0.02	4.83	8.33	32.39	8.09
	148	101	83	132	115	118	101
	2204	30	29	9550	14375	57323	12298
	0.01			0.14	0.16	0.17	0.15
	89			146	128	71	59
	12			298	307	178	129
						0.05	0.04
						95	89
						74	59
				250			
				3			
				250			
				3			
						0.08	0.04
	1400					1374	1785
	85					1628	1105

9－6 续表 3

指　　标	单　位	全　市	芙蓉区	天心区
六、烟叶播种面积	千公顷	5.74		
单　产	公斤/亩	138		
总产量	吨	11857		
1.烤烟播种面积	千公顷	5.57		
单　产	公斤/亩	136		
总产量	吨	11404		
2.晒(土)烟播种面积	千公顷	0.16		
单　产	公斤/亩	187		
总产量	吨	453		
七、药材播种面积	千公顷	2.54		
单　产	公斤/亩	556		
总产量	吨	21192		
八、蔬菜播种面积(含菜用瓜)	千公顷	158.59		1.22
单　产	公斤/亩	2325	2500	1882
总产量	吨	5530874	5	34468
九、瓜果类播种面积	千公顷	8.07		0.06
单　产	公斤/亩	1937		2221
总产量	吨	234502		2114
1.西瓜播种面积	千公顷	6.22		0.04
单　产	公斤/亩	2021		2809
总产量	吨	188549		1604
2.甜瓜播种面积	千公顷	1.44		
单　产	公斤/亩	1715		1672
总产量	吨	37110		102
3.草莓播种面积	千公顷	0.3		0.02
单　产	公斤/亩	1085		1286
总产量	吨	4848		405
十、其它农作物播种面积	千公顷	24.87		0.01
# 青饲料播种面积	千公顷	8.23		

岳麓区	开福区	雨花区	望城区	长沙县	浏阳市	宁乡市
				0.01	3.25	2.47
				131	137	139
				16	6671	5170
					3.25	2.32
					137	136
					6671	4733
				0.01		0.15
				131		190
				16		437
			0.09	0.09	1.7	0.67
581			91	544	610	480
25			119	735	15517	4796
5.46	0.93	0.62	33.67	27.9	43.12	45.67
2333	2012	1265	2362	2517	2167	2361
190896	28218	11678	1192760	1053245	1401966	1617638
0.13	0.01		1.1	1.07	4.41	1.29
2681	1060	2000	2211	2188	1907	1513
5152	88	28	36643	35150	126060	29267
0.07			0.93	0.81	3.16	1.22
3216	4000	2250	2299	2355	2005	1533
3174	44	18	32092	28696	94965	27956
0.04			0.12	0.19	1.06	0.03
2633	3571	1667	1804	1906	1630	1960
1493	25	10	3280	5309	25901	990
0.02			0.04	0.04	0.13	0.04
1192	292		1306	1038	1189	505
397	19		708	675	2345	299
1.06	0.03		2.96	9.35	4.75	6.71
0.13	0.03		2.61	1.76	2.86	0.85

9-7 茶叶、水果生产情况(2020年)

指标	单位	全市	芙蓉区	天心区
一、茶叶产量	吨	43690		
绿茶	吨	32738		
青茶	吨	75		
红茶	吨	7173		
其它茶	吨	3704		
二、水果产量	吨	407914		2230
1. 园林水果	吨	173412		116
柑	吨	29795		
桔	吨	62009		28
橙	吨	3005		32
柚	吨	9669		13
桃	吨	17298		8
猕猴桃	吨	1055		
李子	吨	8881		1
梨	吨	10355		
葡萄	吨	17058		18
红枣(干枣折成鲜枣)	吨	452		
鲜柿子(柿饼折成鲜柿)	吨	4349		2
枇杷	吨	848		6
其他园林水果	吨	8638		8
2. 瓜果类水果(西瓜、甜瓜、草莓)	吨	234502		2114
四、食用坚果	吨	7538		6
# 板栗	吨	7536		6
五、年末茶园面积	千公顷	14.61		
# 当年采摘	千公顷	12.88		
六、年末果园面积	千公顷	15.36		
# 柑桔园面积	千公顷	4.82		
桃园面积	千公顷	2.05		
猕猴桃园面积	千公顷	0.23		
梨园面积	千公顷	2.23		
葡萄园面积	千公顷	1.56		

岳麓区	开福区	雨花区	望城区	长沙县	浏阳市	宁乡市
48			795	36510	1792	4545
48			794	26946	1387	3563
					50	25
			1	6623	3	546
				2941	352	411
16795	107	28	46051	78288	205297	59118
11643	19		9408	43138	79237	29851
1593			636	1050	22365	4151
2340	18		5568	10800	25579	17676
59			462	960	1152	340
148			121	4016	5128	243
1097			673	5992	8047	1481
6			84	525	229	211
98			6	3620	2686	2470
246			392	1787	5276	2654
2440	1		1219	10004	2775	601
3			42	300	96	11
3				360	3984	
6			10	324	498	4
3604			195	3400	1422	9
5152	88	28	36643	35150	126060	29267
15			66	4800	2622	29
13			66	4800	2622	29
0.09			0.72	6.95	3.47	3.38
0.05			0.67	6.23	2.92	3.02
0.42			0.93	4.99	5.07	3.96
0.12			0.6	0.61	1.1	2.39
0.04			0.1	0.46	1.21	0.24
			0.01	0.07	0.11	0.04
0.04			0.04	0.44	1.36	0.35
0.12			0.17	0.54	0.48	0.25

9－8 畜牧业生产情况(2020年)

指　　标	单　位	全　市	芙蓉区	天心区
一、当年出栏猪头数	万头	275.34		0.38
1.出栏肉猪	万头	275.34		0.38
2.出口中仔猪	万头			
二、当年出售和自宰的肉用牛	万头	5.97		0.01
三、当年出售和自宰的肉用羊	万只	64.29		0.11
四、当年出售和自宰的肉用驴	匹	76		
五、当年出售和自宰的家禽(鸡鸭鹅)	万羽	4678.92		12.37
六、当年出售和自宰的肉用兔	万只	6.34		
七、当年肉类总产量	吨	285988		201
1.猪肉产量	吨	199800		200
①肉猪肉产量	吨	199800		200
②出口中仔猪肉产量	吨			
2.牛肉产量	吨	7100		
3.羊肉产量	吨	10500		
4.驴肉产量	吨	8		
5.禽肉产量	吨	67600		
6.兔肉产量	吨	70		
7.其他肉产量	吨	910		1
八、当年牛奶产量	吨	4100		
九、当年蜂蜜产量	吨	863		
十、当年禽蛋产量	吨	46415		300
十一、大牲畜存栏总头数	头	111665		100
1.牛存栏	头	111600		100
2.马存栏	匹			
3.驴存栏	头	65		
4.骡存栏	头			
十二、生猪存栏	万头	203.82		0.21
# 能繁母猪	万头	18.86		0.01
十三、山羊存栏	万只	48.92		0.08
十四、兔存栏	万只	6.66		
十五、家禽存笼	万羽	2697.22		10.74

岳麓区	开福区	雨花区	望城区	长沙县	浏阳市	宁乡市
2.24	2.46	0.41	26.74	47.04	99.41	96.66
2.24	2.46	0.41	26.74	47.04	99.41	96.66
0.03	0.01		0.39	0.67	1.69	3.17
0.91	0.02		1.56	3.15	48.82	9.72
					76	
67.49	14.59	8.02	493.15	503.06	1342.46	2237.78
					4.21	2.13
2600	1800	400	25201	42000	102658	111128
1500	1700	300	17700	33800	73600	71000
1500	1700	300	17700	33800	73600	71000
			400	700	2100	3900
300			200	600	7400	2000
					8	
800	100	100	6800	6900	18900	34000
					46	24
			101		604	204
			900	700		2500
		5	3	54	751	50
1300	200	200	13199	9122	11994	10100
600	100		6900	9900	38165	55900
600	100		6900	9900	38100	55900
					65	
1.33	1.50	0.22	23.25	40.14	69.81	67.36
0.11	0.11	0.01	1.81	3.65	6.29	6.87
0.82	0.01		1.24	2.36	37.16	7.25
					4.00	2.66
61.26	12.29	6.71	301.28	268.49	783.96	1252.49

9－9 渔业生产情况(2020年)

指标	单位	全市	芙蓉区	天心区
一、水产品总产量	吨	113631	60	1515
(一)淡水产品捕捞产量	吨	980		
1. 鱼类(含鳝鱼、泥鳅)	吨	924		
2. 虾蟹类	吨	52		
3. 贝类	吨			
4. 其他类	吨	4		
(二)淡水产品养殖产量	吨	112651	60	1515
1. 鱼类(含鳝鱼、泥鳅)	吨	96060	60	1503
2. 虾蟹类	吨	13106		
3. 贝类	吨	1580		
4. 其他类	吨	1905		12
二、淡水养殖面积合计	公顷	21547	22	170
(一)池塘养殖	公顷	14437	22	159
# 精养池塘	公顷	8797	22	154
(二)湖泊养殖	公顷	1582		
(三)河沟养殖	公顷	177		6
(四)水库养殖	公顷	4846		5
(五)其他养殖	公顷	505		
附:1. 稻田养殖面积	公顷	8514		
2. 养殖水面中鱼种池面积	公顷	450		

岳麓区	开福区	雨花区	望城区	长沙县	浏阳市	宁乡市
6722	1860	2224	35282	13893	21790	30285
		2	242	22	30	684
		2	190	22	30	680
			52			
						4
6722	1860	2222	35040	13871	21760	29601
6560	1650	2217	22917	13312	21390	26451
162	205		11248	551	40	900
					180	1400
	5	5	875	8	150	850
764	201	280	5885	2975	3850	7400
665	115	235	4328	2091	1500	5322
665	110	224	3872	500	700	2550
32			1020			530
			151	20		
60	26	45	376	864	2250	1220
7	60		10		100	328
170	100		4867	486	224	2667
	60		10		100	280

9－10 农林牧渔业总产值(2020年)

指　　标	全　市	芙蓉区	天心区	岳麓区
	按现行价格计算			
农林牧渔业总产值	**7221925**	**129**	**25240**	**169010**
一、农业产值	4251662	2	18170	126636
1. 谷物及其他作物	895542		715	16463
# 粮食	763280		703	14393
(1)谷物	721443		677	13844
# 小麦	83			
稻谷	652976		671	13703
玉米	29694		6	113
(2)折粮薯类	20324		14	259
(3)油料	93226		12	2038
# 花生	12155			232
油菜籽	77809		12	1790
(4)豆类	21513		11	290
# 大豆	14681		8	83
(5)棉花	177			
(6)生麻	2			
(7)糖料	1065			32
(8)烟草	36893			
(9)其他农作物	900			
# 饲料作物	300			
2. 蔬菜园艺作物	2826322	2	16521	101820
(1)蔬菜	2194641	2	13965	79565
(2)食用菌(干鲜混合)	49322		230	1
(3)花卉	26091		241	3966
(4) 盆景园艺	556269		2085	18289
3. 水果、坚果、饮料和香料作物	476440		933	8289
# 水果(含果用瓜)	139187		927	7857
# 梨	3956			94
柑桔	28183		21	1077
# 茶及其他饮料	329214			419
4. 中药材	53357			63

单位:万元

开福区	雨花区	望城区	长沙县	浏阳市	宁乡市
按现行价格计算					
24560	**84862**	**990978**	**1458811**	**2223792**	**2244543**
13424	76306	636819	982604	1165303	1232398
3335	616	120875	195945	270670	286924
3311	592	109966	181524	199254	253536
3237	580	106187	161450	188619	246848
					83
3043	580	99502	139785	174929	220763
		565	12909	4864	11237
37	12	2837	9317	4463	3386
24	24	10734	14224	51117	15053
		2086	1597	3561	4679
24	24	7755	11673	46546	9986
36		943	10757	6173	3302
20		547	6198	5112	2712
				112	65
		2			
				615	418
			52	19346	17495
		173	145	225	357
		78	60	57	105
10046	75683	491793	488567	771666	870224
10046	4235	472463	397284	551167	665914
	4	603	32625	7497	8362
	11	352	8460	8425	4637
	71433	18375	50199	204577	191311
44	8	23768	294991	86192	62215
44	8	14309	33128	64752	18162
		150	683	2015	1014
5		1853	4605	14626	5996
		9390	256823	18687	43895
		383	3100	36775	13036

9－10 续表

指　　标	全　　市	芙蓉区	天心区	岳麓区
	按现行价格计算			
二、林业产值	393552			4946
（一）林木的培育和种植	88113			328
1. 育种育苗	14491			
2. 造林	24842			
3. 抚育和管理	22904			28
4. 零星植树	25877			300
（二）竹木采运	43565			930
（三）林产品	261875			3688
三、牧业产值	1953530		3388	19021
（一）牲畜饲养	115253		191	1243
1. 牛的饲养	37731		63	190
2. 羊的饲养	74448		127	1054
3. 牛奶	3075			
（二）猪的饲养	1546861		2135	12584
# 肉猪	1546861		2135	12584
（三）家禽饲养	282371		1060	5193
1. 肉禽	202130		534	2916
2. 禽蛋	80241		526	2278
（四）其他畜牧业	9045		2	
# #兔	293			
四、渔业产值	225399	91	2508	11300
1. 鱼类	174086	91	2476	10746
2. 虾蟹类	45027			554
3. 贝类	1170			
4. 其他	5116		32	
五、农林牧渔服务业	397782	36	1175	7108

单位:万元

开福区	雨花区	望城区	长沙县	浏阳市	宁乡市
按现行价格计算					
		14921	46058	251236	76392
		5315	25142	33574	23754
		205	11007	2247	1032
		980	5778	9862	8222
		720	1635	13241	7280
		3410	6722	8225	7220
		3255	3036	16228	20117
		6351	17880	201434	32521
8388	2578	199924	330788	639119	750325
86		4945	8407	62577	37804
63		2465	4234	10047	20668
23		1805	3648	52530	15260
		675	525		1875
7423	1910	152642	286568	503639	579960
7423	1910	152642	286568	503639	579960
879	657	41439	35160	67006	130978
528	306	18838	19217	47677	112113
350	350	22601	15943	19328	18865
	12	898	654	5896	1583
		6		227	60
1968	2340	75316	27758	44190	59928
1458	2326	36075	25300	42392	53223
497		37422	2437	137	3980
				133	1037
13	13	1820	21	1527	1689
780	3638	63998	71603	123944	125500

10 工　　业

10－1 历年工业总产值

单位：万元

年份	合计	#大中型企业	#国有工业	#集体工业	#乡办工业	轻工业	重工业
1949	5791		433			4896	895
1950	9002		1630	39		7921	1081
1951	14892		4057	129		12945	1947
1952	20409		10400	201		17076	3333
1953	28847		14602	378		24199	4648
1954	30875		17846	714		24523	6352
1955	35450		19311	2234		28742	6708
1956	45732		36351	7660		35686	10046
1957	49355		39277	9360		39189	10166
按1957年不变价格计算							
1957	46096		36541	8845		36868	9228
1958	80433		58213	22109	4659	59711	20722
1959	105816		75554	30262	4455	68870	36946
1960	120489		86411	34078	3508	68554	51935
1961	63898		46444	17333	1051	46572	17326
1962	53339		38507	14580	467	40256	13083
1963	54016		40829	12992	178	38672	15344
1964	64857		49533	15219	290	45358	19499
1965	79691		58891	20797	1277	51868	27823
1966	96285		68584	27701	3073	62743	33542
1967	87318		59683	27635	3151	57524	29794
1968	78585		51981	26604	3382	54247	24338
1969	97375		68078	29297	2194	60575	36800
1970	140654		104311	36343	2948	78545	62109
1971	150535		111997	38538	3577	81623	68912
按1970年不变价格计算							
1971	132575		96260	36315	3577	72794	59781
1972	154173	48387	113309	40864	3627	86545	67628
1973	163927	50018	118714	45213	4691	93632	70295
1974	128974	34209	89526	39448	5633	82062	46912
1975	163374	51074	113325	50049	7181	94128	69246
1976	147984	37453	97010	50974	9479	88653	59331
1977	190006	50228	125967	64039	11791	106133	83873
1978	238489	55004	153188	85301	14509	132376	106113
1979	274260	63033	178564	95696	17671	155407	118853
1980	302624	69477	192773	108551	19593	180677	121947
1981	312240	67577	193803	117076	20046	199146	113094

10－1 续表

单位:万元

年　　份	合　　计	# 大中型企业	# 国有工业	#集体工业	# 乡办工业	轻工业	重工业
按 1980 年不变价格计算							
1981	305989	65529	190040	114625	20357	197536	108453
1982	318933	68386	192110	124599	22348	204500	114433
1983	339270	80644	203733	135294	24694	213291	125979
1984	387985	108532	228587	158835	30208	239867	148118
1985	463521	139538	255540	207209	42044	279040	184481
1986	524318	179662	294463	218422	46225	301104	223214
1987	635046	227241	348228	271609	65890	364015	271031
1988	763387	275958	406300	329184	90309	418990	344397
1989	837404	307890	418981	369449	68336	465656	371748
1990	864295	332217	428900	388730	79207	481316	382979
按 1990 年不变价格计算							
1990	1201241	519530	685839	461738	124188	680329	520912
1991	1389702	572449	751752	561615	167332	780430	609272
1992	1655135	646830	877163	716342	219372	856131	799004
1993	1923267	828288	907141	900189	345084	988828	934439
1994	2261762	917685	950930	664639	352342	1215599	1046163
1995(原规定)	2625906	888684	1072289	635231	388926	1458138	1167768
1995(新规定)	2465662	884923	1047582	887074	410523	1347777	1117885
1996	2874962	916152	1112524	1103270	492329	1465786	1409176
1997	3366581	1029812	1169371	1147896	518527	1655539	1711042
1998	3871568	1157742	1244845	1082559	490985	1812982	2058586
1999	4316798	1322056	1338019	990848		1990907	2325891
2000	4836651	1486342	1530512	914127		2235016	2601635
2001	5349642	1975827	1208526	1011082		2404381	2945261
2002	6079083	2522050	1318284			2412608	3666475
2003	7147780	2435058	1703105			2516350	4631430
按当年价格计算							
2003	8034980	4075032	2273348			3438771	4596209
2004	10060596	4848325	2679230			4488562	5572034
2005	13006235	6193647	3151357			5802766	7203469
2006	16509547	7667315	3998824			5978281	10531266
2007	21546411	9933579	5289693			7461083	14085328
2008	35074824	17520328	10109994			14391159	20683665
2009	41618121	20436243	11793145			16262144	25355977
2010	54877395	28190353	15158744			21443162	33434233
2011	71273582	38750233	19293574			27958192	43315390
2012	82630847	42333662	21852534			32276868	50353979
2013	89380523	49570685	22108786			31876211	57504312
2014	104445106	59472793	22111685			32681853	62765763
2015	111746223	67380196	22134390			37262597	74483626
2016	122077301	74148116	21927534			41378142	80699159
2017	124115779	76349482	26580545				

10－2 历 年 工 业 总 产 值 指 数

（以1949年为100）

年 份	工业总产值	# 国有工业	轻工业	重工业
1949	100	100	100	100
1950	155.4	376.4	161.8	120.8
1951	257.2	937.0	264.4	217.5
1952	352.4	2401.8	348.8	372.4
1953	498.1	3372.3	496.3	519.3
1954	533.2	4121.5	500.9	709.7
1955	612.2	4459.8	587.1	749.5
1956	789.1	8395.2	728.9	1122.5
1957	852.3	9070.9	800.4	1135.9
1958	1487.1	14451.0	1296.4	2550.5
1959	1956.4	18755.9	1495.3	4547.5
1960	2227.7	21451.0	1488.4	6392.4
1961	1181.4	11529.6	1011.2	2132.5
1962	986.2	9559.1	874.0	1610.3
1963	998.7	10135.6	839.6	1888.6
1964	1199.1	12296.3	984.8	2400.0
1965	1473.4	14619.4	1126.1	3424.6
1966	1780.2	17025.6	1362.3	4128.5
1967	1614.4	14815.9	1248.9	3667.2
1968	1453.0	12903.9	1177.8	2995.6
1969	1800.4	16900.0	1315.2	4529.5
1970	2600.6	25894.7	1705.3	7544.6
1971	2783.3	27802.8	1772.2	8481.9
1972	3236.5	32726.1	2106.9	9595.6
1973	3441.3	34287.3	2279.4	9974.1
1974	2707.5	25857.0	1997.8	6656.3
1975	3429.7	32730.7	2291.5	9825.1
1976	3106.6	28018.7	2158.2	8418.3
1977	3988.8	36382.0	2583.7	11900.6
1978	5006.7	44180.5	3280.2	15302.0
1979	5757.7	51499.1	3860.0	17181.1
1980	6353.2	55597.1	4477.1	17585.4
1981	6555.0	55894.1	4934.7	16308.7
1982	6832.3	56502.9	5108.7	17208.0
1983	7268.0	59921.5	5328.3	18944.2
1984	8311.6	67231.5	5992.2	22273.4
1985	9929.8	75158.8	6970.8	27741.5

10－2 续表1

（以1949年为100）

年份	工业总产值	#国有工业	轻工业	重工业
1986	11232.2	86606.8	7522.0	33566.0
1987	13604.2	102420.0	9093.6	40756.5
1988	16353.6	119500.0	10466.6	51789.0
1989	17939.4	123387.3	11764.7	56626.4
1990	18514.8	126305.5	12159.6	58332.8
1991	21419.6	138444.2	13948.7	68227.5
1992	25510.7	161540.1	15301.7	89446.2
1993	29643.5	167061.0	17673.5	104562.7
1994	34860.7	175125.0	21720.7	117057.9
1995	40473.3	181107.4	26043.1	130636.7
1996	47191.9	192334.7	28334.9	164732.8
1997	55261.7	202162.5	31990.1	199985.6
1998	63550.9	215210.6	35029.2	240582.7
1999	70859.3	237359.0	38462.1	271858.5
2000	79362.4	271506.4	43191.8	303937.8
2001	87774.8	214490.1	46474.4	344057.6
2002	99712.2	234008.7	46613.8	428351.1
2003	120950.9	302339.2	48618.2	541007.4
2004	151430.5	367946.9	63461.3	655863.3
2005	192771.0	484954.0	80215.1	847375.4
2006	251951.7	614921.7	101632.5	1129551.4
2007	328819.1	813425.8	126840.5	1510749.0
2008	433712.4	1002954.0	160326.4	2870788.7
2009	514643.1	1169945.8	181168.8	3519299.9
2010	618774.0	1515874.4	214431.6	4343423.3
2011	803787.4	1929708.1	279618.8	5629076.6
2012	931589.6	2186359.3	322680.1	6540987.0
2013	1007686.2	2202992.9	318674.6	7469816.0
2014	1177526.0	2203281.8	326728.8	8153279.0
2015	1259839.6	2201714.9	372523.7	9675430.6
2016	1376313.3	2181138.9	413667.9	10482829.0
2017	1399295.3	2643975.4		

10－2 续表 2

（以上年为 100）

年 份	工业总产值	# 国有工业	轻工业	重工业
1950	155.4	376.4	161.8	120.8
1951	165.4	248.9	163.4	180.1
1952	137.0	256.3	131.9	171.2
1953	141.3	140.4	141.7	139.5
1954	107.0	122.2	101.3	136.7
1955	114.8	108.2	117.2	105.6
1956	129.0	188.2	124.2	149.8
1957	107.9	108.0	109.8	101.2
1958	174.5	159.3	162.0	224.5
1959	131.6	129.8	115.3	178.3
1960	113.9	114.4	99.5	140.6
1961	53.0	53.7	67.9	33.4
1962	83.5	82.9	86.4	75.5
1963	101.3	106.0	96.1	117.3
1964	120.1	121.3	117.3	127.1
1965	122.9	118.9	114.4	142.7
1966	120.8	116.5	121.0	120.6
1967	90.7	87.0	91.7	88.8
1968	90.0	87.1	94.3	81.7
1969	123.9	131.0	111.7	151.2
1970	144.4	153.2	129.7	168.8
1971	107.0	107.4	103.9	110.0
1972	116.3	117.7	118.9	113.1
1973	106.3	104.8	108.2	103.9
1974	78.7	75.4	87.6	66.7
1975	126.7	126.6	114.7	147.6
1976	90.6	85.6	94.2	85.7
1977	128.4	129.8	119.7	141.4
1978	125.5	121.6	124.7	126.5
1979	115.0	116.6	117.4	112.0
1980	110.3	108.0	110.2	102.6
1981	103.2	100.5	110.2	92.1
1982	104.2	101.1	103.5	105.5
1983	106.4	106.1	104.3	110.1
1984	114.4	112.2	112.5	117.6
1985	119.5	111.8	116.3	124.6
1986	113.1	115.2	107.9	121.0
1987	121.1	118.3	120.9	121.4
1988	120.2	116.7	115.1	127.1
1989	109.7	103.1	111.1	107.9
1990	103.2	102.4	103.4	103.0

10－2 续表 3　　(以上年为 100)

年　份	工业总产值	# 国有工业	轻工业	重工业
1991	115.7	109.6	114.7	117.0
1992	119.1	116.7	109.7	131.1
1993	116.2	103.4	115.5	116.9
1994	117.6	104.8	122.9	112.0
1995	116.1	112.8	119.9	111.6
1996	116.6	106.2	108.8	126.1
1997	117.1	105.1	112.9	121.4
1998	115.0	111.0	109.5	120.3
1999	111.5	110.3	109.8	113.0
2000	112.0	112.8	112.3	111.8
2001	110.6	79.0	107.6	113.2
2002	113.6	109.1	100.3	124.5
2003	121.3	129.2	104.3	126.3
2004	125.2	121.7	130.5	121.2
2005	127.3	131.8	126.4	129.2
2006	130.7	126.8	126.7	133.3
2007	130.5	132.3	124.8	133.7
2008	131.9	123.3	126.4	137.4
2009	118.7	116.7	113.0	122.6
2010	131.9	128.5	131.9	131.9
2011	129.9	127.3	130.4	129.6
2012	115.9	113.3	115.4	116.2
2013	108.2	100.8	98.8	114.2
2014	116.9	100.0	102.5	109.1
2015	107.0	99.9	114.0	118.7
2016	109.2	99.1	111.0	108.3
2017	101.7	121.2		

10－3 规模以上工业主要产品产量

产　　品	单　位	2020 年	2019 年	2020 年为 2019 年的%
饲料	万吨	192.99	207.24	93.1
精制食用植物油	万吨	19.03	12.95	146.9
酱油	万吨	23.20	25.96	89.4
大米	万吨	22.59	20.91	108.1
乳制品	万吨	17.44	25.67	68.0
软饮料	万吨	338.43	305.49	110.8
精制茶	万吨	3.43	3.34	102.7
服装	万件	2632.67	2304.00	114.3
涂料	万吨	39.12	30.99	126.2
化学药品原药	万吨	2.93	4.01	73.0
化学试剂	万吨	16.84	16.91	99.6
焰火制品	亿元	377.88	379.82	99.5
家具	万件	135.37	120.32	112.5
水泥	万吨	677.43	694.17	97.6
商品混凝土	万立方米	2369.88	1669.74	141.9
铝材	万吨	34.30	12.22	280.7
起重机	万吨	141.51	78.06	181.3
挖掘、铲土运输机械	万台	11.42	7.60	150.2
压实机械	台	5763.00	4172.00	138.1
混凝土机械	万台	6.61	4.09	161.5
环境污染防治专用设备	万台	5.78	2.77	208.7
汽车	万辆	36.00	43.70	82.4
印制电路板	万平方米	91.73	90.15	101.8
电力电缆	亿米	5.65	6.16	91.7
自来水生产量	亿立方米	12.49	10.47	119.3
发电量	万千瓦小时	771187	838000	92.0

10－4 1998－2017年规模以上工业企业主要经济指标

指　　标	1998年	1999年	2000年	2001年	2002年	2003年	2004年	2005年	2006年
企业单位数(个)	602	672	657	744	895	1096	1464	1691	1920
# 亏损企业	273	241	223	230	258	226	263	217	165
工业总产值(当年价格)	2656096	3098178	3301641	3700281	4441769	5643301	7699353	9733713	12717585
工业销售产值(当年价格)	2560872	3007318	3229826	3636080	4391451	5578889	7594852	9551244	12673496
工业增加值(当年价格)	990023	1071758	1178774	1325474	1603271	2031020	2718925	3523338	4411148
流动资产合计	1889708	2097902	2456692	2742156	3077790	3772809	4574168	5102554	6357110
存货	713805	726300	849283	917658	1073247	1291700	1607995	1838326	2267629
# 产成品	238900	259808	313282	314616	387805	443290	478979	507981	718122
固定资产合计	1905649	2113116	2364939	2416425	2673026	2775924	3283857	3955661	4259095
固定资产原价合计	2337912	2590306	2909204	3153749	3496219	3817462	4300092	5051470	5542976
固定资产净值平均余额	1582335	1756358	1888985	2076331	2298696	2411178	2748064	3167717	3820512
资产总计	4277157	4722014	5406433	5891896	6629858	7582870	9251983	10675036	12728342
流动负债合计	1954242	2101611	2306733	2551023	2729096	3220482	3871544	4505124	4881277
负债合计	2666746	2859586	3148273	3328496	3637202	4148846	5014353	5802134	6722111
主营业务收入	2531715	2916883	3212467	3538980	4296915	5679012	7490187	9351579	12350206
主营业务成本	1714194	1963016	2171292	2399290	2944484	3842496	5428851	6753573	8770195
主营业务税金及附加	322040	348163	370445	356460	356106	402640	580931	648061	714015
营业利润	363206	455412	506053	579018	759425	1115558	558645	688131	1172544
利润总额	99866	176898	211786	240180	332138	470195	569891	640280	950519
亏损企业亏损额	94747	79032	55843	60056	66425	60483	80676	62222	48274
应交增值税	173616	192623	207553	237311	248126	285078	347826	482333	572429

注:1. 从1998年起工业企业主要经济指标为规模以上工业企业(即年主营业务收入500万元以上独立核算工业企业)主要经济指标。
2. 2008年数据按第二次经济普查数据修正。
3. 从2011年起,规模以上工业企业统计标准由年主营业务收入500万元以上变更为2000万元及以上。

单位:万元

2007年	2008年	2009年	2010年	2011年	2012年	2013年	2014年	2015年	2016年	2017年
2047	2575	2527	2617	2219	2282	2407	2593	2708	2793	2886
133	139	172	83	107	133	133	162	215	162	221
17326728	28153645	33728555	45716906	59756609	70583246	82891332	95447615	105459223	115582830	117562858
17105805	27807656	33256951	45390816	59014457	69289554	81506860	91924403	101995173	116536722	111368232
5845815	11296207	12360165	15722264	21092400	23098396	26532834	30420534	32282141	32530272	35332603
7761100	12471386	14094846	21065939	24386980	31078962	34637238	41059381	44827621	48302600	53668587
2564681	4130906	4820399	5985926	6907187	8391415	9349379	11166999	12561060	13521522	14516957
1010958	1154176	1377478	1833303	1894490	2589496	2360520	3473773	3851748	4090793	4372825
5181152	9879593	12853030	13662049	14022082	16886035		23249698	24152862	25806732	25404048
6435469	12819906	14421067	15780005	18563250	21314194		31458658	34316223	38403910	42442237
4112795	7985703	10379476	11360425	13364154						
15679718	27347526	30867064	40568029	47623577	58250722	62596081	74286273	80761003	89110901	99104880
5891835	8910948	9765456	13402078	17902397	21572983		25564713	28907233	31729208	36023466
8464062	14926586	16705263	21315603	25903355	32693115	33628362	40306440	42917138	48558797	50384464
17518483	27181162	32754428	45087877	58597585	68645424	77588408	90240638	99478355	108795018	111472203
12115525	19484114	23391354	33142414	42733271	51359043	59274178	69004779	76844816	85833548	87343048
899198	2452071	2617761	3388886	4043661	4748995	5385138	5950556	6377474	6304222	6422320
1756969	3356097	4234120	5160913	5882254	5977448	5615275	6321657	6432841	5896892	7193825
1704861	2924227	3341951	4962418	5632994	6084527	5896607	6549215	6754329	6355174	7515701
161573	124990	101164	28593	157392	197853	190173	258971	476813	527415	147362
792824	1657657	1504850	2296193	2558087	2697660	3029488	3719432	3944615	3685395	3693179

10－5 规模以上工业企业主要经济指标(2020年)

指　　标	企业单位数(个)	#亏损企业(个)	流动资产合计	#应收账款
总　　计	**2902**	**354**	**70779630**	**20715765**
按登记注册类型分组				
内资企业	2768	323	60827834	18167723
国有企业	12	4	7266191	256888
集体企业	11	1	21427	12334
联营企业	1		5146	2629
国有联营企业	1		5146	2629
有限责任公司	318	67	6983654	2574617
国有独资公司	22	6	720851	271770
其他有限责任公司	296	61	6262803	2302847
股份有限公司	59	14	14634232	6156923
私营企业	2366	237	31909688	9162264
私营独资企业	128		225280	105096
私营合伙企业	83		120567	43629
私营有限责任公司	2012	215	26509501	7784402
私营股份有限公司	143	22	5054340	1229137
其他企业	1		7496	2070
港、澳、台商投资企业	59	12	5911038	1690697
合资经营企业(港或澳、台资)	28	7	2352136	647790
合作经营企业(港或澳、台资)	1		4507	135
港、澳、台商独资经营企业	24	5	790634	259305
港、澳、台商投资股份有限公司	5		2759763	782841
其他港、澳、台商投资企业	1		3998	626
外商投资企业	75	19	4040759	857345
中外合资经营企业	32	11	2309149	242969
中外合作经营企业	2		4912	2712
外资企业	39	8	1347881	599779
外商投资股份有限公司	1		4795	1962
其他外商投资企业	1		374022	9924

单位:万元

存货	#产成品	资产总计	固定资产原价	累计折旧	固定资产净额	负债合计	流动负债合计	应付账款	所有者权益合计
14366885	**5138549**	**123573673**	**44146593**	**19082318**	**23914070**	**67258909**	**50655457**	**17811125**	**55795286**
13043365	4475271	104436322	36179944	15034353	20188675	58413787	44401774	15216250	45489877
3638693	84872	17483254	14141296	6783022	7357044	7978568	4401088	999725	9502657
3512	2029	38655	25943	5088	12853	21411	13419	5715	15501
1027	714	8688	3387	828	2540	7542	7542	1471	1146
1027	714	8688	3387	828	2540	7542	7542	1471	1146
1210476	513642	14006597	7173294	2856020	4224029	8860338	6953899	2113666	5052704
92235	53703	1388781	694551	212897	459771	1127122	942306	331063	261659
1118241	459939	12617816	6478742	2643123	3764258	7733216	6011593	1782603	4791045
1448221	614104	21678155	2109871	730999	1329731	12371702	10306383	4679769	9255812
6740430	3259644	51212551	12725292	4658082	7261930	29172815	22718034	7415321	21655045
65250	49009	426070	196719	53384	112436	209410	168377	74399	194169
33475	22937	289620	138881	31647	63336	139533	86403	25410	134698
5747001	2767670	41868598	10691096	4068720	5943932	25191977	19271647	6364647	16547939
894705	420028	8628263	1698596	504332	1142228	3631896	3191607	950866	4778240
1005	266	8422	862	315	547	1409	1409	584	7013
613133	330252	11624384	3739572	1649064	2070100	4242885	3152103	1578504	7396242
257714	116806	4288287	2272151	817427	1438077	2063629	1552478	796064	2224659
503	60	9490	4491	993	3238	6128	6128	2417	3362
96835	46868	1084981	386107	181025	202010	480482	420334	194596	619243
258007	166518	6219114	1076612	649482	426702	1682683	1168043	581523	4536432
75		22511	210	137	73	9964	5120	3904	12547
710388	333026	7512967	4227077	2398901	1655295	4602238	3101581	1016372	2909168
401629	173268	4847371	2948384	1770184	1029625	3364848	1951228	467933	1482523
1098	588	15128	2065	550	359	7187	5145	1749	7941
250795	102829	2193775	1251872	615765	612956	1041484	956489	510875	1150730
1332	806	9194	9826	5522	4304	1887	1887	1479	7307
55535	55535	447500	14931	6880	8051	186832	186832	34336	260668

10－5 续表 1

指　　标	企业单位数（个）	#亏损企业（个）	流动资产合计	#应收账款
按经济组织类型分组				
独资企业	214	18	9651412	1233402
国有企业	12	4	7266191	256888
集体企业	11	1	21427	12334
私营独资企业	128		225280	105096
港澳台商独资经营企业	24	5	790634	259305
外资企业	39	8	1347881	599779
合作合伙企业	90		520649	61723
国有联营企业	1		5146	2629
私营合伙企业	83		120567	43629
合作经营企业(港或澳、台资)	2		8505	761
中外合作经营企业	3		378934	12635
其他企业(内资)	1		7496	2070
股份有限公司	208	36	22453130	8170864
股份有限公司(内资)	59	14	14634232	6156923
私营股份有限公司	143	22	5054340	1229137
港澳台商投资股份有限公司	5		2759763	782841
外商投资股份有限公司	1		4795	1962
有限责任公司	2390	300	38154441	11249777
国有独资公司	22	6	720851	271770
私营有限责任公司	2012	215	26509501	7784402
合资经营企业(港或澳、台资)	28	7	2352136	647790
中外合资经营企业	32	11	2309149	242969
其他有限责任公司	296	61	6262803	2302847
在总计中:国有控股企业	136	37	13881819	2502084
在总计中:大型企业	39	2	44870072	12588832
中型企业	236	25	10964869	3168830
小型企业	2333	275	13115117	4485969
微型企业	294	52	1829573	472134
在总计中:亏损企业	354	354	4012507	960780

单位:万元

存货	#产成品	资产总计	固定资产原价	累计折旧	固定资产净额	负债合计	流动负债合计	应付账款	所有者权益合计
4055084	285607	21226735	16001937	7638284	8297299	9731355	5959708	1785310	11482299
3638693	84872	17483254	14141296	6783022	7357044	7978568	4401088	999725	9502657
3512	2029	38655	25943	5088	12853	21411	13419	5715	15501
65250	49009	426070	196719	53384	112436	209410	168377	74399	194169
96835	46868	1084981	386107	181025	202010	480482	420334	194596	619243
250795	102829	2193775	1251872	615765	612956	1041484	956489	510875	1150730
92718	80100	801358	164826	41350	78144	358595	298578	69870	427374
1027	714	8688	3387	828	2540	7542	7542	1471	1146
33475	22937	289620	138881	31647	63336	139533	86403	25410	134698
578	60	32001	4701	1130	3311	16092	11248	6321	15909
56633	56123	462627	16995	7430	8410	194019	191976	36085	268609
1005	266	8422	862	315	547	1409	1409	584	7013
2602264	1201456	36534726	4894904	1890334	2902965	17688167	14667920	6213636	18577789
1448221	614104	21678155	2109871	730999	1329731	12371702	10306383	4679769	9255812
894705	420028	8628263	1698596	504332	1142228	3631896	3191607	950866	4778240
258007	166518	6219114	1076612	649482	426702	1682683	1168043	581523	4536432
1332	806	9194	9826	5522	4304	1887	1887	1479	7307
7616819	3571386	65010854	23084925	9512350	12635662	39480792	29729252	9742310	25307824
92235	53703	1388781	694551	212897	459771	1127122	942306	331063	261659
5747001	2767670	41868598	10691096	4068720	5943932	25191977	19271647	6364647	16547939
257714	116806	4288287	2272151	817427	1438077	2063629	1552478	796064	2224659
401629	173268	4847371	2948384	1770184	1029625	3364848	1951228	467933	1482523
1118241	459939	12617816	6478742	2643123	3764258	7733216	6011593	1782603	4791045
4783734	446011	30993328	20513758	9469928	10866342	16495464	10518424	2904577	14425526
9791416	3050184	74698683	21520173	9435507	12042992	41326740	31282274	11130910	33371943
2009343	947032	18576695	6073593	2400233	3596705	8852073	7472582	2390363	9724621
2390165	1081659	24212662	9932119	3733024	5736324	12862145	10034109	3628392	11365246
175962	59674	6085633	6620708	3513554	2538048	4217951	1866492	661460	1333477
908046	399879	10794593	8839879	4202322	4468051	7376182	5660475	1593376	3326625

10－5 续表2

指　　标	企业单位数（个）	#亏损企业（个）	流动资产合计	#应收账款
按行业大类分组				
采矿业	25	3	103222	12526
黑色金属矿采选业	2	1	5376	436
有色金属矿采选业	4	1	12988	4461
非金属矿采选业	19	1	84858	7629
制造业	2813	345	68924341	20322035
农副食品加工业	177	26	897839	181515
食品制造业	104	22	999392	112374
酒、饮料和精制茶制造业	46	5	370022	108051
烟草制品业	2		6669341	53274
纺织业	26	9	962232	249552
纺织服装、服饰业	14	6	81350	23619
皮革、毛皮、羽毛及其制品和制鞋业	4	1	10170	3391
木材加工和木、竹、藤、棕、草制品业	42	1	54177	15503
家具制造业	37		147919	23447
造纸和纸制品业	80	5	285622	84288
印刷和记录媒介复制业	74	6	269332	84115
文教、工美、体育和娱乐用品制造业	14	1	85981	44086
石油、煤炭及其他燃料加工业	12	1	27566	6676
化学原料和化学制品制造业	467	15	1683234	484526
医药制造业	103	14	1497210	264447
橡胶和塑料制品业	96	12	534955	145490
非金属矿物制品业	276	25	2415334	1191070
黑色金属冶炼和压延加工业	7	1	59051	13637
有色金属冶炼和压延加工业	47	8	1079876	260403
金属制品业	175	22	1137002	366885
通用设备制造业	247	29	2567854	853518
专用设备制造业	227	37	30443104	9781157
汽车制造业	140	38	3598709	1221063
铁路、船舶、航空航天和其他运输设备制造业	23	10	1136218	663198
电气机械和器材制造业	153	23	2658985	907657
计算机、通信和其他电子设备制造业	124	21	8048486	2709266
仪器仪表制造业	73	3	1028544	376222
其他制造业	11	3	53051	23508
废弃资源综合利用业	12	1	121786	70099
电力、热力、燃气及水生产和供应业	64	6	1752068	381205
电力、热力生产和供应业	23	4	919089	250716
燃气生产和供应业	17	1	271688	23159
水的生产和供应业	24	1	561291	107329

单位:万元

存货	#产成品	资产总计	固定资产原价	累计折旧	固定资产净额	负债合计	流动负债合计	应付账款	所有者权益合计
6290	5208	199695	93512	28479	53513	127350	45894	15838	72345
817	510	9045	13118	9315	3803	3858	3533	146	5186
1718	1211	37642	24586	9285	15301	21906	20519	3667	15736
3755	3486	153008	55808	9879	34409	101586	21842	12026	51422
14298334	5114850	109044703	28530680	12496366	14907275	56911944	45303727	16800794	51613281
279730	147930	1814391	761853	209806	493454	794586	619901	147569	1015872
198428	102073	1873819	924660	358269	549711	823580	739448	182677	1048933
75753	44413	727800	385138	150387	198071	311986	217104	85230	415814
3618741	82727	8586309	2318151	1471692	846403	1320490	1320478	361193	7265819
135649	93680	1325203	336433	125710	202059	991934	965103	230936	333269
33485	24181	139989	44099	20254	16147	67889	57268	16238	72667
3647	3000	32973	8339	3399	4915	7516	6483	621	25457
14257	10061	108549	66602	13896	34174	48628	33736	7515	57520
13888	9027	212108	45993	15345	25874	150226	134000	19310	61079
66268	28270	574714	353538	149884	183801	274998	228117	94933	279117
69077	24186	608565	500622	240707	242322	258225	203016	74540	332046
24147	18443	119918	27128	7217	16973	85669	75196	48850	34248
2905	1297	45606	21315	10022	6653	18887	13868	2481	26720
379548	237536	3126719	1127795	339254	624773	1323979	1002757	352485	1700017
285936	157628	3454578	1066934	369882	640587	930181	773947	179096	2532010
111705	60008	1055147	697850	313008	360523	433799	345012	94283	613853
278309	131886	3975164	1419034	586301	750098	2401274	1911800	744465	1549341
7348	2255	110551	25562	7700	15950	30508	25605	4829	80044
352516	80684	1959911	1211669	566728	603211	1267476	906575	178311	690081
251189	102571	1991914	815411	347773	421874	1006120	800076	241006	981725
613327	228388	3886093	947735	361315	547263	2187566	1726506	719474	1697722
4859758	2368042	43315050	5097040	2259564	2812639	27476556	21683853	7967386	15834930
763115	304994	7055486	4419440	2460591	1779521	5207183	3718136	1377245	1843955
249996	18409	2000395	588897	135062	453424	1025307	934116	337577	975088
596134	368983	4270381	1040984	321379	667201	2390402	2026910	833606	1822446
853826	402658	14740337	3872203	1532536	2173759	5433463	4301374	2276698	9231399
137451	46960	1526518	223273	52515	126164	470900	408370	156405	858456
15186	10060	87890	37708	12710	20482	37486	31729	12720	50404
7017	4501	318626	145274	53463	89252	135131	93241	53112	183250
62261	18491	14329275	15522402	6557472	8953282	10219615	5305837	994494	4109660
38775	2328	10354844	13045238	5861020	7181367	7301991	3423247	702676	3052853
17850	15179	701352	444146	102761	340252	490466	446908	48203	210887
5637	984	3273078	2033017	593691	1431663	2427157	1435683	243614	845921

10－5 续表 3

指　　标	#实收资本	国家资本	集体资本	法人资本
总　　计	**17385331**	**3161045**	**296191**	**7741923**
按登记注册类型分组				
内资企业	13055152	2751741	132219	5980397
国有企业	2371962	1043717		828567
集体企业	8087		2684	2963
联营企业	1146	584		
国有联营企业	1146	584		
有限责任公司	3103181	1137779	32406	1732095
国有独资公司	299205	212565		86640
其他有限责任公司	2803976	925214	32406	1645455
股份有限公司	2340316	560290	40690	880089
私营企业	5229453	9371	56439	2535676
私营独资企业	55841			21628
私营合伙企业	56197			16925
私营有限责任公司	3568574	9221	46260	1949883
私营股份有限公司	1548840	150	10180	547240
其他企业	1008			1008
港、澳、台商投资企业	2654100	48791	47072	1615432
合资经营企业(港或澳、台资)	1748286	17152	675	1461082
合作经营企业(港或澳、台资)	1500			
港、澳、台商独资经营企业	283413	7800		2189
港、澳、台商投资股份有限公司	612901	15839	46397	152162
其他港、澳、台商投资企业	8000	8000		
外商投资企业	1676079	360514	116900	146093
中外合资经营企业	1127102	360514	116900	70613
中外合作经营企业	7553			600
外资企业	532669			74880
外商投资股份有限公司	1892			
其他外商投资企业	6863			

单位:万元

个人资本	港澳台资本	外商资本	营业收入	营业成本	销售费用	管理费用	财务费用	利息费用	利息收入
3632903	**1121266**	**1432002**	**92164212**	**66198552**	**3613774**	**3534591**	**752129**	**866528**	**47785**
3455623	501422	233749	80687221	57314651	3267058	2983967	600269	762471	32397
3500	496178		12793412	5044408	116529	600445	155022	195632	51156
2440			82105	70000	2329	2432	825	12	8
561			8840	6746	305	422	303	304	2
561			8840	6746	305	422	303	304	2
195087		5814	10429511	8184887	359154	407906	140129	129897	6478
			678264	580867	23850	26785	16079	17142	532
195087		5814	9751247	7604020	335304	381121	124050	112755	5946
634502		224746	9909485	7903005	522094	265972	-5285	114394	75158
2619533	5244	3189	47459789	36104043	2265689	1706506	309327	322232	-100350
34200	12		1583333	1291146	42301	46222	6193	1940	84
39273			1194232	991470	25447	28625	4488	982	45
1554789	5232	3189	40380321	31181111	1692198	1406611	257381	280929	-104389
991271			4301904	2640316	505744	225048	41265	38381	3909
			4080	1562	958	285	-52		-55
115082	607541	220182	4882311	3526646	173538	239640	103814	53091	16394
30046	239332		2073953	1603321	51701	102739	32598	21160	1413
	1500		7786	5457	761	252	9		
	84271	189153	780638	584925	72247	28491	3798	1741	183
85037	282437	31029	2013027	1330318	48830	105915	67242	30190	14798
			6907	2625		2242	166		
62198	12304	978071	6594679	5357255	173178	310985	48046	50966	-1006
55245	12204	511626	4117632	3445817	53771	225390	40246	44720	4099
6953			14960	12266	354	718	74	82	
	100	457690	2201601	1706648	110025	73517	9977	5850	-2574
		1892	5749	4325	186	627	-48	12	-33
		6863	254737	188199	8842	10732	-2203	303	-2498

10－5 续表 4

指　　标	#实收资本	国家资本	集体资本	法人资本
按经济组织类型分组				
独资企业	3251972	1051517	2684	930226
国有企业	2371962	1043717		828567
集体企业	8087		2684	2963
私营独资企业	55841			21628
港澳台商独资经营企业	283413	7800		2189
外资企业	532669			74880
合作合伙企业	82268	8584		18533
国有联营企业	1146	584		
私营合伙企业	56197			16925
合作经营企业（港或澳、台资）	9500	8000		
中外合作经营企业	14416			600
其他企业（内资）	1008			1008
股份有限公司	4503948	576279	97266	1579490
股份有限公司（内资）	2340316	560290	40690	880089
私营股份有限公司	1548840	150	10180	547240
港澳台商投资股份有限公司	612901	15839	46397	152162
外商投资股份有限公司	1892			
有限责任公司	9547143	1524665	196240	5213674
国有独资公司	299205	212565		86640
私营有限责任公司	3568574	9221	46260	1949883
合资经营企业（港或澳、台资）	1748286	17152	675	1461082
中外合资经营企业	1127102	360514	116900	70613
其他有限责任公司	2803976	925214	32406	1645455
在总计中：国有控股企业	5013795	2473139	13477	1885838
在总计中：大型企业	7275734	1709676	143747	2491603
中型企业	3552531	862379	56237	1490232
小型企业	5587433	578830	94440	2857060
微型企业	969633	10161	1767	903029
在总计中：亏损企业	3240759	544614	122027	1607857

单位:万元

个人资本	港澳台资本	外商资本	营业收入	营业成本	销售费用	管理费用	财务费用	利息费用	利息收入
40141	580562	646842	17441089	8697127	343430	751106	175815	205175	48858
3500	496178		12793412	5044408	116529	600445	155022	195632	51156
2440			82105	70000	2329	2432	825	12	8
34200	12		1583333	1291146	42301	46222	6193	1940	84
	84271	189153	780638	584925	72247	28491	3798	1741	183
	100	457690	2201601	1706648	110025	73517	9977	5850	-2574
46787	1500	6863	1491541	1208326	36667	43276	2784	1670	-2506
561			8840	6746	305	422	303	304	2
39273			1194232	991470	25447	28625	4488	982	45
	1500		14693	8082	761	2494	175		
6953		6863	269697	200466	9196	11450	-2129	384	-2498
			4080	1562	958	285	-52		-55
1710809	282437	257667	16230165	11877964	1076853	597563	103175	182977	93832
634502		224746	9909485	7903005	522094	265972	-5285	114394	75158
991271			4301904	2640316	505744	225048	41265	38381	3909
85037	282437	31029	2013027	1330318	48830	105915	67242	30190	14798
		1892	5749	4325	186	627	-48	12	-33
1835166	256767	520630	57001417	44415135	2156824	2142646	470355	476706	-92399
			678264	580867	23850	26785	16079	17142	532
1554789	5232	3189	40380321	31181111	1692198	1406611	257381	280929	-104389
30046	239332		2073953	1603321	51701	102739	32598	21160	1413
55245	12204	511626	4117632	3445817	53771	225390	40246	44720	4099
195087		5814	9751247	7604020	335304	381121	124050	112755	5946
137098	497928	6314	20194912	10864512	350154	920915	271006	311902	70371
874906	977803	1078000	43672536	27960645	1760346	1560425	365303	565346	27113
864741	57895	221047	14346608	10490692	713181	584960	121984	111173	3612
1843581	80568	132955	28351869	22645823	1106651	1209975	239487	170486	17704
49676	5000		5793198	5101392	33596	179231	25354	19523	-645
434371	31121	500769	6514868	6092364	192024	343633	112534	95961	2184

10－5 续表 5

指　　标	#实收资本	国家资本	集体资本	法人资本
按行业大类分组				
采矿业	37647		100	13847
黑色金属矿采选业	1320			520
有色金属矿采选业	15708			11000
非金属矿采选业	20619		100	2327
制造业	14588570	2138151	270203	6583672
农副食品加工业	529773	38941	14829	282881
食品制造业	422043	22119	3808	100304
酒、饮料和精制茶制造业	138454	21410	367	44929
烟草制品业	446000	430000		16000
纺织业	186844	13	5094	8873
纺织服装、服饰业	35218	4945	500	7200
皮革、毛皮、羽毛及其制品和制鞋业	10308	492	491	7291
木材加工和木、竹、藤、棕、草制品业	20040			3357
家具制造业	29902			10573
造纸和纸制品业	129991	2642	1347	57484
印刷和记录媒介复制业	114888	1449	2268	78075
文教、工美、体育和娱乐用品制造业	11135			1000
石油、煤炭及其他燃料加工业	12100			2788
化学原料和化学制品制造业	537976	35578	24080	183880
医药制造业	772330	2300	2286	253398
橡胶和塑料制品业	340898	106		81689
非金属矿物制品业	660344	103306	11081	308115
黑色金属冶炼和压延加工业	58968	8934		49584
有色金属冶炼和压延加工业	375497	43681	2240	300354
金属制品业	430805	61678	2552	207616
通用设备制造业	687150	20215	12582	403884
专用设备制造业	1941754	236419	3675	733856
汽车制造业	1500656	383976	97790	325167
铁路、船舶、航空航天和其他运输设备制造业	526083	31201		465005
电气机械和器材制造业	855256	162779	18080	386243
计算机、通信和其他电子设备制造业	3468634	522909	59397	2031313
仪器仪表制造业	258725	3060	7583	172549
其他制造业	12080		155	7095
废弃资源综合利用业	74721			53170
电力、热力、燃气及水生产和供应业	2759114	1022894	25888	1144403
电力、热力生产和供应业	2251269	742309	20000	982076
燃气生产和供应业	46042	10840	660	14322
水的生产和供应业	461802	269745	5228	148005

单位:万元

个人资本	港澳台资本	外商资本	营业收入	营业成本	销售费用	管理费用	财务费用	利息费用	利息收入
23700			323797	276220	13920	9887	2447	893	66
800			13844	11566	150	1739	18		
4708			22655	15910	849	3243	431	213	69
18192			287297	248745	12921	4904	1998	679	-3
3558203	614588	1423752	87497630	62356817	3561174	3381823	461368	589127	39587
174655	1921	16546	2669064	2228914	104940	93396	13518	10937	-2229
202197	22939	70677	1946790	1459606	137331	98934	6866	8283	-3727
14520	14730	42498	1064821	824694	83956	31614	4689	3523	-317
			9769697	2386158	107672	534670	-46654		49357
172864			712415	533141	93838	34476	4151	4642	113
19755		2818	120519	90867	11713	11020	948	651	-10
1051	491	491	46829	38294	1614	2346	226		-36
16682			371774	313343	11293	14524	1962	1147	113
19330			331933	274029	10575	13286	1696	1024	78
43946	8538	16034	1558653	1274829	53575	55850	8194	3475	540
28571		4524	1123978	893177	30592	50332	6257	4170	-11
8515	1620		294607	256499	6619	6472	1382	1004	2
9313			54560	42526	2523	1875	543	321	-3
272071	567	21801	6750210	5389161	209056	234672	35130	14824	2778
511345	3001		1910714	1017141	407594	127302	14392	8296	1431
71159	326	187618	1401571	1119168	51232	58304	6572	4316	402
223659	14184		4126281	3333964	189520	170437	49430	38842	3940
450			93749	79969	1762	4022	277	299	82
29222			2135737	1837997	37948	61538	19145	16653	532
151538	7421		2284807	1834964	59731	92522	19910	13791	739
239763	3219	7488	3944461	3079919	142603	146483	26810	19775	-137
707404	9905	250496	23812653	17432841	1330874	657692	101054	290368	-45510
61901	18539	613281	7602526	6439250	135123	357081	51286	50701	196
21248		8629	987795	679690	41841	55000	3270	6912	6377
249681	37914	558	3244754	2734546	105605	111675	10464	18898	7195
212238	465703	177075	8144516	6169908	137526	287297	110131	60486	16336
75013		520	660053	373952	47370	40884	5248	3776	1331
4830			127939	91867	4860	10007	2742	664	8
15282	3570	2698	204226	126405	2291	18117	1733	1351	15
51001	506678	8250	4342785	3565515	38679	142882	288313	276508	8133
5706	501178		3336222	2852738	1593	78316	220667	204971	5278
6470	5500	8250	460043	382000	19607	21480	3047	3042	-79
38825			546520	330777	17479	43087	64600	68495	2934

10－5 续表 6

指　　标	税金及附加	营业利润	投资收益	其他收益	营业外收入
总　　计	**6563603**	**9443931**	**566956**	**551117**	**297747**
按登记注册类型分组					
内资企业	6423104	8356683	512730	458970	258088
国有企业	5721927	1014609	13767	3961	16736
集体企业	2230	3947		90	41
联营企业	47	54			71
国有联营企业	47	54			71
有限责任公司	67964	922318	－31831	89890	66890
国有独资公司	4173	1828	－4125	4773	2525
其他有限责任公司	63791	920490	－27706	85117	64365
股份有限公司	51405	1039612	266066	72309	22071
私营企业	579480	5375333	264728	292451	152278
私营独资企业	60737	128260			220
私营合伙企业	53468	84213			286
私营有限责任公司	432281	4465416	241036	240543	135140
私营股份有限公司	32994	697444	23692	51909	16631
其他企业	51	810		268	
港、澳、台商投资企业	39523	669656	14762	61384	8875
合资经营企业（港或澳、台资）	15232	203021	1629	30980	3125
合作经营企业（港或澳、台资）	30	1408		132	3
港、澳、台商独资经营企业	7825	77467	9006	7520	4059
港、澳、台商投资股份有限公司	16293	385856	4128	22406	1688
其他港、澳、台商投资企业	143	1905		346	1
外商投资企业	100976	417593	39463	30763	30784
中外合资经营企业	81802	195884	36457	28053	3913
中外合作经营企业	219	669			14
外资企业	17800	180953	2967	2710	24041
外商投资股份有限公司	54	580			26
其他外商投资企业	1101	39506	40		2791

单位:万元

营业外支出	利润总额	所得税费用	亏损企业亏损额	本年应付职工薪酬	本年应交增值税	平均用工人数（人）	总资产贡献率（%）	资产负债率（%）	流动资产周转率（次/年）
188548	**9553130**	**1295040**	**522015**	**6927497**	**3006098**	**632331**	**16.18**	**54.43**	**1.30**
153703	8461066	1221160	252203	5599269	2791692	482669	17.66	55.93	1.33
25060	1006285	301072	32765	888351	1026185	27220	45.47	45.64	1.76
6	3981	329	48	8720	4941	1687	28.88	55.39	3.83
3	122			615	160	122	7.28	86.81	1.72
3	122			615	160	122	7.28	86.81	1.72
44391	944817	88751	97209	904193	224773	81444	9.76	63.26	1.49
14712	-10359	2881	39736	43202	20016	3915	2.23	81.16	0.94
29679	955176	85870	57474	860991	204756	77529	10.59	61.29	1.56
10951	1050731	113572	26621	505523	222425	35037	6.64	57.07	0.68
73291	5454319	717390	95560	3290565	1312866	337064	14.97	56.96	1.49
1790	126690	3377		108298	60283	17354	58.59	49.15	7.03
705	83795	2723		78752	44772	12280	63.19	48.18	9.91
61759	4538796	630746	79821	2661407	1070426	268012	15.10	60.17	1.52
9037	705038	80544	15739	442108	137385	39418	10.59	42.09	0.85
1	809	46		1302	344	95	14.29	16.73	0.54
4743	673789	98577	11947	899703	58794	116230	7.10	36.50	0.83
569	205577	28853	10279	400650	16734	53790	6.03	48.12	0.88
1	1410	353		379	181	50	17.08	64.57	1.73
751	80774	19317	1668	75255	30662	7652	11.15	44.28	0.99
3422	384122	49768		421017	10818	54629	7.10	27.06	0.73
	1906	286		2403	400	109	10.88	44.26	1.73
30103	418275	-24696	257865	428525	155612	33432	9.66	61.26	1.63
8359	191437	-48704	236546	205590	120495	15511	9.05	69.42	1.78
	683			2695	654	360	10.82	47.51	3.05
19626	185368	18839	21320	207496	26513	16866	10.74	47.47	1.63
	606	71		590	306	80	10.63	20.53	1.20
2117	40181	5097		12155	7644	615	11.00	41.75	0.68

10－5 续表 7

指　　标	税金及附加	营业利润	投资收益	其他收益	营业外收入
按经济组织类型分组					
独资企业	5810519	1405236	25740	14282	45097
国有企业	5721927	1014609	13767	3961	16736
集体企业	2230	3947		90	41
私营独资企业	60737	128260			220
港澳台商独资经营企业	7825	77467	9006	7520	4059
外资企业	17800	180953	2967	2710	24041
合作合伙企业	55059	128565	40	746	3166
国有联营企业	47	54			71
私营合伙企业	53468	84213			286
合作经营企业（港或澳、台资）	173	3313		478	4
中外合作经营企业	1320	40175	40		2805
其他企业（内资）	51	810		268	
股份有限公司	100746	2123492	293885	146624	40416
股份有限公司（内资）	51405	1039612	266066	72309	22071
私营股份有限公司	32994	697444	23692	51909	16631
港澳台商投资股份有限公司	16293	385856	4128	22406	1688
外商投资股份有限公司	54	580			26
有限责任公司	597279	5786639	247291	389466	209068
国有独资公司	4173	1828	－4125	4773	2525
私营有限责任公司	432281	4465416	241036	240543	135140
合资经营企业（港或澳、台资）	15232	203021	1629	30980	3125
中外合资经营企业	81802	195884	36457	28053	3913
其他有限责任公司	63791	920490	－27706	85117	64365
在总计中：国有控股企业	5762328	1785490	91514	97247	57025
在总计中：大型企业	5973622	5030853	370625	360529	63444
中型企业	143274	1958288	116215	96625	60518
小型企业	406096	2097864	76961	92193	130124
微型企业	40612	356927	3155	1770	43661
在总计中：亏损企业	106620	－514540	8008	50513	43647

单位:万元

营业外支出	利润总额	所得税费用	亏损企业亏损额	本年应付职工薪酬	本年应交增值税	平均用工人数（人）	总资产贡献率（%）	资产负债率（%）	流动资产周转率（次/年）
47234	1403099	342935	55800	1288120	1148584	70779	40.36	45.84	1.81
25060	1006285	301072	32765	888351	1026185	27220	45.47	45.64	1.76
6	3981	329	48	8720	4941	1687	28.88	55.39	3.83
1790	126690	3377		108298	60283	17354	58.59	49.15	7.03
751	80774	19317	1668	75255	30662	7652	11.15	44.28	0.99
19626	185368	18839	21320	207496	26513	16866	10.74	47.47	1.63
2827	128905	8504		98300	54154	13631	29.92	44.75	2.86
3	122			615	160	122	7.28	86.81	1.72
705	83795	2723		78752	44772	12280	63.19	48.18	9.91
1	3316	638		2782	581	159	12.72	50.28	1.73
2117	40863	5097		14850	8298	975	10.99	41.94	0.71
1	809	46		1302	344	95	14.29	16.73	0.54
23410	2140497	243955	42359	1369237	370933	129164	7.65	48.41	0.72
10951	1050731	113572	26621	505523	222425	35037	6.64	57.07	0.68
9037	705038	80544	15739	442108	137385	39418	10.59	42.09	0.85
3422	384122	49768		421017	10818	54629	7.10	27.06	0.73
	606	71		590	306	80	10.63	20.53	1.20
115078	5880628	699647	423855	4171840	1432428	418757	12.90	60.73	1.49
14712	-10359	2881	39736	43202	20016	3915	2.23	81.16	0.94
61759	4538796	630746	79821	2661407	1070426	268012	15.10	60.17	1.52
569	205577	28853	10279	400650	16734	53790	6.03	48.12	0.88
8359	191437	-48704	236546	205590	120495	15511	9.05	69.42	1.78
29679	955176	85870	57474	860991	204756	77529	10.59	61.29	1.56
50878	1791637	365503	127500	1427196	1234790	65811	29.36	53.22	1.45
78263	5016035	889617	226796	3549983	1668717	252980	17.70	55.32	0.97
26408	1992399	216629	60747	1161414	402705	117488	14.26	47.65	1.31
74147	2153843	187642	192220	1938276	784385	230725	14.52	53.12	2.16
9731	390853	1152	42252	277824	150292	31138	9.88	69.31	3.17
51121	-522015	-58081	522015	627072	102737	59097	-2.01	68.33	1.62

10－5 续表 8

指　　标	税金及附加	营业利润	投资收益	其他收益	营业外收入
按行业大类分组					
采矿业	8611	8891		97	127
黑色金属矿采选业	249	－490			1
有色金属矿采选业	852	422		97	37
非金属矿采选业	7511	8959			89
制造业	6518376	9124618	537092	513587	280618
农副食品加工业	16737	189234	18877	9574	8471
食品制造业	14929	194256	7063	4810	11394
酒、饮料和精制茶制造业	11155	101765	2437	3910	7054
烟草制品业	5698802	943301	8693	990	1123
纺织业	4099	30077	78	136	3078
纺织服装、服饰业	1328	1905	－119	137	996
皮革、毛皮、羽毛及其制品和制鞋业	485	3821			138
木材加工和木、竹、藤、棕、草制品业	4516	24414			255
家具制造业	3498	25384		108	406
造纸和纸制品业	25658	115472	－8229	462	4161
印刷和记录媒介复制业	12535	109560	1081	970	2713
文教、工美、体育和娱乐用品制造业	3759	15159	－60	3	354
石油、煤炭及其他燃料加工业	721	5385	51	61	33
化学原料和化学制品制造业	269649	554311	60704	3920	16906
医药制造业	29936	275202	55245	16944	8157
橡胶和塑料制品业	9688	120779	364	1132	4586
非金属矿物制品业	38739	265828	13555	4149	12756
黑色金属冶炼和压延加工业	1158	4411	178	181	111
有色金属冶炼和压延加工业	15947	109240	－3497	7102	8559
金属制品业	16068	154192	1876	13808	9392
通用设备制造业	29592	398802	2517	13240	24276
专用设备制造业	127298	3511116	315858	248072	58140
汽车制造业	105219	276899	－4808	30765	28854
铁路、船舶、航空航天和其他运输设备制造业	7763	170844	27617	20232	3834
电气机械和器材制造业	18393	212829	55800	23372	11495
计算机、通信和其他电子设备制造业	41790	1090697	－22733	86115	45187
仪器仪表制造业	6792	158979	4642	18756	6834
其他制造业	409	13572	－98	5	1199
废弃资源综合利用业	1716	47185		4632	160
电力、热力、燃气及水生产和供应业	36616	310422	29864	37434	17002
电力、热力生产和供应业	26981	161005	13414	4102	15064
燃气生产和供应业	1055	26594	201	483	144
水的生产和供应业	8580	122824	16249	32848	1795

单位:万元

营业外支出	利润总额	所得税费用	亏损企业亏损额	本年应付职工薪酬	本年应交增值税	平均用工人数（人）	总资产贡献率（%）	资产负债率（%）	流动资产周转率（次/年）
146	8872	372	1411	18476	12906	2715	15.66	63.77	3.14
	-489	39	752	3429	1045	572	8.90	42.66	2.58
13	446	168	640	3508	1179	575	7.15	58.20	1.74
133	8915	165	18	11539	10683	1568	18.16	66.39	3.39
178665	9226571	1229529	478852	6466233	2900724	603392	17.64	52.19	1.27
5252	192453	16124	7295	151945	30100	21477	13.79	43.79	2.97
3946	201703	31903	13738	151392	50234	17925	14.68	43.95	1.95
2479	106341	17595	2142	65480	28752	7802	20.58	42.87	2.88
17828	926596	269340		566745	973394	9530	88.50	15.38	1.46
569	32586	5184	5558	74808	13316	7720	4.12	74.85	0.74
361	2539	400	1010	18360	5499	3206	7.16	48.50	1.48
7	3951	722	31	11902	805	1703	15.90	22.79	4.60
50	24620	272	2	23800	8764	4411	35.97	44.80	6.86
259	25531	1487		32841	7524	4309	17.72	70.83	2.24
3149	116484	6689	1520	60151	51079	8711	34.23	47.85	5.46
304	111968	10249	1038	82066	27592	10052	25.68	42.43	4.17
522	14990	244	4	24674	8912	3061	23.90	71.44	3.43
10	5408	82	206	3553	1401	530	17.21	41.41	1.98
17496	553722	36180	5591	520869	241207	74591	34.52	42.34	4.01
4913	278445	29317	20886	160475	104582	19421	12.19	26.93	1.28
1628	123737	15585	3897	79812	36123	9743	16.48	41.11	2.62
21254	257331	28301	29395	212779	132117	24385	11.75	60.41	1.71
7	4516	78	62	5524	1680	565	6.92	27.60	1.59
12965	104834	16877	29947	79372	38315	7917	8.97	64.67	1.98
6018	157567	8547	5327	162989	52325	18837	12.04	50.51	2.01
3204	419874	47557	11017	303101	120059	31121	15.16	56.29	1.54
44375	3524882	576800	25158	1502345	588735	85462	10.46	63.43	0.78
14682	291071	-48309	254826	525427	169026	48326	8.73	73.80	2.11
1566	173112	17810	12085	131018	27598	9268	10.77	51.26	0.87
2714	221607	15548	24196	180985	69863	21115	7.70	55.98	1.22
10359	1125525	98158	21617	1224015	67957	141663	8.79	36.86	1.01
2004	163809	18361	640	87133	32392	8236	13.55	30.85	0.64
592	14179	401	1603	6978	2909	941	20.66	42.65	2.41
156	47188	8028	64	15697	8467	1364	18.43	42.41	1.68
9737	317687	65139	41752	442788	92468	26224	5.05	71.32	2.48
8314	167754	43549	33020	347048	66163	19425	4.50	70.52	3.63
549	26188	4388	36	29199	7809	2411	5.43	69.93	1.69
874	123745	17202	8696	66541	18496	4388	6.70	74.16	0.97

10－6 规模以上国有及国有控股工业企业主要经济指标(2020年)

指　　标	企业单位数(个)	#亏损企业(个)	流动资产合计	#应收账款
总　　计	**136**	**37**	**13881819**	**2502084**
按登记注册类型分组				
内资企业	134	37	13256590	2434773
国有企业	12	4	7266191	256888
联营企业	1		5146	2629
国有联营企业	1		5146	2629
有限责任公司	104	31	3196232	960716
国有独资公司	22	6	720851	271770
其他有限责任公司	82	25	2475381	688946
股份有限公司	17	2	2789021	1214541
港、澳、台商投资企业	1		80611	34697
合资经营企业(港或澳、台资)	1		80611	34697
外商投资企业	1		544618	32614
中外合资经营企业	1		544618	32614
按经济组织类型分组				
独资企业	12	4	7266191	256888
国有企业	12	4	7266191	256888
合作合伙企业	1		5146	2629
国有联营企业	1		5146	2629
股份有限公司	17	2	2789021	1214541
股份有限公司(内资)	17	2	2789021	1214541
有限责任公司	106	31	3821461	1028027
国有独资公司	22	6	720851	271770
合资经营企业(港或澳、台资)	1		80611	34697
中外合资经营企业	1		544618	32614
其他有限责任公司	82	25	2475381	688946
在总计中:国有控股企业	136	37	13881819	2502084
在总计中:大型企业	6		9026597	1152048
中型企业	22	4	2311206	839901
小型企业	94	27	1813054	452774
微型企业	14	6	730962	57361
在总计中:亏损企业	37	37	654767	200627

单位:万元

存货	#产成品	资产总计	固定资产原价	累计折旧	固定资产净额	负债合计	流动负债合计	应付账款	所有者权益合计
4783734	**446011**	**30993328**	**20513758**	**9469928**	**10866342**	**16495464**	**10518424**	**2904577**	**14425526**
4726660	444257	29865656	19535946	8615583	10863935	15468773	10483197	2886904	14324545
3638693	84872	17483254	14141296	6783022	7357044	7978568	4401088	999725	9502657
1027	714	8688	3387	828	2540	7542	7542	1471	1146
1027	714	8688	3387	828	2540	7542	7542	1471	1146
581936	247627	7307256	4197343	1503839	2639386	4914555	3847655	1046985	2322391
92235	53703	1388781	694551	212897	459771	1127122	942306	331063	261659
489701	193925	5918475	3502791	1290942	2179615	3787433	2905349	715922	2060732
505004	111044	5066458	1193920	327894	864965	2568107	2226911	838724	2498351
12256	1753	84546	4124	1716	2407	35227	35227	17672	49319
12256	1753	84546	4124	1716	2407	35227	35227	17672	49319
44818		1043126	973689	852629		991464			51662
44818		1043126	973689	852629		991464			51662
3638693	84872	17483254	14141296	6783022	7357044	7978568	4401088	999725	9502657
3638693	84872	17483254	14141296	6783022	7357044	7978568	4401088	999725	9502657
1027	714	8688	3387	828	2540	7542	7542	1471	1146
1027	714	8688	3387	828	2540	7542	7542	1471	1146
505004	111044	5066458	1193920	327894	864965	2568107	2226911	838724	2498351
505004	111044	5066458	1193920	327894	864965	2568107	2226911	838724	2498351
639010	249381	8434928	5175155	2358184	2641793	5941247	3882882	1064657	2423372
92235	53703	1388781	694551	212897	459771	1127122	942306	331063	261659
12256	1753	84546	4124	1716	2407	35227	35227	17672	49319
44818		1043126	973689	852629		991464			51662
489701	193925	5918475	3502791	1290942	2179615	3787433	2905349	715922	2060732
4783734	446011	30993328	20513758	9469928	10866342	16495464	10518424	2904577	14425526
4007017	184049	18305426	10401683	4484198	5917485	8346436	5106378	1188220	9958990
475687	163241	4292481	1765614	645672	1100657	2667762	2383848	843494	1624719
245611	94973	4271831	2322223	867155	1437586	2402601	1763664	482237	1869229
55419	3748	4123591	6024238	3472904	2410615	3078665	1264534	390626	972589
134139	60377	4363413	6019752	2946445	3053506	3297424	2300435	629850	1072824

10－6 续表 1

指　　标	企业单位数（个）	#亏损企业（个）	流动资产合计	#应收账款
按行业大类分组				
采矿业	2		53871	
有色金属矿采选业	1		1305	
非金属矿采选业	1		52566	
制造业	116	33	12756577	2210516
农副食品加工业	8	3	57436	5085
食品制造业	4	3	15582	3237
酒、饮料和精制茶制造业	2		15395	4021
烟草制品业	2		6669341	53274
纺织业	2	1	3777	142
纺织服装、服饰业	1	1	3867	
印刷和记录媒介复制业	3		60810	29555
化学原料和化学制品制造业	2		119235	3691
医药制造业	5		80019	6636
非金属矿物制品业	18	4	573453	272053
黑色金属冶炼和压延加工业	1		17095	3704
有色金属冶炼和压延加工业	7	5	120974	7746
金属制品业	4	1	140686	26616
通用设备制造业	9	2	259404	66663
专用设备制造业	12	3	1761846	650424
汽车制造业	11	5	746690	141761
铁路、船舶、航空航天和其他运输设备制造业	5	3	1035258	622020
电气机械和器材制造业	4	2	342409	115074
计算机、通信和其他电子设备制造业	13		674652	183953
仪器仪表制造业	3		58649	14862
电力、热力、燃气及水生产和供应业	18	4	1071371	291568
电力、热力生产和供应业	7	2	753723	225377
燃气生产和供应业	1	1	805	525
水的生产和供应业	10	1	316843	65666

单位:万元

存货	#产成品	资产总计	固定资产原价	累计折旧	固定资产净额	负债合计	流动负债合计	应付账款	所有者权益合计
342	94	98025	34814	4735	30078	63976	5487	35	34049
342	94	18978	13601	3169	10432	5532	5487	35	13446
		79047	21213	1567	19646	58444			20603
4744345	444217	18919267	5708196	3093367	2438020	7590352	6036645	2092855	11256577
21664	13499	125674	59702	15989	43714	93615	80310	24902	32059
3248	2380	53371	40855	19558	21298	35927	26878	2897	17444
6759	4053	53552	20720	4207	16514	24369	16319	4370	29184
3618741	82727	8586309	2318151	1471692	846403	1320490	1320478	361193	7265819
449	143	16118	13758	4976	8782	8925	7147	157	7193
48	4	9004	3789	2025	1764	2151	2107	121	6854
8922	2982	97148	69210	45984	23227	35660	34878	14635	55206
3936	3476	208146	8512	4223	4094	79791	71279	4315	128355
6799	1350	126434	46567	19855	23412	45548	39854	7061	80886
47133	34629	818051	346792	159661	168953	569598	537071	235912	257317
3067	571	25024	7014	2989	4025	14942	12357	475	10082
35521	7825	309206	185085	49920	134420	203353	162413	22294	105853
29631	12367	261864	61188	31558	29629	75682	68895	8351	186182
120903	35095	327510	67173	32277	33558	289701	270504	99220	37809
285858	90585	2540532	301173	88024	212231	1807377	1559026	585582	731126
82596	12341	1339350	1088119	900781	64594	1214691	223164	88620	124659
228661	13402	1836192	545593	121533	424009	936595	866324	314520	899597
111403	73211	558178	222364	63076	145886	441473	397868	158034	116705
109178	48140	1550179	294765	51953	226929	361067	323024	154735	1116221
19828	5439	77425	7665	3087	4578	29398	16750	5464	48027
39047	1699	11976037	14770748	6371826	8398244	8841136	4476291	811686	3134901
36192	1699	9698872	12862865	5809689	7052937	6973093	3249287	662239	2725779
76		5278	4030	423	3607	2824	2397	286	2454
2780		2271886	1903853	561714	1341700	1865219	1224608	149161	406667

10－6 续表 2

指　　标	#实收资本	国家资本	集体资本	法人资本
总　　计	**5013795**	**2473139**	**13477**	**1885838**
按登记注册类型分组				
内资企业	5008795	2473139	13477	1882588
国有企业	2371962	1043717		828567
联营企业	1146	584		
国有联营企业	1146	584		
有限责任公司	1683107	1103643	13477	538902
国有独资公司	299205	212565		86640
其他有限责任公司	1383902	891078	13477	452262
股份有限公司	952579	325195		515119
港、澳、台商投资企业	5000			3250
合资经营企业(港或澳、台资)	5000			3250
外商投资企业				
中外合资经营企业				
按经济组织类型分组				
独资企业	2371962	1043717		828567
国有企业	2371962	1043717		828567
合作合伙企业	1146	584		
国有联营企业	1146	584		
股份有限公司	952579	325195		515119
股份有限公司(内资)	952579	325195		515119
有限责任公司	1688107	1103643	13477	542152
国有独资公司	299205	212565		86640
合资经营企业(港或澳、台资)	5000			3250
中外合资经营企业				
其他有限责任公司	1383902	891078	13477	452262
在总计中:国有控股企业	5013795	2473139	13477	1885838
在总计中:大型企业	2135979	1175816		385554
中型企业	1011029	841616	782	130522
小型企业	1038359	448846	12695	548912
微型企业	828428	6861		820850
在总计中:亏损企业	1221764	175668	7000	1022429

单位:万元

个人资本	港澳台资本	外商资本	营业收入	营业成本	销售费用	管理费用	财务费用	利息费用	利息收入
137098	**497928**	**6314**	**20194912**	**10864512**	**350154**	**920915**	**271006**	**311902**	**70371**
137098	496178	6314	18286582	9414804	344788	830585	273484	311896	70026
3500	496178		12793412	5044408	116529	600445	155022	195632	51156
561			8840	6746	305	422	303	304	2
561			8840	6746	305	422	303	304	2
21271		5814	3332696	2687475	136589	154751	95604	87627	4956
			678264	580867	23850	26785	16079	17142	532
21271		5814	2654432	2106609	112739	127966	79525	70484	4424
111765		500	2151634	1676175	91365	74968	22555	28334	13913
	1750		50252	35630	5366	1981	-339	6	345
	1750		50252	35630	5366	1981	-339	6	345
			1858078	1414078		88349	-2139		
			1858078	1414078		88349	-2139		
3500	496178		12793412	5044408	116529	600445	155022	195632	51156
3500	496178		12793412	5044408	116529	600445	155022	195632	51156
561			8840	6746	305	422	303	304	2
561			8840	6746	305	422	303	304	2
111765		500	2151634	1676175	91365	74968	22555	28334	13913
111765		500	2151634	1676175	91365	74968	22555	28334	13913
21271	1750	5814	5241026	4137183	141955	245081	93126	87633	5300
			678264	580867	23850	26785	16079	17142	532
	1750		50252	35630	5366	1981	-339	6	345
			1858078	1414078		88349	-2139		
21271		5814	2654432	2106609	112739	127966	79525	70484	4424
137098	497928	6314	20194912	10864512	350154	920915	271006	311902	70371
77930	496178	500	12257226	4097548	215077	610024	175178	220535	60144
36360	1750		1878562	1525811	48216	81902	40155	38184	4231
22091		5814	2065420	1722562	85954	96240	39095	36592	5804
717			3993704	3518591	907	132749	16579	16592	193
10854		5814	2824657	2752941	25668	84008	42956	39773	84

10－6 续表 3

指　　标	#实收资本	国家资本	集体资本	法人资本
按行业大类分组				
采矿业	12500			10000
有色金属矿采选业	12500			10000
非金属矿采选业				
制造业	2564021	1470985	13477	936897
农副食品加工业	49783	33673	3000	2283
食品制造业	24619	19619		5000
酒、饮料和精制茶制造业	19500	13500		6000
烟草制品业	446000	430000		16000
纺织业	2000			2000
纺织服装、服饰业	1945	1945		
印刷和记录媒介复制业	18074	500		17574
化学原料和化学制品制造业	39372	35522		3850
医药制造业	36127	2270		33296
非金属矿物制品业	167612	88820	600	76048
黑色金属冶炼和压延加工业	8934	8934		
有色金属冶炼和压延加工业	138840	43681		93068
金属制品业	76792	61678		12506
通用设备制造业	55477	18595	9682	25317
专用设备制造业	221548	75729		31712
汽车制造业	59706	21106	195	36654
铁路、船舶、航空航天和其他运输设备制造业	488354	28386		454154
电气机械和器材制造业	113994	87811		26183
计算机、通信和其他电子设备制造业	591298	496223		95075
仪器仪表制造业	4047	2993		178
电力、热力、燃气及水生产和供应业	2437274	1002154		938941
电力、热力生产和供应业	2140528	742009		902341
燃气生产和供应业	2000	1400		600
水的生产和供应业	294745	258745		36000

单位:万元

个人资本	港澳台资本	外商资本	营业收入	营业成本	销售费用	管理费用	财务费用	利息费用	利息收入
2500			85529	73754	8610	646	583		
2500			3532	2659		556	195		
			81997	71095	8610	90	389		
134598	1750	6314	16588335	7795993	327622	826131	7268	62575	65891
10828			151491	145282	5457	3241	730	854	79
			24611	22668	1922	1398	1018	1023	7
			30817	22532	2274	2903	451	273	17
			9769697	2386158	107672	534670	-46654		49357
			4030	4205	57	1230	59	57	
			4593	1676	-4	2974	-20	8	29
			100591	85172	1950	8862	283	100	-109
			131540	123287	2249	4228	-78	534	599
561			73741	32618	22313	4524	-292	304	-246
2144			764435	612645	34173	23880	8990	8530	120
			19711	16519	587	1049	76	94	28
2091			197923	192589	1813	9667	6330	5809	-139
2608			39452	29737	1348	3619	306	929	612
1883			150803	117926	9987	11225	2860	2744	8
113607		500	1269021	1017444	68182	36470	29988	29317	6956
	1750		2212230	1741445	8231	100869	-1552	1427	-176
		5814	751523	500731	34414	33971	1795	6048	6569
			302926	274577	2883	13327	4408	3425	264
			553987	458212	21011	24964	-2004	842	1840
876			35214	10568	1104	3063	575	258	75
	496178		3521048	2994765	13923	94139	263156	249327	4480
	496178		3162990	2754411	579	67541	212267	195782	3854
			2286	2086	17	146	125	128	3
			355772	238268	13327	26452	50764	53417	623

10－6 续表 4

指　　标	税金及附加	营业利润	投资收益	其他收益	营业外收入
总　　计	**5762328**	**1785490**	**91514**	**97247**	**57025**
按登记注册类型分组					
内资企业	5761902	1453346	91514	96699	57013
国有企业	5721927	1014609	13767	3961	16736
联营企业	47	54			71
国有联营企业	47	54			71
有限责任公司	25446	177469	5723	61836	37482
国有独资公司	4173	1828	－4125	4773	2525
其他有限责任公司	21273	175641	9848	57063	34957
股份有限公司	14482	261213	72024	30902	2724
港、澳、台商投资企业	426	5754		547	12
合资经营企业(港或澳、台资)	426	5754		547	12
外商投资企业		326391			
中外合资经营企业		326391			
按经济组织类型分组					
独资企业	5721927	1014609	13767	3961	16736
国有企业	5721927	1014609	13767	3961	16736
合作合伙企业	47	54			71
国有联营企业	47	54			71
股份有限公司	14482	261213	72024	30902	2724
股份有限公司(内资)	14482	261213	72024	30902	2724
有限责任公司	25872	509614	5723	62383	37494
国有独资公司	4173	1828	－4125	4773	2525
合资经营企业(港或澳、台资)	426	5754		547	12
中外合资经营企业		326391			
其他有限责任公司	21273	175641	9848	57063	34957
在总计中:国有控股企业	5762328	1785490	91514	97247	57025
在总计中:大型企业	5725874	1268522	34161	41929	4329
中型企业	12247	115767	4718	25159	4418
小型企业	15709	117207	50494	28684	11681
微型企业	8498	283995	2141	1475	36598
在总计中:亏损企业	12791	－119764	74	9753	16345

单位:万元

营业外支出	利润总额	所得税费用	亏损企业亏损额	本年应付职工薪酬	本年应交增值税	平均用工人数（人）	总资产贡献率（%）	资产负债率（%）	流动资产周转率（次/年）
50878	**1791637**	**365503**	**127500**	**1427196**	**1234790**	**65811**	**29.36**	**53.22**	**1.45**
50878	1459480	364744	127500	1380135	1153872	62660	29.09	51.79	1.38
25060	1006285	301072	32765	888351	1026185	27220	45.47	45.64	1.76
3	122			615	160	122	7.28	86.81	1.72
3	122			615	160	122	7.28	86.81	1.72
19069	195882	37377	75649	303710	84645	23043	5.39	67.26	1.04
14712	－10359	2881	39736	43202	20016	3915	2.23	81.16	0.94
4357	206241	34497	35913	260508	64629	19128	6.13	63.99	1.07
6745	257191	26294	19086	187458	42883	12275	6.77	50.69	0.77
	5766	759		4308	2476	352	10.26	41.67	0.62
	5766	759		4308	2476	352	10.26	41.67	0.62
	326391			42754	78442	2799	38.81	95.05	3.41
	326391			42754	78442	2799	38.81	95.05	3.41
25060	1006285	301072	32765	888351	1026185	27220	45.47	45.64	1.76
25060	1006285	301072	32765	888351	1026185	27220	45.47	45.64	1.76
3	122			615	160	122	7.28	86.81	1.72
3	122			615	160	122	7.28	86.81	1.72
6745	257191	26294	19086	187458	42883	12275	6.77	50.69	0.77
6745	257191	26294	19086	187458	42883	12275	6.77	50.69	0.77
19069	528039	38136	75649	350772	165563	26194	9.57	70.44	1.37
14712	－10359	2881	39736	43202	20016	3915	2.23	81.16	0.94
	5766	759		4308	2476	352	10.26	41.67	0.62
	326391			42754	78442	2799	38.81	95.05	3.41
4357	206241	34497	35913	260508	64629	19128	6.13	63.99	1.07
50878	1791637	365503	127500	1427196	1234790	65811	29.36	53.22	1.45
21582	1251268	325867		846863	1026388	23490	44.93	45.60	1.36
4531	115654	16801	18487	155934	45625	11926	4.93	62.15	0.81
17203	111683	23255	74426	160112	42619	11989	4.84	56.24	1.14
7561	313032	－420	34587	264288	120159	18406	11.11	74.66	5.46
24081	－127500	－286	127500	278149	49066	20334	－0.59	75.57	4.31

10－6 续表 5

指　　标	税金及附加	营业利润	投资收益	其他收益	营业外收入
按行业大类分组					
采矿业	1567	381		11	1
有色金属矿采选业	123	11		11	1
非金属矿采选业	1443	371			
制造业	5729506	1631892	83561	63804	42011
农副食品加工业	499	－131		4078	618
食品制造业	188	－1990		1400	44
酒、饮料和精制茶制造业	104	2151	205	562	72
烟草制品业	5698802	943301	8693	990	1123
纺织业	120	－1623		18	8
纺织服装、服饰业	72	－197		137	18
印刷和记录媒介复制业	773	4412	1081	125	56
化学原料和化学制品制造业	76	44791	46682	70	828
医药制造业	711	9420		219	818
非金属矿物制品业	5831	58334	－3353	495	994
黑色金属冶炼和压延加工业	142	716		119	1
有色金属冶炼和压延加工业	1483	－19302	117	966	4005
金属制品业	496	7057	－970	8610	10
通用设备制造业	1037	5854	－8	5091	1843
专用设备制造业	7496	61712	－1357	10797	1454
汽车制造业	1869	325319	150	1777	181
铁路、船舶、航空航天和其他运输设备制造业	6254	158812	27442	19909	782
电气机械和器材制造业	807	－12149		1746	860
计算机、通信和其他电子设备制造业	2496	28621	4598	6548	27754
仪器仪表制造业	254	16786	281	148	542
电力、热力、燃气及水生产和供应业	31255	153217	7954	33432	15013
电力、热力生产和供应业	25008	107307	9197	3263	13955
燃气生产和供应业	25	－44		70	8
水的生产和供应业	6223	45954	－1243	30100	1050

单位:万元

营业外支出	利润总额	所得税费用	亏损企业亏损额	本年应付职工薪酬	本年应交增值税	平均用工人数（人）	总资产贡献率（%）	资产负债率（%）	流动资产周转率（次/年）
3	379			1389	3322	270	5.37	65.26	1.59
3	9			533	297	80	2.26	29.15	2.71
	371			857	3025	190	6.12	73.94	1.56
42407	1631496	314818	86154	1042818	1151589	44369	45.33	40.12	1.30
75	412	8	2115	3982	1508	518	2.60	74.49	2.64
31	-1977		2419	3715	65	476	-1.31	67.32	1.58
86	2137	76		2531	28	423	4.75	45.50	2.00
17828	926596	269340		566745	973394	9530	88.50	15.38	1.46
2	-1618		1618	1291	138	187	-8.08	55.37	1.07
6	-185	138	185	623	446	72	3.79	23.89	1.19
43	4425			13501	1620	1260	7.12	36.71	1.65
530	45088	33		6032	-3435	342	20.30	38.33	1.10
309	9929	1410		7136	3685	861	11.57	36.02	0.92
14878	44451	12523	25287	30081	29119	2741	10.75	69.63	1.33
4	713			1580	347	128	5.17	59.71	1.15
90	-15387	457	17792	12414	1254	843	-2.21	65.77	1.64
78	6989	1145	376	7227	1761	651	3.89	28.90	0.28
69	7628	783	2759	25351	2549	1752	4.26	88.46	0.58
3356	59810	6201	1585	84470	24367	5238	4.76	71.14	0.72
1828	323673	729	12126	66742	83496	5219	30.65	90.69	2.96
1431	158164	17541	5883	112904	22734	7247	10.52	51.01	0.73
832	-12122	-282	14010	17311	352	1446	-1.35	79.09	0.88
930	55445	2454		72283	6418	4751	4.21	23.29	0.82
1	17326	2262		6899	1746	684	25.29	37.97	0.60
8468	159762	50685	41345	382989	79880	21172	4.34	73.82	3.29
7890	113371	41944	32614	334521	66797	18337	4.13	71.9	4.20
	-36		36	194	50	17	3.14	53.50	2.84
578	46426	8740	8696	48275	13033	2818	5.24	82.10	1.12

10－7 规模以上大中型工业企业主要经济指标(2020年)

指　　标	企业单位数(个)	#亏损企业(个)	流动资产合计	#应收账款
总　　计	**275**	**27**	**55834941**	**15757662**
按登记注册类型分组				
内资企业	233	21	47530222	13569879
国有企业	2		7068491	242573
集体企业	1		2145	175
有限责任公司	46	3	3725831	1440491
国有独资公司	5	2	470679	167287
其他有限责任公司	41	1	3255151	1273204
股份有限公司	18	1	13764410	5996521
私营企业	166	17	22969346	5890120
私营独资企业	3		6732	2218
私营合伙企业	2		2663	665
私营有限责任公司	125	11	19160598	5030698
私营股份有限公司	36	6	3799353	856539
港、澳、台商投资企业	16	2	5458461	1573516
合资经营企业(港或澳、台资)	5	2	2104729	566544
港、澳、台商独资经营企业	6		593969	224131
港、澳、台商投资股份有限公司	5		2759763	782841
外商投资企业	26	4	2846258	614267
中外合资经营企业	9	3	1591165	158789
外资企业	16	1	881071	445554
其他外商投资企业	1		374022	9924
按经济组织类型分组				
独资企业	28	1	8552408	914650
国有企业	2		7068491	242573
集体企业	1		2145	175
私营独资企业	3		6732	2218
港澳台商独资经营企业	6		593969	224131
外资企业	16	1	881071	445554
合作合伙企业	3		376686	10589
私营合伙企业	2		2663	665
中外合作经营企业	1		374022	9924
股份有限公司	59	7	20323526	7635901
股份有限公司(内资)	18	1	13764410	5996521
私营股份有限公司	36	6	3799353	856539
港澳台商投资股份有限公司	5		2759763	782841
有限责任公司	185	19	26582322	7196522
国有独资公司	5	2	470679	167287
私营有限责任公司	125	11	19160598	5030698
合资经营企业(港或澳、台资)	5	2	2104729	566544
中外合资经营企业	9	3	1591165	158789
其他有限责任公司	41	1	3255151	1273204

单位:万元

存货	#产成品	资产总计	固定资产原价	累计折旧	固定资产净额	负债合计	流动负债合计	应付账款	所有者权益合计
11800759	**3997216**	**93275378**	**27593766**	**11835740**	**15639697**	**50178813**	**38754856**	**13521273**	**43096564**
10682496	3402135	77019263	21470371	9032829	12356253	43232906	33240717	11253623	33786355
3630279	82382	14330629	9038796	4145293	4893503	5815198	3116958	608287	8515431
1197	255	11393	10221	1741	8211	5546	3726		5847
766543	323737	7886077	4500473	1827340	2653372	5268153	4251811	1246476	2617924
68406	46542	713189	192295	56181	118395	481459	451817	230252	231731
698137	277195	7172888	4308179	1771159	2534977	4786695	3799995	1016224	2386194
1311533	574744	19787642	1444235	508797	931884	11626755	9723113	4529306	8160888
4972944	2421017	35003521	6476646	2549658	3869284	20517254	16145109	4869554	14486265
1808	1562	16346	11547	1685	9863	6694	6303	2597	9653
1007	355	13044	11697	2845	4184	5935	4935	425	7108
4311227	2115489	28891761	5246955	2189285	3011923	17968195	13789910	4229770	10923565
658902	303612	6082370	1206447	355843	843315	2536431	2343960	636763	3545939
539332	296248	10754939	3308010	1471556	1826436	3808645	2822876	1467575	6946295
221140	105499	3724849	1975169	714359	1253284	1790772	1366941	732104	1934077
60185	24231	810976	256229	107715	146450	335191	287892	153948	475786
258007	166518	6219114	1076612	649482	426702	1682683	1168043	581523	4536432
578930	298834	5501176	2815385	1331355	1457009	3137262	2691263	800075	2363914
322808	162018	3463234	1767847	812694	928154	2224788	1824306	422632	1238446
200588	81281	1590443	1032607	511782	520804	725642	680125	343107	864800
55535	55535	447500	14931	6880	8051	186832	186832	34336	260668
3894057	189709	16759787	10349400	4768216	5578830	6888270	4095004	1107939	9871517
3630279	82382	14330629	9038796	4145293	4893503	5815198	3116958	608287	8515431
1197	255	11393	10221	1741	8211	5546	3726		5847
1808	1562	16346	11547	1685	9863	6694	6303	2597	9653
60185	24231	810976	256229	107715	146450	335191	287892	153948	475786
200588	81281	1590443	1032607	511782	520804	725642	680125	343107	864800
56542	55890	460543	26628	9724	12235	192767	191767	34761	267776
1007	355	13044	11697	2845	4184	5935	4935	425	7108
55535	55535	447500	14931	6880	8051	186832	186832	34336	260668
2228442	1044874	32089126	3727294	1514122	2201901	15845868	13235117	5747592	16243258
1311533	574744	19787642	1444235	508797	931884	11626755	9723113	4529306	8160888
658902	303612	6082370	1206447	355843	843315	2536431	2343960	636763	3545939
258007	166518	6219114	1076612	649482	426702	1682683	1168043	581523	4536432
5621718	2706743	43965921	13490444	5543679	7846732	27251908	21232969	6630981	16714013
68406	46542	713189	192295	56181	118395	481459	451817	230252	231731
4311227	2115489	28891761	5246955	2189285	3011923	17968195	13789910	4229770	10923565
221140	105499	3724849	1975169	714359	1253284	1790772	1366941	732104	1934077
322808	162018	3463234	1767847	812694	928154	2224788	1824306	422632	1238446
698137	277195	7172888	4308179	1771159	2534977	4786695	3799995	1016224	2386194

10－7 续表 1

指　　标	企业单位数（个）	#亏损企业（个）	流动资产合计	#应收账款
在总计中:国有控股企业	28	4	11337803	1991949
在总计中:大型企业	39	2	44870072	12588832
中型企业	236	25	10964869	3168830
在总计中:亏损企业	27	27	1893745	300610
按行业大类分组				
采矿业	2	1	6638	919
黑色金属矿采选业	1	1	4054	
有色金属矿采选业	1		2584	919
制造业	265	26	54836568	15496805
农副食品加工业	11		248065	63246
食品制造业	13	1	688059	25320
酒、饮料和精制茶制造业	6		172031	68636
烟草制品业	2		6669341	53274
纺织业	5	2	896466	223971
纺织服装、服饰业	4	2	55678	17255
皮革、毛皮、羽毛及其制品和制鞋业	2		7682	2911
木材加工和木、竹、藤、棕、草制品业	2		5108	1916
家具制造业	3		4971	2967
造纸和纸制品业	1		1428	195
印刷和记录媒介复制业	6		103992	24764
文教、工美、体育和娱乐用品制造业	2		6912	811
化学原料和化学制品制造业	38		553893	137359
医药制造业	17	1	945313	114858
橡胶和塑料制品业	4		147940	37459
非金属矿物制品业	11	1	773069	244367
有色金属冶炼和压延加工业	6		748180	196859
金属制品业	10	2	430110	128635
通用设备制造业	23	2	1474309	496074
专用设备制造业	23	3	28959730	9359919
汽车制造业	26	6	2365377	911477
铁路、船舶、航空航天和其他运输设备制造业	4		989736	606206
电气机械和器材制造业	14	4	1539446	480596
计算机、通信和其他电子设备制造业	24	2	6618384	2229967
仪器仪表制造业	6		396104	56290
废弃资源综合利用业	2		35247	11473
电力、热力、燃气及水生产和供应业	8		991735	259938
电力、热力生产和供应业	3		552143	210963
燃气生产和供应业	2		209353	4100
水的生产和供应业	3		230239	44874

单位:万元

存货	#产成品	资产总计	固定资产原价	累计折旧	固定资产净额	负债合计	流动负债合计	应付账款	所有者权益合计
4482704	347290	22597907	12167297	5129870	7018142	11014198	7490226	2031714	11583709
9791416	3050184	74698683	21520173	9435507	12042992	41326740	31282274	11130910	33371943
2009343	947032	18576695	6073593	2400233	3596705	8852073	7472582	2390363	9724621
473355	232106	3856324	1927261	893512	983885	2505836	2115666	616111	1350487
539	400	11331	16188	12593	3595	7591	6484	1987	3740
		6429	11203	8713	2490	2898	2898		3531
538	400	4902	4985	3880	1105	4693	3586	1987	209
11757158	3984739	84722034	18739557	8415858	10208466	43784364	35561869	13136881	40937669
76888	46529	503335	185218	52078	130039	194764	158548	43111	308571
127027	73392	1170127	515991	194465	319684	468882	448969	93911	701245
36698	24914	291409	136135	57093	72097	134554	115043	33306	156855
3618741	82727	8586309	2318151	1471692	846403	1320490	1320478	361193	7265819
115397	82331	1183467	220100	59856	152275	925498	917953	224652	257970
27258	22553	82231	20061	12808	7253	30805	29157	9208	51426
2650	2554	17387	5418	2065	3328	4026	4025	392	13361
1081	930	9044	5848	842	2920	3015	1887	736	6029
1634	940	6964	3440	1511	1629	3198	2719	927	3767
837	234	4804	1688	473	1215	1508	1254		3296
33425	7244	189152	151199	94713	56216	87537	76696	30653	101615
1902	1148	12439	7667	2477	5191	7078	5902	1704	5361
140995	83038	918086	223661	77964	142633	307650	270715	104909	610435
180223	109391	2389154	539205	179404	349707	478106	438886	76759	1911048
47727	20855	405783	314064	129248	184815	97963	90261	34305	307820
102454	38470	1355836	169122	58518	106287	759389	634991	152229	596447
256867	55639	1346177	915027	469360	423617	887182	582490	129835	458995
120327	38239	754964	434754	194809	239565	336334	264367	79680	418630
349607	129341	1920689	352411	154466	196250	1055078	951517	412230	865611
4574938	2264290	41250499	4576900	2043275	2532190	26342914	20661416	7588143	14907585
545395	229721	4882295	2872915	1349646	1496270	3466145	3039949	1064737	1416150
220525	11988	1707453	482544	110750	371742	868797	800812	287587	838655
440502	304187	2510800	686548	213747	459399	1423244	1237994	491131	1087556
660276	332352	12566044	3450331	1429418	2012987	4386892	3353450	1860240	8179152
73432	21718	493051	74809	20787	52796	158713	136083	49902	334338
353	16	164537	76350	34393	41957	34603	16309	5403	129934
43062	12077	8542013	8838021	3407289	5427637	6386858	3186503	382405	2155155
28392	14	6226909	7263537	2978603	4284934	4660413	1926727	266663	1566496
12063	12063	535658	336272	78878	257394	391036	362855	25721	144621
2607		1779446	1238212	349808	885309	1335409	896922	90021	444038

10－7 续表 2

指　　标	#实收资本	国家资本	集体资本	法人资本
总　　计	**10828265**	**2572055**	**199984**	**3981834**
按登记注册类型分组				
内资企业	7024913	2191666	36687	2450406
国有企业	1528914	1032736		
集体企业	5323		2129	2395
有限责任公司	1690647	801664	782	868287
国有独资公司	181537	155375		26162
其他有限责任公司	1509110	646289	782	842125
股份有限公司	1805601	356664	20000	621323
私营企业	1994429	602	13776	958400
私营独资企业	1958			
私营合伙企业	6257			3080
私营有限责任公司	977623	602	11276	680938
私营股份有限公司	1008590		2500	274383
港、澳、台商投资企业	2373819	23639	46397	1496651
合资经营企业(港或澳、台资)	1545274			1342301
港、澳、台商独资经营企业	215645	7800		2189
港、澳、台商投资股份有限公司	612901	15839	46397	152162
外商投资企业	1429532	356750	116900	34778
中外合资经营企业	1029994	356750	116900	17764
外资企业	392675			17014
外商投资股份有限公司	6863			
按经济组织类型分组				
独资企业	2144515	1040536	2129	21598
国有企业	1528914	1032736		
集体企业	5323		2129	2395
私营独资企业	1958			
港澳台商独资经营企业	215645	7800		2189
外资企业	392675			17014
合作合伙企业	13121			3080
私营合伙企业	6257			3080
中外合作经营企业	6863			
股份有限公司	3427091	372503	68897	1047867
股份有限公司(内资)	1805601	356664	20000	621323
私营股份有限公司	1008590		2500	274383
港澳台商投资股份有限公司	612901	15839	46397	152162
有限责任公司	5243538	1159016	128958	2909290
国有独资公司	181537	155375		26162
私营有限责任公司	977623	602	11276	680938
合资经营企业(港或澳、台资)	1545274			1342301
中外合资经营企业	1029994	356750	116900	17764
其他有限责任公司	1509110	646289	782	842125

单位:万元

个人资本	港澳台资本	外商资本	营业收入	营业成本	销售费用	管理费用	财务费用	利息费用	利息收入
1739647	**1035698**	**1299047**	**58019144**	**38451337**	**2473527**	**2145385**	**487287**	**676519**	**30726**
1618049	500170	227935	49637674	31981131	2167590	1745074	341748	578441	15528
	496178		10557757	2860814	106775	553336	134121	178236	50954
798			12783	10084	543	524	158		
19914			6492567	5064174	182727	231503	86780	80215	3717
			352080	302474	2754	15965	3537	3922	453
19914			6140486	4761700	179973	215538	83243	76293	3264
582868		224746	9345018	7428141	498220	230290	-10656	106364	68459
1014470	3991	3189	23229550	16617918	1379325	729421	131345	213626	-107602
1958			128804	106498	3816	3911	158	142	6
3177			27845	24821	718	633	133	13	
277627	3991	3189	20081187	14789190	959059	570626	107684	192694	-107849
731707			2991715	1697408	415733	154251	23371	20778	241
85037	523325	198771	4313917	3086314	154233	208819	101539	50561	15777
	202974		1808401	1404942	41995	85237	30912	19877	1052
	37914	167742	492489	351054	63409	17666	3384	494	-74
85037	282437	31029	2013027	1330318	48830	105915	67242	30190	14798
36560	12204	872341	4067553	3383893	151704	191492	44001	47518	-579
36560	12204	489816	2006339	1833871	44434	123790	39469	43065	3968
		375662	1806477	1361822	98429	56969	6735	4150	-2049
		6863	254737	188199	8842	10732	-2203	303	-2498
2757	534093	543404	12998310	4690273	272971	632407	144556	183022	48837
	496178		10557757	2860814	106775	553336	134121	178236	50954
798			12783	10084	543	524	158		
1958			128804	106498	3816	3911	158	142	6
	37914	167742	492489	351054	63409	17666	3384	494	-74
		375662	1806477	1361822	98429	56969	6735	4150	-2049
3177		6863	282582	213021	9559	11366	-2070	315	-2498
3177			27845	24821	718	633	133	13	
		6863	254737	188199	8842	10732	-2203	303	-2498
1399612	282437	255775	14349760	10455867	962783	490457	79957	157332	83498
582868		224746	9345018	7428141	498220	230290	-10656	106364	68459
731707			2991715	1697408	415733	154251	23371	20778	241
85037	282437	31029	2013027	1330318	48830	105915	67242	30190	14798
334101	219168	493005	30388493	23092177	1228214	1011156	264845	335850	-99112
			352080	302474	2754	15965	3537	3922	453
277627	3991	3189	20081187	14789190	959059	570626	107684	192694	-107849
	202974		1808401	1404942	41995	85237	30912	19877	1052
36560	12204	489816	2006339	1833871	44434	123790	39469	43065	3968
19914			6140486	4761700	179973	215538	83243	76293	3264

10－7 续表 3

指　　标	#实收资本	国家资本	集体资本	法人资本
在总计中:国有控股企业	3147008	2017432	782	516076
在总计中:大型企业	7275734	1709676	143747	2491603
中型企业	3552531	862379	56237	1490232
在总计中:亏损企业	1268051	405000	97850	126700
按行业大类分组				
采矿业	1008			
黑色金属矿采选业	800			
有色金属矿采选业	208			
制造业	9350225	1639951	179984	3964241
农副食品加工业	166767			150736
食品制造业	225575			11014
酒、饮料和精制茶制造业	51012	7910		8422
烟草制品业	446000	430000		16000
纺织业	161018		500	2000
纺织服装、服饰业	22023			200
皮革、毛皮、羽毛及其制品和制鞋业	7948	492	491	5491
木材加工和木、竹、藤、棕、草制品业	1200			
家具制造业	1320			
造纸和纸制品业	2350			1050
印刷和记录媒介复制业	39697		2129	36634
文教、工美、体育和娱乐用品制造业	1679			200
化学原料和化学制品制造业	148609		19550	50597
医药制造业	477450			102543
橡胶和塑料制品业	202150			23522
非金属矿物制品业	130352	40000		19402
有色金属冶炼和压延加工业	157097		2240	151440
金属制品业	147049			127240
通用设备制造业	224641	9225	3282	116084
专用设备制造业	1563090	216740		588993
汽车制造业	1221458	350000	97395	157169
铁路、船舶、航空航天和其他运输设备制造业	412954			410954
电气机械和器材制造业	381437	88935		176417
计算机、通信和其他电子设备制造业	3035759	495649	54397	1724618
仪器仪表制造业	62690	1000		40366
废弃资源综合利用业	58900			43150
电力、热力、燃气及水生产和供应业	1477032	932104	20000	17593
电力、热力生产和供应业	1211771	695593	20000	
燃气生产和供应业	15000	6750		
水的生产和供应业	250261	229761		17593

单位:万元

			营业收入	营业成本	销售费用	管理费用	财务费用		
个人资本	港澳台资本	外商资本						利息费用	利息收入
114290	497928	500	14135788	5623359	263294	691926	215332	258718	64374
874906	977803	1078000	43672536	27960645	1760346	1560425	365303	565346	27113
864741	57895	221047	14346608	10490692	713181	584960	121984	111173	3612
168439	50	470012	2117914	1985785	55584	140527	38193	38540	1711
1008			16886	13491	298	2575	48	15	2
800			10820	9147		1576	13		
208			6067	4344	298	999	35	15	2
1735732	539520	1290797	56406420	37352846	2448736	2081574	259625	454167	29445
15600		431	705741	574297	28063	25025	2579	2944	-911
125264	19472	69824	975528	698006	74407	50574	-1946	2355	-4230
5107		29573	432226	307275	63210	11208	-439	165	-505
			9769697	2386158	107672	534670	-46654		49357
158518			497311	353327	86006	24699	1861	2940	109
19005		2818	61608	43994	9895	4105	370	383	-36
491	491	491	26403	20603	919	964	117		-36
1200			59912	50768	1795	3522	479	479	
1320			41715	36937	1100	1331	261	204	
1300			8285	6930	241	255	59	53	
933			262076	210854	4466	14988	397	161	38
1479			79827	70524	1474	1696	422	422	
58687	226	19550	1565979	1223347	70116	66672	7261	3424	1942
374908			969834	427374	294432	73217	5886	3382	1464
500		178128	447337	337998	17237	16942	374	150	-150
58746	12204		541452	421104	16370	26259	16429	17383	1846
3417			1305427	1085608	28117	38497	6210	6727	649
18049	1760		782307	587173	17217	26991	6945	4792	121
89599		6451	1609177	1168048	63637	45719	10863	8932	-491
532611		224746	22182116	16223656	1245833	559228	87543	280760	-46616
29527	1750	585617	4414171	3838605	114878	209275	46797	44932	825
2000			865428	585304	34493	38309	985	5204	6555
78171	37914		1823855	1556746	57378	54945	4693	11974	1766
124922	465703	170471	6726115	5022128	91304	226842	106467	54657	17030
21324			189316	90481	18444	12429	532	785	780
13052		2698	63577	25604	35	13213	1133	959	-63
2907	496178	8250	1595837	1085000	24492	61236	227615	222337	1278
	496178		983907	629394	535	24614	184265	178246	1166
		8250	323787	274046	11634	14451	2743	2785	-130
2907			288144	181560	12324	22171	40606	41305	242

10－7 续表 4

指　　标	税金及附加	营业利润	投资收益	其他收益	营业外收入
总　　计	**6116896**	**6989141**	**486840**	**457155**	**123963**
按登记注册类型分组					
内资企业	5989457	6318977	437970	371889	94090
国有企业	5711908	1049810	11626	2291	3137
集体企业	50	1382			
有限责任公司	40525	632299	－37308	49188	12167
国有独资公司	1778	7685	－877	641	460
其他有限责任公司	38748	624614	－36431	48548	11707
股份有限公司	46880	992319	212845	63185	17111
私营企业	190094	3643167	250807	257224	61676
私营独资企业	3360	10270			
私营合伙企业	223	1293			
私营有限责任公司	163865	3055721	232791	217129	54527
私营股份有限公司	22646	575883	18016	40096	7150
港、澳、台商投资企业	32645	610587	13691	55990	5676
合资经营企业(港或澳、台资)	10904	176787	557	28569	1003
港、澳、台商独资经营企业	5447	47945	9006	5015	2985
港、澳、台商投资股份有限公司	16293	385856	4128	22406	1688
外商投资企业	94794	59577	35180	29275	24196
中外合资经营企业	79193	－151583	32982	27427	2536
外资企业	14500	171653	2158	1849	18869
外商投资股份有限公司	1101	39506	40		2791
按经济组织类型分组					
独资企业	5735265	1281060	22790	9155	24991
国有企业	5711908	1049810	11626	2291	3137
集体企业	50	1382			
私营独资企业	3360	10270			
港澳台商独资经营企业	5447	47945	9006	5015	2985
外资企业	14500	171653	2158	1849	18869
合作合伙企业	1324	40800	40		2791
私营合伙企业	223	1293			
中外合作经营企业	1101	39506	40		2791
股份有限公司	85820	1954058	234989	125687	25948
股份有限公司(内资)	46880	992319	212845	63185	17111
私营股份有限公司	22646	575883	18016	40096	7150
港澳台商投资股份有限公司	16293	385856	4128	22406	1688
有限责任公司	294487	3713223	229022	322313	70233
国有独资公司	1778	7685	－877	641	460
私营有限责任公司	163865	3055721	232791	217129	54527
合资经营企业(港或澳、台资)	10904	176787	557	28569	1003
中外合资经营企业	79193	－151583	32982	27427	2536
其他有限责任公司	38748	624614	－36431	48548	11707

单位:万元

营业外支出	利润总额	所得税费用	亏损企业亏损额	本年应付职工薪酬	本年应交增值税	平均用工人数（人）	总资产贡献率（%）	资产负债率（%）	流动资产周转率（次/年）
104670	7008434	1106246	287543	4711398	2071421	370468	17.02	53.80	1.04
83317	6329750	1053530	50511	3526412	1966449	234263	19.30	56.13	1.04
18212	1034735	301523		658750	980368	11241	55.16	40.58	1.49
	1382	225		3543	301	509	15.21	48.68	5.96
12404	632062	40011	14193	618842	127166	54292	11.16	66.80	1.74
95	8050	64	6525	28380	10083	2587	3.34	67.51	0.75
12309	624012	39947	7668	590462	117083	51705	11.94	66.73	1.89
9899	999531	109605	4293	452933	214810	30438	6.91	58.76	0.68
42802	3662041	602166	32024	1792344	643805	137783	13.45	58.61	1.01
	10270	93		11649	5499	1811	117.89	40.95	19.13
23	1271	159		7467	525	842	15.57	45.50	10.46
35888	3074360	529367	26761	1443155	529922	107393	13.71	62.19	1.05
6891	576141	72547	5263	330073	107860	27737	11.96	41.70	0.79
4269	611995	85559	7630	848917	40495	110744	6.84	35.41	0.79
313	177477	23996	7630	373850	10142	50988	5.86	48.08	0.86
534	50396	11795		54050	19536	5127	9.36	41.33	0.83
3422	384122	49768		421017	10818	54629	7.10	27.06	0.73
17085	66689	-32843	229403	336068	64477	25461	4.97	57.03	1.43
7975	-157022	-52771	228512	141376	33891	10324	-0.03	64.24	1.26
6993	183530	14831	891	182538	22943	14522	14.15	45.63	2.05
2117	40181	5097		12155	7644	615	11.00	41.75	0.68
25739	1280312	328467	891	910530	1028646	33210	49.09	41.10	1.52
18212	1034735	301523		658750	980368	11241	55.16	40.58	1.49
	1382	225		3543	301	509	15.21	48.68	5.96
	10270	93		11649	5499	1811	117.89	40.95	19.13
534	50396	11795		54050	19536	5127	9.36	41.33	0.83
6993	183530	14831	891	182538	22943	14522	14.15	45.63	2.05
2140	41451	5256		19622	8168	1457	11.13	41.86	0.75
23	1271	159		7467	525	842	15.57	45.50	10.46
2117	40181	5097		12155	7644	615	11.00	41.75	0.68
20212	1959794	231919	9556	1204023	333487	112804	7.90	49.38	0.71
9899	999531	109605	4293	452933	214810	30438	6.91	58.76	0.68
6891	576141	72547	5263	330073	107860	27737	11.96	41.70	0.79
3422	384122	49768		421017	10818	54629	7.10	27.06	0.73
56580	3726877	540604	277096	2577223	701120	222997	11.51	61.98	1.14
95	8050	64	6525	28380	10083	2587	3.34	67.51	0.75
35888	3074360	529367	26761	1443155	529922	107393	13.71	62.19	1.05
313	177477	23996	7630	373850	10142	50988	5.86	48.08	0.86
7975	-157022	-52771	228512	141376	33891	10324	-0.03	64.24	1.26
12309	624012	39947	7668	590462	117083	51705	11.94	66.73	1.89

10－7 续表 5

指　　标	税金及附加	营业利润	投资收益	其他收益	营业外收入
在总计中:国有控股企业	5738121	1384289	38879	67088	8747
在总计中:大型企业	5973622	5030853	370625	360529	63444
中型企业	143274	1958288	116215	96625	60518
在总计中:亏损企业	80589	－285195	3506	33576	7627
按行业大类分组					
采矿业	428	－696			13
黑色金属矿采选业	224	－753			1
有色金属矿采选业	204	57			13
制造业	6094259	6772063	463332	428468	120389
农副食品加工业	3558	76825	12472	2988	859
食品制造业	7236	134752	5450	2714	5570
酒、饮料和精制茶制造业	2464	41534	231	23	4759
烟草制品业	5698802	943301	8693	990	1123
纺织业	2293	20189	77	1	1921
纺织服装、服饰业	889	395	－119		543
皮革、毛皮、羽毛及其制品和制鞋业	364	3436			136
木材加工和木、竹、藤、棕、草制品业	871	2368			
家具制造业	661	1304			
造纸和纸制品业	12	760			
印刷和记录媒介复制业	2648	26952	1081	696	318
文教、工美、体育和娱乐用品制造业	1001	2210			
化学原料和化学制品制造业	48338	124009	12657	1934	2548
医药制造业	21257	147254	48442	13242	2055
橡胶和塑料制品业	3450	58223	30	892	2225
非金属矿物制品业	4765	50073	15952	3155	1744
有色金属冶炼和压延加工业	8164	105418	－5232	5370	2121
金属制品业	4784	61101	2704	691	5393
通用设备制造业	10844	263223	162	6900	12263
专用设备制造业	116173	3380212	312294	242122	45241
汽车制造业	98526	－72911	－6215	27680	22327
铁路、船舶、航空航天和其他运输设备制造业	6569	179994	27442	18202	904
电气机械和器材制造业	11572	122923	47106	18547	3231
计算机、通信和其他电子设备制造业	36184	1007873	－23842	70232	4420
仪器仪表制造业	1767	65779	3946	9108	571
废弃资源综合利用业	1067	24868	0	2982	120
电力、热力、燃气及水生产和供应业	22209	217774	23508	28686	3560
电力、热力生产和供应业	15521	133595	7210	1880	3257
燃气生产和供应业	685	15873	0	276	96
水的生产和供应业	6002	68306	16298	26531	207

单位:万元

营业外支出	利润总额	所得税费用	亏损企业亏损额	本年应付职工薪酬	本年应交增值税	平均用工人数（人）	总资产贡献率（%）	资产负债率（%）	流动资产周转率（次/年）
26114	1366922	342668	18487	1002797	1072012	35416	37.33	48.74	1.25
78263	5016035	889617	226796	3549983	1668717	252980	17.70	55.32	0.97
26408	1992399	216629	60747	1161414	402705	117488	14.26	47.65	1.31
9975	-287543	-56910	287543	200800	31825	18578	-3.54	64.98	1.12
9	-691	15	752	5103	1495	895	11.01	66.99	2.54
	-752		752	3134	924	520	6.16	45.08	2.67
9	61	15		1968	571	375	17.37	95.74	2.35
103052	6789400	1057292	286791	4536422	2032639	362339	18.14	51.68	1.03
940	76743	7048		41270	11575	7368	18.84	38.69	2.84
2912	137411	24453	972	71488	35734	7636	15.62	40.07	1.42
1754	44539	10812		35079	14573	3557	21.19	46.17	2.51
17828	926596	269340		566745	973394	9530	88.50	15.38	1.46
268	21842	4433	1378	62091	10832	6104	3.20	78.20	0.55
343	594	145	649	11928	3628	2394	6.68	37.46	1.11
	3573	722		8450	743	1481	26.91	23.15	3.44
	2368	48		5416	1364	802	56.20	33.34	11.73
23	1281	95		5450	662	781	40.30	45.92	8.39
	760	171		1541	106	353	19.37	31.39	5.80
89	27181	1998		34390	6939	3183	19.52	46.28	2.52
	2210			12764	1828	1727	43.90	56.90	11.55
1493	125063	12080		162954	64913	20100	26.33	33.51	2.83
2322	146987	16641	15897	95902	69624	11205	10.10	20.01	1.03
932	59515	10442		32742	9640	2837	17.93	24.14	3.02
470	51347	4682	721	47057	24549	4907	7.23	56.01	0.70
2028	105511	13715		49147	6384	4787	9.42	65.90	1.74
4544	61950	2849	1529	57891	15628	5598	11.54	44.55	1.82
1922	273563	38551	487	136907	51058	11898	17.93	54.93	1.09
40019	3385434	561648	10675	1341892	534097	68315	10.46	63.86	0.77
12756	-63340	-51913	233880	391553	67977	34310	3.03	70.99	1.87
1437	179461	17571		110400	26976	7261	12.78	50.88	0.87
1371	124783	9612	20360	101141	38509	10561	7.44	56.68	1.18
9005	1003288	88577	244	1106865	48022	131946	9.09	34.91	1.02
513	65837	8528		36323	10489	3017	16.00	32.19	0.48
84	24904	5044		9037	3398	681	18.43	21.03	1.80
1609	219725	48939		169873	37287	7234	5.87	74.77	1.61
599	136253	39653		107790	18904	3500	5.60	74.84	1.78
401	15568	1989		20510	6385	1394	4.75	73.00	1.55
609	67904	7298		41574	11999	2340	7.15	75.05	1.25

10－8 规模以上工业企业主要能源按行业分组消费量(2020 年)

行业名称	能源消费量（吨标准煤）	原煤（吨）	1. 无烟煤（吨）	2. 炼焦烟煤（吨）	3. 一般烟煤（吨）	4. 褐煤（吨）
总　　计	**5687441**	**2615275**	**109959**	**33940**	**2471376**	
采矿业	9132					
黑色金属矿采选业	2684					
有色金属矿采选业	1915					
非金属矿采选业	4533					
制造业	2763567	486572	23252	33940	429380	
农副食品加工业	75303	730	730			
食品制造业	92775					
酒、饮料和精制茶制造业	28479	3842	10		3832	
烟草制品业	16139					
纺织业	11839					
纺织服装、服饰业	2853	10			10	
皮革、毛皮、羽毛及其制品和制鞋业	710					
木材加工和木、竹、藤、棕、草制品业	3199					
家具制造业	5622					
造纸和纸制品业	59647	20408			20408	
印刷和记录媒介复制业	27833	271			271	
文教、工美、体育和娱乐用品制造业	1400	110			110	
石油加工、炼焦和核燃料加工业	2233	1238			1238	
化学原料和化学制品制造业	139395	20496	1928		18568	
医药制造业	67468	2319	2319			
化学纤维制造业						
橡胶和塑料制品业	75301					
非金属矿物制品业	669627	426275	18175	26982	381117	
黑色金属冶炼和压延加工业	2700					
有色金属冶炼和压延加工业	325224	90	90			
金属制品业	100790	1667			1667	
通用设备制造业	88105	693			693	
专用设备制造业	186240	27			27	
汽车制造业	110628					
铁路、船舶、航空航天和其他运输设备制造业	10203					
电气机械和器材制造业	137052	1440			1440	
计算机、通信和其他电子设备制造业	497229					
仪器仪表制造业	12511	6958		6958		
其他制造业	2772					
废弃资源综合利用业	10291					
电力、热力、燃气及水生产和供应业	2914742	2128704	86708		2041996	
电力、热力生产和供应业	2750886	2128704	86708		2041996	
燃气生产和供应业	91533					
水的生产和供应业	72322					

其他洗煤（吨）	煤制品（吨）	焦炭（吨）	转炉煤气（万立方米）	天然气（万立方米）	液化天然气（吨）	氢气（万立方米）	原油（吨）	汽油（吨）	煤油（吨）
28076		**480**	**1**	**47376**	**9218**	**12**	**24**	**17958**	**787**
								102	695
								102	695
28076		480	1	37905	8685	12	24	17628	92
				1968	45			956	
				2688	93			640	
				120	59			647	
				777					
				70	36			34	
				77				40	
								0	
				9				24	
				93				149	
			1	112				54	
				370				1506	
				5	16			66	
				45				20	
				1336			24	1241	2
				1879	1829			310	
				1099				354	
28076				3008	2972			1156	3
				1				41	
				13041	1367			777	88
		79		3265	1648	12		1478	
		400		1998	584			3291	0
				1214	16			1464	
				3301	1			1513	
				189	2			117	
				900	16			659	0
				188				834	
				144	3			174	
				8				84	
				9471	533			228	
				2741				3	
				6730	533			140	
								85	

10－8 续表

行业名称	柴油（吨）	燃料油（吨）	液化石油气（吨）	润滑油（吨）	石蜡（吨）	溶剂油（吨）
总　　计	**44591**	**2148**	**249**	**30907**	**129**	**4413**
采矿业	947					
黑色金属矿采选业						
有色金属矿采选业	50					
非金属矿采选业	897					
制造业	43041	2148	249	30890	129	4413
农副食品加工业	457			7		
食品制造业	976					
酒、饮料和精制茶制造业	115			1		
烟草制品业	176					
纺织业	35					
纺织服装、服饰业	19					
皮革、毛皮、羽毛及其制品和制鞋业	0					
木材加工和木、竹、藤、棕、草制品业	105					
家具制造业	147			2		
造纸和纸制品业	154			2		
印刷和记录媒介复制业	1313			0		
文教、工美、体育和娱乐用品制造业	35					
石油加工、炼焦和核燃料加工业	65					
化学原料和化学制品制造业	2011			5		4350
医药制造业	338					
化学纤维制造业						
橡胶和塑料制品业	411			165		
非金属矿物制品业	12704	1874	155	344	129	
黑色金属冶炼和压延加工业	13					
有色金属冶炼和压延加工业	4765			65		
金属制品业	993		14			
通用设备制造业	3481			3171		22
专用设备制造业	8417		25	25424		
汽车制造业	1120		53	176		42
铁路、船舶、航空航天和其他运输设备制造业	283			23		
电气机械和器材制造业	551		2	19		
计算机、通信和其他电子设备制造业	863	16		1478		
仪器仪表制造业	78					
其他制造业	1			5		
废弃资源综合利用业	3417	257		4		
电力、热力、燃气及水生产和供应业	603			16		
电力、热力生产和供应业	326			13		
燃气生产和供应业	30					
水的生产和供应业	247			3		

石油焦（吨）	石油沥青（吨）	其他石油制品（吨）	热力（百分千焦）	电力（万千瓦时）	煤矸石（用于燃料）（吨）	城市生活垃圾（用于燃料）	生物燃料（吨标准煤）	余热余压（百万千焦）	其他燃料（吨标准煤）
390	55503	18157	5539348	1592700	174667	2123465	49790	602516	5569
				5362					
				1238					
				1499					
				2625					
390	55503	18157	5396961	1088649	174667		18944	602516	5196
			427466	19555			5593		2080
			717917	22989			1764		
			150314	13883			726		
				5092					
			115	8742					
				1424					
				577					
				2354					
				3214					
			744877	12322			717		2294
			71868	12971			323		
				882					
				507					
			570396	55915			7718	2811	
			347554	19235			223		652
			331111	39100					
390	55503	3888	68857	86407	174667		1880	599705	89
				2119					
			835089	91549					
			7815	40083					
		60	72419	33614					
		14209		81187					
				50835					
				5758					
			1051164	70220					80
				398816					
				3219					
				2249					
				3834					
			142387	498689		2123465	30846		373
			142387	439562		2123465	30846		373
				680					
				58448					

10－9 规模以上工业企业能源购进、消费及库存(2020年)

能源名称	计量单位	年初库存量	购进实物量	工业生产消费量	#用于原材料	#运输工作消费	年末库存量
原煤	吨	344974	2672873	2615275	1636		402101
无烟煤	吨	20694	95939	109959	10		6590
炼焦烟煤	吨	3727	36774	33940			6276
一般烟煤	吨	320553	2540160	2471376	1626		389236
褐煤	吨						
其他洗煤	吨	1200	28549	28076	28076		1673
煤制品	吨						
焦炭	吨	25	498	480			43
转炉煤气	万立方米		1	1			
天然气	万立方米	1074	151011	47376	356	27	938
液化天然气	吨	62	9482	9218	876		50
氢气	万立方米		12	12			
原油	吨		35	24			
汽油	吨	212	16905	17958	663	9597	61
煤油	吨	1	787	787			
柴油	吨	1035	45342	44591	1918	16003	1786
燃料油	吨	43	2175	2148	1031		70
液化石油气	吨	1	251	249	14		5
润滑油	吨	471	32554	30907	20286		1548
石蜡	吨		129	129	129		10
溶剂油	吨	242	4258	4413	4350		87
石油焦	吨		390	390	390		
石油沥青	吨	3698	53335	55503	49963		1410
其他石油制品	吨	517	19084	18157	11369		1289
热力	百万千焦		5406752	5539348			
电力	万千瓦时		1563654	1592700		8553	
煤矸石(用于燃料)	吨	1723	174922	174667			1976
城市生活垃圾(用于燃料)	吨			2123465			
生物燃料	吨标准煤	69	26800	49790			96
余热余压	百万千焦		2811	602516			
其他燃料	吨标准煤	3	5231	5569	4		
能源合计	吨标准煤			5687441	138837		

10－10 规模以上工业企业能源加工转换与回收利用表(2020 年)

能源名称	计量单位	工业生产消费量	加工转换			能源加工转换产出	回收利用
			投入合计	火力发电	供热		
原煤	吨	2516926	2128318	1822109	306209		
无烟煤	吨	86322	86322	15558	70764		
炼焦烟煤	吨	26837					
一般烟煤	吨	2403767	2041996	1806551	235445		
褐煤	吨						
煤制品	吨						
焦炭	吨						
转炉煤气	万立方米						
天然气	万立方米						
液化天然气	吨						
原油	吨						
汽油	吨						
煤油	吨						
柴油	吨	347					
燃料油	吨						
液化石油气	吨						
润滑油	吨	70					
石蜡	吨						
溶剂油	吨						
石油焦	吨						
石油沥青	吨						
其他石油制品	吨						
热力	百万千焦	142387				4331497	
电力	万千瓦时	77643				582855	
城市生活垃圾(用于燃料)	吨	2123465	2123465	2123465			
生物燃料	吨标准煤	30832	30832	23751	7081		
余热余压	百万千焦	599705	599705	599705			1310849
其他燃料	吨标准煤	373					
能源合计	吨标准煤	2590893	2188554	1988770	199784	864033	41784

10－11　主要耗能规模以上工业企业单位产品能源消耗情况

指　　标	计量单位	2019 年	2020 年
吨水泥熟料综合能耗	千克标准煤/吨	114.84	112.53
吨水泥熟料综合电耗	千瓦时/吨	57.57	55.81
吨水泥熟料烧成标准煤耗	千克标准煤/吨	108.30	106.21
吨水泥综合能耗	千克标准煤/吨	64.60	65.85
吨水泥综合电耗	千瓦时/吨	62.45	62.74
吨水泥标准煤耗	千克标准煤/吨	57.86	59.37
吨铝加工材消耗能源量	千克标准煤/吨	891.69	889.20
吨铝加工材消耗电量	千瓦时/吨	1322.85	1319.48
电厂火力发电标准煤耗	克标准煤/千瓦时	287.94	289.27
电厂火力供电标准煤耗	克标准煤/千瓦时	303.30	305.07
发电厂用电率	%	5.06	5.18

10－12 规模以上工业企业用水情况(2020 年)

单位:万立方米

指标名称	全市	芙蓉区	天心区	岳麓区	开福区
取水量合计	126151	115	68850	861	204
1. 地表淡水	116235		68685	12	28
2. 地下淡水	873	1	99	9	10
3. 自来水	8911	114	66	838	165
4. 海水					
5. 陆地苦咸水					
6. 矿井水					
7. 雨水					
8. 再生水(中水)					
9. 海水淡化水					
10. 其他水	23				
11. 外排水量	64541	4679	176	2880	15823
12. 重复用水量	5039	7	3385	35	2
13. 直流冷却水量(河湖水)	43710		707		
14. 直流冷却水量(海水)					
15. 污水处理企业污水处理量	97176	4602	63	2191	15722
用新水量	13367	115	213	861	204

10－12 续表

指标名称	雨花区	望城区	长沙县	浏阳市	宁乡市
取水量合计	19097	9085	9573	10662	7704
1. 地表淡水	18849	7818	6894	7715	6234
2. 地下淡水	2	435	24	234	60
3. 自来水	247	828	2634	2623	1396
4. 海水					
5. 陆地苦咸水					
6. 矿井水					
7. 雨水					
8. 再生水(中水)					
9. 海水淡化水					
10. 其他水			5	16	2
11. 外排水量	185	17715	19066	2430	1587
12. 重复用水量	34	947	130	374	126
13. 直流冷却水量(河湖水)		43002	1		
14. 直流冷却水量(海水)					
15. 污水处理企业污水处理量	40325	17090	17069	37	77
用新水量	292	2066	3149	3896	2570

11

运输和邮电

长沙统计年鉴

11－1 2000－2020年全社会客、货运输量

指标	单位	2000年	2001年	2002年	2003年	2004年	2005年	2006年	2007年	2008年
一、货物运输量	万吨	5910	7550	8766	10632	11066	10991	12478	16184	17158
# 铁路	万吨	206	188	162	189	196	218	233	244	164
公路	万吨	4972	6668	7929	9572	9831	9834	10905	13994	14651
水运	万吨	729	691	671	867	1035	934	1334	1939	2336
民航(吞吐量)	万吨	1.9	2.0	2.5	3.5	4.3	5.2	6.3	6.9	7.1
民航(发送量)	万吨	0.9	1.0	1.4	2.1	2.6	3.1	3.5	3.6	3.7
二、货物周转量	万吨公里	1404785	1396492	799550	910771	1011770	1003793	1094995	1296332	1323224
# 公路	万吨公里	308200	322125	434100	445990	446428	447386	480520	517363	535795
水运	万吨公里	1094511	1072216	58837	69841	124605	99596	142569	277565	287962
三、旅客运输量	万人	9052	8578	10032	10609	11580	10895	11863	11919	13488
# 铁路	万人	981	1070	984	942	1187	1218	1243	1305	1442
公路	万人	7825	7242	8743	9351	10003	9228	10022	9934	11334
水运	万人	43	44	45	17	9	7	3		
民航(吞吐量)	万人	203	222	260	299	380	442	595	680	713
民航(发送量)	万人	101	111	130	149	191	221	281	341	355
四、旅客周转量	万人公里	348315	398125	739488	835591	978328	995729	1073632	1190289	1249445
# 公路	万人公里	275029	322154	393873	457038	496035	469947	506305	540261	596745
水运	万人公里	3580	3094	4103	2362	1459	1211	467		

注：1. 铁路旅客发送量从2018年报起，采用广铁集团报送省统计局数据，2018年、2017年、2016年、2015年、2014年实际数为5392.31万、4769.52万、4102.51万、3633.37万、3053.42万人。

2. 2020年，水运沿海部分的货运周转量数据省局不再分市州；疫情期间高速公路免费通行，无法获取客货运数据；全省铁路相关数据未分市州。

2009 年	2010 年	2011 年	2012 年	2013 年	2014 年	2015 年	2016 年	2017 年	2018 年	2019 年	2020 年
21074	22947	25651	26145	28048	30449	33932	36767	41739	43792	49017	
158	167	172	157	149	133	138	113	114	123	128	
18084	19270	21788	23139	24627	27098	30412	34047	38808	41265	46497	
2669	3369	3529	2668	3080	3014	3159	2388	2603	2330	2122	
8.7	10.8	11.5	11.1	11.8	12.5	12.2	13.0	13.9	15.6	17.6	19.2
4.5	6.0	6.0	5.6	5.9	6.2	6.0	6.3	6.8	8.0	9.0	10.7
1769962	2192493	2571162	3016629	3340723	3597375	3861850	3876534	4487906	4874183	5674719	
1036295	1285375	1609109	2061286	2352483	2642698	2898610	3274392	3833118	4233826	5000574	
210498	369090	408774	425713	485042	498947	546979	186206	203338	171022	176890	
31304	33983	35525	36440	37922	13610	13078	12655	12435	12488	12705	
1479	1642	1816	1954	2088	3053	3633	4103	4770	5392	6049	
28868	31257	33102	33847	35143	9765	8606	7578	6558	5889	5351	
16	18	15	1						10	21	
942	1066	1183	1278	1390	1588	1684	1949	2218	2527	2691	1922
471	535	592	638	691	792	839	974	1108	1196	1285	926
1747800	1945489	2454122	2544691	2767006	2210039	2436877	2736009	2792997	3003678	3062983	
1060178	1130385	1206736	1236101	1304296	611156	517820	495170	429333	412031	381250	
116	141	125	9						122	246	

11－2 陆运工具情况

单位：辆

年 份	汽车				摩托车			拖拉机			挂车
		载客汽车	载货汽车	其它汽车		普通	轻便		大型	小型	
2005 年	190684	149154	38759	2771	221983	216528	5455	8759	20	8739	607
# 私人	126289	104718	20309	1262	215481	210112	5369	8759	20	8739	155
2006 年	233388	188563	41492	3333	221008	216475	4533	10351	439	9912	648
# 私人	163162	138760	23002	1400	215401	210932	4469	10351	439	9912	140
2007 年	298280	239870	45384	13026	218738	214406	4332	12112	725	11387	751
# 私人	221801	184369	26878	10554	213957	209680	4277	12112	725	11387	154
2008 年	375305	308420	50298	16587	219100	215010	4090	12763	4700	8063	842
# 私人	290783	245501	31898	13384	215313	211275	4038	12757	4699	8058	181
2009 年	520622	441276	62932	16414	253653	251639	2014	15098	5641	9210	2324
# 私人	403195	347324	43213	12658	249451	247474	1977	15098	5641	9210	313
2010 年	672275	572881	82361	17033	312693	310253	2440	18172	6464	11422	2873
# 私人	546834	473654	59529	13651	308761	306358	2403	18172	6464	11422	560
2011 年	826223	712671	96161	17391	340740	339181	1559	20002	6814	12832	3521
# 私人	689957	604727	71360	13870	337480	335933	1547	20002	6814	12832	750
2012 年	1001039	876321	107715	17003	375796	373989	1807	22949	7819	14493	4049
# 私人	856813	761391	82028	13394	372928	371126	1802	22949	7819	14493	942
2013 年	1189387	1058547	114695	16145	365006	363081	1925	25954	8980	15900	4391
# 私人	1055542	953004	89766	12772	363903	361983	1920	25954	8980	15900	1160
2014 年	1444002	1296480	129278	18244	377168	375074	2094	28188	9693	17239	5043
# 私人	1285080	1172006	99836	13238	374169	372080	2089	28188	9693	17239	1328
2015 年	1688299	1540228	129994	18077	376321	374307	2014	29585	10748	17511	5768
# 私人	1522538	1408674	101230	12634	373522	371509	2013	29585	10748	17511	1558
2016 年	1942362	1795437	131152	15773	275607	273899	1708	30694	11375	17983	6981
# 私人	1762027	1651429	100344	10254	272751	271043	1708	30694	11375	17983	8853
2017 年	2177513	2039624	122812	15077	339770	337936	1834	29824	10987	17730	8968
# 私人	1978243	1880184	88705	9354	336076	334242	1834	29824	10987	17730	2209
2018 年	2428064	2279041	133329	15694	338436	336612	1824	31749	12760	18169	9791
# 私人	2190072	2086715	94273	9084	336076	334242	1834	31749	12760	18169	2473
2019 年	2648012	2487280	143553	17179	343820	342003	1817	29120			12791
# 私人	2384485	2275818	99478	9189	338089	336272	1817	29120			2790
2020 年	2833006	2656811	157197	18998	362038	351781	10257	23574			15348
# 私人	2549808	2438836	101970	9002	355466	345234	10232				3463

注：1. 2019 年年报中拖拉机（农机部门数据）未分大型、小型。

2. 2020 年开展了电动摩托车的上牌整治活动，新注册轻便摩托车数量大幅增长；由于省交警总队表式调整，拖拉机无相关分组。

11－3 公路里程与桥梁情况（2020 年）

指 标	单 位	合 计	国运公路	省运公路	市县公路	乡公路	村道
一、通车里程	公里	16255	1076	1757	2165	2707	8550
# 绿化里程	公里	13736	903	1525	1949	2361	6999
其中：高级、次高级路面	公里	15810	1076	1686	2152	2636	8260
中级路面	公里	103		32	4	26	42
二、常年养护里程	公里	16255	1076	1757	2165	2707	8550
三、桥梁	米	196644	114738	40027	15389	9662	16827
	座	2924	553	565	398	491	917

11－4 电信业务基本情况(2020 年)

指　　标	单位	2011 年	2012 年	2013 年	2014 年	2015 年
一、电信业务总量及收入						
电信业务总量	万元	990885	1073997	1141689	1643333	2088712
电信业务收入	万元	864138	942093	1027921	994611	995652
二、电信设备和服务能力						
光缆线路长度	公里	137803	161811	173035	190015	222696
# 长途光缆线路长度	公里	2285	2366	3031	3320	4244
移动电话基站	个	11835	15785	19408	30154	33374
互联网宽带接入端口	万个	176.88	239.23	202.57	254.34	268.40
三、电信主要业务						
固定电话通话时长	亿分钟	48.55	38.12	35.09	32.79	27.90
移动电话通话时长	亿分钟	428.85	457.67	486.07	471.95	484.50
移动短信业务量	亿条	96.20	97.89	86.79	70.05	67.60
移动电话年末用户	万户	898.48	984.45	1086.50	1118.20	1122.77
# 3G 移动电话用户	万户	98.52	216.70	380.96	494.59	416.90
4G 移动电话用户	万户				103.75	353.80
固定本地电话年末用户	万户	214.43	211.65	206.57	194.74	181.94
# 普通电话用户	万户	169.98	170.83	163.54	176.58	171.64
公用电话用户	万户	30.33	30.23	21.76	18.16	10.30
互联网宽带用户	万户	115.60	134.25	142.98	152.83	180.27

注:2019 年制度修订,公用电话用户指标取消。

11－4 **续表**

指　　标	单位	2016 年	2017 年	2018 年	2019 年	2020 年
一、电信业务总量及收入						
电信业务总量	万元	3201210	2468859	6438951	10029578	12717582
电信业务收入	万元	1084510	1141809	1184780	1126082	1167662
二、电信设备和服务能力						
光缆线路长度	公里	261353	281728	315335	305862	303365
# 长途光缆线路长度	公里	4140	4575	4549	4671	4605
移动电话基站	个	42667	45400	50600	63304	75236
互联网宽带接入端口	万个	582.93	635.44	751.21	657.50	648.85
三、电信主要业务						
固定电话通话时长	亿分钟	24.04	22.91	17.77	17.96	22.27
移动电话通话时长	亿分钟	470.90	454.10	426.10	411.18	364.71
移动短信业务量	亿条	59.06	27.78	35.13	32.55	104.91
移动电话年末用户	万户	1047.70	1202.96	1250.86	1308.27	1320.95
# 3G 移动电话用户	万户	93.90	92.59	99.67	55.57	30.64
4G 移动电话用户	万户	784.40	943.97	1027.49	1059.06	1053.39
固定本地电话年末用户	万户	170.69	152.97	156.38	155.86	150.07
# 普通电话用户	万户	160.24	144.96	145.95	155.86	84.59
公用电话用户	万户	10.45	8.01	1.00		
互联网宽带用户	万户	226.92	279.25	328.17	379.51	434.51

11－5 邮政业务基本情况(2020年)

指标	单位	2013年	2014年	2015年	2016年	2017年	2018年	2019年	2020年
一、邮政行业业务总量及收入									
邮政行业业务总量	万元	211548	305265	422810	579942	828553	1128893	1552100	2118700
邮政行业业务收入	万元	184008	221701	269113	368747	481560	580336	747700	948100
二、邮政行业通信网络									
营业网点	处	863	1556	1540	1899	2068	2074	2943	3410
# 快递营业网点	处	634	1370	1310	1669	1837	1842	1748	1952
信筒信箱	个	309	309	306	306	301	244	275	275
邮路总长度	公里	1907	1931	2047	2339	2554	2121	3798	3326
农村投递路线长度	公里	14706	14557	14706	14872	19773	17526	14656	14656
城市投递路线长度	公里	11870	11864	11870	14513	16633	24998	19074	19046
三、邮政普遍服务									
函件	万件	2120	1793	1569	1221	1209	1351	1317	1220
订销报纸累计数	万份	15224	12207	12028	11701	12667	12928	11391	11032
订销杂志累计数	万份	1809	847	821	746	657	654	615	627
四、快递服务									
快递业务量	万件	8682	13470	18676	26028	33134	44408	64123	93034
# 国内同城快递	万件	1742	2163	4127	5770	8372	11872	13497	15164
国内异地快递	万件	6775	10913	14062	19648	23640	31034	49488	77448
国际及港澳台快递	万件	165	394	487	610	1122	1502	1147	422
快递业务收入	万元	129107	165977	198518	282125	364503	442471	584240	755787
# 同城	万元	12231	14446	34700	37429	62772	84645	74398	86051
异地	万元	95004	111194	110111	158756	189115	242598	328011	444068
国际及港澳台	万元	11660	16405	19995	25533	37184	41719	46008	28789

11－6 民用车辆拥有量(2020年)

单位:辆

指　　标	总　计	营　运	非营运	总计中:#进口	#个人	#新注册
合　计	**3243359**	**156759**	**3030074**	**215816**	**2908737**	**296283**
一、汽车	2833006	141675	2667772	212989	2549808	262097
1. 载客汽车	2656811	41203	2592049	212319	2438836	239151
大型	17734	15058	2479	95	35	244
中型	5032	466	3237	193	446	175
小型	2624328	25479	2576816	210232	2429510	238706
微型	9717	200	9517	1799	8845	26
在载客汽车中:轿车	1687176	25132	1640227	79390	1567542	138111
2. 载货汽车	157197	97777	59420	584	101970	20989
重型	44479	42817	1662	248	22120	6090
中型	4782	3830	952	1	3042	141
轻型	107878	51124	56754	335	76762	14758
微型	58	6	52		46	
在载货汽车中:普通载货						
3. 其他汽车	18998	2695	16303	86	9002	1957
# 三轮汽车	59	13	46		59	
低速货车	1558	842	716		1540	
三、摩托车	362038	75	361963	2823	355466	29462
1. 普通	351781	75	351706	2823	345234	20986
2. 轻便	10257		10257		10232	8476
四、拖拉机	23574					1276
五、挂车	15348	15009	339	4	3463	2995
六、其他类型车	9393					453

注:2020年全市机动车驾驶员3518411人,其中:汽车驾驶员3426820人。

12 国内外贸易、对外经济和旅游

长沙统计年鉴

12－1 历年社会消费品零售总额

单位:万元

年份	全市	市区	县区
1978	77191	45539	31652
1979	95027	56574	38453
1980	112891	66721	46170
1981	123518	73330	50188
1982	133437	77260	56177
1983	150016	88953	61063
1984	184280	113789	70491
1985	243928	159701	84227
1986	284219	187672	96547
1987	335287	222449	112838
1988	441905	299143	142762
1989	482953	331689	151264
1990	513871	363110	150761
1991	564467	404684	159783
1992	649946	469391	180555
1993	835459	592123	243336
1994	1159079	858308	300771
1995	1655077	1256370	398707
1996	1924013	1478084	445929
1997	2229804	1730180	499624
1998	2507440	1969477	537963
1999	2854019	2267977	586042
2000	3321613	2669100	652513
2001	3823830	3105442	718388
2002	4379470	3602472	776998
2003	5057128	3940616	1116512
2004	5943647	4633177	1310470
2005	6912442	5199309	1713133
2006	8079595	6060923	2018672
2007	9715761	7287745	2428016
2008	11813109	8801598	3011511
2009	13573325	10034272	3539053
2010	16220858	11799069	4421789
2011	19505532	14638919	4866613
2012	22231254	16573985	5657269
2013	25284617	18712375	6572242
2014	28314880	20683590	7631290
2015	31502425	22605983	8896441
2016	34819847	24583066	10236781
2017	38222477	26627789	11594688
2018	41692424	28814181	12878244
2019	45894043	31686226	14207817
2020	44697628	31024597	13673031

注:根据第四次全国经济普查结果对1993－2019年社会消费品零售总额进行了调整。由于2003年以前未进行区域统计,故未对2003年以前市区、县区分组数据进行调整。1993－2002年全市数据与市区、县区分组数据之和存在差异。

12－2 分行业社会消费品零售总额

单位:万元

年　份	全　市	批发零售业	住宿餐饮业	其　他
1993	835459	622920	46608	165931
1994	1159079	868057	79121	211901
1995	1655077	1278041	100585	276451
1996	1924013	1464289	121422	338302
1997	2229804	1721170	159386	349248
1998	2507440	1887088	237897	382455
1999	2854019	2103875	323298	426846
2000	3321613	2444695	382903	494015
2001	3823830	3308505	478511	36813
2002	4379470	3771819	568728	38923
2003	5057128	4324156	688413	44559
2004	5943647	5065323	826946	51378
2005	6912442	5827325	1020732	64385
2006	8079595	6813635	1193443	72517
2007	9715761	8187983	1446195	81583
2008	11813109	9956699	1763593	92817
2009	13573325	11504156	1965279	103890
2010	16220858	14411005	1809853	
2011	19505532	17359190	2146342	
2012	22231254	19813380	2417874	
2013	25284617	22763498	2521119	
2014	28314880	25626829	2688051	
2015	31502425	28563406	2939019	
2016	34819847	31605585	3214262	
2017	38222477	34717779	3504698	
2018	41692424	37568788	4123636	
2019	45894043	41491804	4402239	
2020	44697628	40594288	4103340	

注:根据第四次全国经济普查结果对 1993－2019 年社会消费品零售总额进行了调整。因方法制度改革,从 2010 年开始取消行业分组中的“其他”。

12－3 限额以上批发和零售业法人企业商品购进、销售和库存(2020 年)

单位:万元

指 标	购进总额	销售总额	#通过公共网络实现的销售额	批发	零售	#通过公共网络实现的零售额	年末库存总额
总 计	**52824644**	**52924721**	**6545143**	**36330464**	**16037476**	**2645978**	**3828901**
一、批发业	39733029	36800562	3958565	35326557	918130	201948	2595360
1. 按登记注册类型分组							
内资企业	38028748	34611559	3893603	33198846	856837	143076	2459314
国有企业	1069059	1510925	1304428	1510925			32062
有限责任公司	15345809	15658488	1410108	15211803	196840	15184	1127498
股份有限公司	6571067	951327	1931	944030	7298		365594
私营企业	15042813	16490819	1177137	15532089	652699	127892	934161
港、澳、台商投资企业	402988	729466	64962	670037	59429	58872	50562
外商投资企业	1301294	1459537		1457674	1864		85483
2. 按国民经济行业分组							
农、林、牧、渔产品批发	551350	573018	6056	565662	6681		55632
食品、饮料及烟草制品批发	4297418	5071601	1362335	4899731	167941	27729	340143
纺织、服装及家庭用品批发	1656195	1780985	56262	1638250	135415	13405	231539
文化、体育用品及器材批发	1194601	1295720	20615	1228663	67057	13831	112866
医药及医疗器材批发	7687543	8379275	356428	8136126	202690	73174	690792
矿产品、建材及化工产品批发	20457384	15319813	2018433	14859525	204901	20886	907455
机械设备、五金产品及电子产品批发	3255457	3506810	75404	3425740	79078	2210	213369
贸易经纪与代理	6387	6556		6363	193		877
其他批发业	626693	866784	63032	566498	54173	50714	42688
二、零售业	13091615	16124158	2586578	1003907	15119346	2444030	1233541
1. 按登记注册类型分组							
内资企业	11751122	14316157	2274105	996362	13318890	2135534	1119929
国有企业	36595	37361	175		37361		16743
集体企业	10567	11448		1759	9690		455
股份合作企业	2895	4985			4985		1128
有限责任公司	3373412	4842065	374849	484564	4357501	290028	443702
股份有限公司	904345	1283942	112216	60251	1223691	93410	105913
私营企业	7394622	8089831	1786865	430167	7658759	1752096	549062
其他企业	28686	46524		19621	26903		2925
港、澳、台商投资企业	716988	840408	123922	5777	834631	120519	64026
外商投资企业	623506	967593	188550	1768	965825	187977	49587
2. 按国民经济行业分组							
综合零售	2465154	2761290	298340	70620	2690399	277017	289454
食品、饮料及烟草制品专门零售	401328	471811	35858	61339	410397	35616	35188
纺织、服装及日用品专门零售	399733	463899	81558	33124	430775	80919	69264
文化、体育用品及器材专门零售	503952	738421	51938	19925	718496	49316	113556
医药及医疗器材专门零售	608661	778367	101784	110229	668139	100816	86898
汽车、摩托车、零配件和燃料及其他动力销售	6419045	8255128	224748	532891	7722232	200377	539933
家用电器及电子产品专门零售	527129	568994	67728	38856	529583	61083	34542
五金、家具及室内装饰材料专门零售	177606	211422	3154	22075	189347	1967	16370
货摊、无店铺及其他零售业	1589007	1874827	1721470	114849	1759978	1636919	48337

12－4　限额以上住宿和餐饮业法人企业经营情况(2020年)

单位:万元

指　　标	营业额	客房收入	餐费收入	商品销售额	其他收入
总　　计	**1106219**	**185161**	**833423**	**31122**	**56513**
一、住宿业	334326	162563	119439	12047	40278
1.按登记注册类型分组					
内资企业	320177	153902	114783	11930	39562
国有企业	15310	6023	5410	306	3570
集体企业	10374	2975	4114	2817	468
有限责任公司	126556	51945	47724	6380	20506
股份有限公司	10190	3992	5077	21	1100
私营企业	157748	88967	52458	2405	13918
港、澳、台商投资企业	14149	8661	4656	117	716
2.按国民经济行业分组					
旅游饭店	231563	96452	95738	6955	32419
一般旅馆	85016	59910	17851	841	6413
民宿服务	2225	1255	952	18	
露营地服务	4640	444		4196	
其他住宿业	10883	4503	4898	37	1446
二、餐饮业	771893	22598	713985	19075	16235
1.按登记注册类型分组					
内资企业	508229	22598	451233	18808	15590
国有企业	3961	136	3825		
有限责任公司	124208	5502	109683	3836	5188
股份有限公司	725		524	202	
私营企业	379335	16961	337201	14771	10402
港、澳、台商投资企业	55465		55465		
外商投资企业	208199		207287	267	645
2.按国民经济行业分组					
正餐服务	453926	22145	400859	15456	15466
快餐服务	291698		290964		733
饮料及冷饮服务	23379		19905	3449	26
餐饮配送及外卖送餐服务	798		798		
其他餐饮业	2092	453	1459	170	11

12－5 限额以上零售业、住宿业和餐饮业连锁经营情况(2020年)

指标	单位	合计		直营店		加盟店	
		2020年	2019年	2020年	2019年	2020年	2019年
门店数	个	6544	5781	4589	4066	1955	1715
年末零售营业面积	m^2	3080221	3023159	2955996	2919771	124225	103388
年末餐饮营业面积	m^2	508565	475414	195115	172048	313450	303366
餐位数	个	176408	167387	54565	47604	121843	119783
年末从业人员数	人	76960	74817	58056	56411	18904	18406
商品购进(采购)总额	万元	4889692	5097579	4736321	4964973	153373	132606
商品销售总额	万元	5560192	5518605	5400905	5373463	159287	145142
# 零售额	万元	5204828	4350533	5050748	4205391	154081	145142
营业额	万元	527726	540184	339021	357396	188705	182789
# 商品销售额及餐费收入	万元	524470	536736	335766	354610	188705	182126

12－6　限额以上批发企业主要财务状况(2020年)

指　　标	法人企业数(个)	#执行《2006年企业会计准则》企业数(个)	流动资产合计	#存货	固定资产原价
总　　计	**1174**	**648**	**14911876**	**2733046**	**1348196**
1.按登记注册类型分组					
内资企业	1156	637	14237091	2592810	1307110
国有企业	4	4	343121	31674	149213
有限责任公司	144	113	7743658	1497764	623594
股份有限公司	14	13	715924	166679	121674
私营企业	994	507	5434389	896693	412630
港、澳、台商投资企业	7	4	332318	50942	24786
外商投资企业	11	7	342467	89294	16300
2.按国民经济行业分组					
农、林、牧、渔产品批发	26	16	309899	98078	71306
食品、饮料及烟草制品批发	129	81	2487320	792212	644656
纺织、服装及家庭用品批发	93	39	856326	207037	57554
文化、体育用品及器材批发	118	62	363899	88725	51082
医药及医疗器材批发	187	113	4533734	678835	200592
矿产品、建材及化工产品批发	414	230	5170649	638988	225790
机械设备、五金产品及电子产品批发	186	98	976194	186443	90603
贸易经纪与代理	2	1	2597	1006	1454
其他批发业	19	8	211260	41721	5159

单位:万元

累计折旧	#本年折旧	资产总计	流动负债合计	负债合计	所有者权益合计	#实收资本
499407	**68841**	**18676542**	**11922086**	**13311510**	**5937894**	**3501574**
487825	64141	17930633	11332019	12719822	5783674	3454026
105375	5028	520636	77372	77417	443219	15876
188723	22074	9755196	6251220	7198863	2535682	1363108
58361	3859	1303240	533432	659197	1267211	218307
135366	33180	6351561	4469995	4784345	1537562	1856737
5334	3817	364395	258059	259180	105215	12896
6248	883	381513	332008	332508	49005	34652
39864	2659	451179	221259	241411	210356	98224
238543	20284	3720679	1731577	2451871	1261945	212038
14609	3611	967527	749697	800592	165905	62261
16644	2630	433140	233443	256846	176295	58711
71902	14811	4989647	3660400	3839616	1140088	1578192
83687	12896	6497696	4325996	4644583	2446537	1305770
32064	11343	1384735	855615	929669	453296	160137
175	63	3933	2227	2320	1613	1210
1920	545	228006	141873	144603	81860	25033

12－6 续表

指　　标	营业收入	#主营业务收入	营业成本	税金及附加	销售费用
总　　计	**33382543**	**32736074**	**30389429**	**234052**	**1356999**
1.按登记注册类型分					
内资企业	31319960	30674210	28757642	229008	1057769
国有企业	1347416	1341319	964991	158466	26823
有限责任公司	14171305	13879937	13508144	21540	303264
股份有限公司	884762	875696	739846	2110	43757
私营企业	14916477	14577258	13544662	46893	683926
港、澳、台商投资企业	655110	654798	397504	3579	130797
外商投资企业	1407473	1407066	1234284	1464	168432
2.按国民经济行业分组					
农、林、牧、渔产品批发	553203	544373	490080	253	14073
食品、饮料及烟草制品批发	4729432	4688082	3914786	170026	301294
纺织、服装及家庭用品批发	1637165	1613924	1416724	4206	157015
文化、体育用品及器材批发	1188755	1180750	1062214	9857	37790
医药及医疗器材批发	7536104	7468287	6718509	17346	389334
矿产品、建材及化工产品批发	13700874	13442563	13166762	20117	202902
机械设备、五金产品及电子产品批发	3263135	3237722	3001579	4982	186484
贸易经纪与代理	5398	5398	4036	12	593
其他批发业	768477	554974	614740	7253	67514

单位:万元

管理费用	财务费用	#利息费用	营业利润	利润总额	应付职工薪酬（本年贷方累计发生额）	应交增值税
537337	**168241**	**201810**	**855724**	**863811**	**574720**	**363448**
502060	167899	200554	763215	772491	526625	330632
42172	-4666	399	160866	160036	39210	50918
154148	114266	141083	232316	224829	171976	74901
30798	7733	12248	89108	89038	36611	11986
274943	50567	46824	280925	298589	278829	192827
25414	93	916	97519	97247	35113	27624
9862	249	340	-5010	-5928	12982	5192
17469	2820	2560	33824	33735	16676	648
129280	31425	38817	253364	254593	147965	97721
23680	7099	7842	44159	44867	31510	12646
25103	2715	2913	62675	63261	28402	18356
156022	59266	59650	199864	197656	164881	104578
111744	52009	81922	186104	192679	107192	68259
52727	11940	7398	12202	13901	61649	26842
223	52	41	624	571	267	40
21088	914	668	62909	62549	16179	34357

12－7 限额以上零售企业主要财务状况(2020年)

指 标	法人企业数(个)	#执行《2006年企业会计准则》企业数(个)	流动资产合计	#存货	固定资产原价
总 计	**924**	**599**	**5635575**	**1398612**	**2217586**
1.按登记注册类型分组					
内资企业	895	574	4826003	1272417	1849388
国有企业	5	5	27905	17916	16110
集体企业	2		14358	289	11391
股份合作企业	1	1	1566	1128	429
有限责任公司	121	90	1933772	395065	555337
股份有限公司	6	6	774404	332209	779283
私营企业	759	471	2073181	525187	486735
其他企业	1	1	817	623	104
港、澳、台商投资企业	12	12	548948	62324	182774
外商投资企业	17	13	260624	63872	185424
2.按国民经济行业分组					
综合零售	96	69	1254183	443268	1087913
食品、饮料及烟草制品专门零售	65	38	120551	32620	38785
纺织、服装及日用品专门零售	40	23	240463	55989	14666
文化、体育用品及器材专门零售	44	30	719953	109405	144396
医药及医疗器材专门零售	23	16	653412	82290	104823
汽车、摩托车、零配件和燃料及其他动力销售	390	269	1807518	556893	752174
家用电器及电子产品专门零售	92	59	348315	37024	25730
五金、家具及室内装饰材料专门零售	74	41	61875	17080	13838
货摊、无店铺及其他零售业	100	54	429306	64044	35261

单位:万元

累计折旧	#本年折旧	资产总计	流动负债合计	负债合计	所有者权益合计	#实收资本
822951	**120859**	**9752233**	**5366480**	**6173568**	**3553896**	**1536741**
691309	96442	8144929	4550710	5270520	2850017	1211839
7545	469	48854	31704	34808	14046	7689
811	231	25693	15976	16072	9621	1113
245	28	1757	1443	1443	314	180
201995	30981	2958032	1902723	2067884	889876	554289
286534	30596	2253003	764760	1133990	1119013	206876
194132	34133	2856545	1833322	2015544	816879	436692
46	5	1046	781	778	268	5000
35335	14636	1085275	612842	648812	436463	110422
96307	9781	522029	202929	254236	267417	214480
399021	46528	3118444	1372790	1798582	1319362	402442
13809	2611	192536	78451	132450	56615	141959
7354	2475	265322	218062	220298	44736	22393
72578	6509	911226	535623	554714	356463	173221
17718	11182	1174810	653272	677666	497144	96968
281137	46396	3133909	1844353	2100918	1018444	472419
10624	1457	381610	315648	322831	53974	36694
3117	1172	76614	49098	55274	18197	19459
17592	2528	497763	299183	310835	188961	171186

12－7 续表

指　　标	营业收入	#主营业务收入	营业成本	税金及附加	销售费用
总　　计	**14286192**	**13856409**	**12198323**	**58588**	**1226696**
1. 按登记注册类型分					
内资企业	12563939	12181577	10782235	51449	1037357
国有企业	36811	33375	33056	174	1160
集体企业	10123	8997	7917	95	845
股份合作企业	4442	4442	2668	25	1225
有限责任公司	4359616	4247137	3673305	13006	384576
股份有限公司	786442	734987	577524	10627	91183
私营企业	7320270	7106404	6447133	27486	552497
其他企业	46236	46236	40632	38	5871
港、澳、台商投资企业	809956	784403	639262	3601	99252
外商投资企业	912297	890428	776826	3538	90087
2. 按国民经济行业分组					
综合零售	2140653	2038740	1672114	21168	270288
食品、饮料及烟草制品专门零售	432901	414022	361001	1236	50339
纺织、服装及日用品专门零售	437187	407424	308320	1532	78410
文化、体育用品及器材专门零售	717419	704856	484850	4117	90650
医药及医疗器材专门零售	756718	733159	555804	2599	139493
汽车、摩托车、零配件和燃料及其他动力销售	7418648	7228404	6838934	20108	273664
家用电器及电子产品专门零售	526387	521650	476208	1141	31954
五金、家具及室内装饰材料专门零售	188968	171595	150744	1527	16383
货摊、无店铺及其他零售业	1667311	1636559	1350349	5159	275514

单位:万元

管理费用	财务费用	#利息费用	营业利润	利润总额	应付职工薪酬（本年贷方累计发生额）	应交增值税
516785	**119027**	**58020**	**280431**	**283366**	**622962**	**276289**
437017	64844	53750	228308	225648	530754	251181
2409	-84	46	-433	346	3085	583
940	-12	14	338	303	880	189
440	14		68	68	630	202
154297	8185	7145	122922	111091	227103	41264
92767	22187	23838	31354	27037	66861	102466
185364	34554	22707	72914	85662	229104	105995
799			1145	1141	3091	483
37954	3049	3143	49273	55442	60071	14588
41815	51134	1128	2850	2276	32137	10520
160819	30229	29960	28488	23130	151507	125420
15113	1088	639	4181	-9202	28115	6247
25864	511	654	17433	19140	29709	10620
66167	-2916	-5273	83395	83109	87701	4254
41181	2688	4794	46247	51668	76918	17295
125172	33787	24810	113482	120988	164221	77079
16109	2144	733	-1577	-555	15934	5367
17755	50030	414	3853	4037	9384	3683
48606	1467	1289	-15071	-8949	59474	26324

12－8　限额以上住宿企业主要财务状况(2020年)

指　　标	法人企业数(个)	#执行《2006年企业会计准则》企业数(个)	流动资产合计	#存货	固定资产原价
总　　计	**176**	**103**	**948960**	**9046**	**937274**
1. 按登记注册类型分组					
内资企业	175	102	940860	8929	935229
国有企业	4	3	27699	374	44687
集体企业	1	1	12909	208	9391
有限责任公司	39	29	190968	2184	513224
股份有限公司	2	1	522937	293	60283
私营企业	129	68	186347	5871	307644
港、澳、台商投资企业	1	1	8100	117	2046
2. 按国民经济行业分组					
旅游饭店	65	47	365250	5921	767037
一般旅馆	102	50	54986	2793	106186
民宿服务	3	2	1238	25	1187
露营地服务	1	1	4527	1	2867
其他住宿业	5	3	522959	307	59998

单位:万元

累计折旧	#本年折旧	资产总计	流动负债合计	负债合计	所有者权益合计	#实收资本
492294	**35619**	**1743233**	**840558**	**1118690**	**624209**	**478964**
491513	35217	1733869	837068	1115200	618335	473898
20968	1596	51955	20468	35346	16610	5751
8642	241	14255	4813	4813	9441	3500
273051	17393	548161	193441	278417	268663	267166
42862	1312	679792	365255	395774	284018	104272
145990	14676	439706	253091	400850	39603	93209
781	402	9364	3490	3490	5874	5066
406108	27233	889670	336838	566934	322996	320946
43540	6387	162793	135077	150669	12124	53110
67	35	2355	1293	1312	1043	20
1270	488	6750	1863	1863	4887	2000
41309	1476	681666	365487	397912	283159	102888

12－8 续表

指　　标	营业收入	#主营业务收入	营业成本	税金及附加	销售费用
总　　计	**320992**	**312459**	**135249**	**5522**	**67669**
1. 按登记注册类型分组					
内资企业	307640	299107	128037	5502	66995
国有企业	14681	13738	5833	138	2295
集体企业	10316	10316	2302	4	3513
有限责任公司	122950	118047	45819	3521	26832
股份有限公司	9653	9639	6631	316	555
私营企业	150041	147368	67453	1523	33801
港、澳、台商投资企业	13352	13352	7211	21	673
2. 按国民经济行业分组					
旅游饭店	222268	217441	91732	4217	47140
一般旅馆	82504	79407	34526	987	19283
民宿服务	1600	1570	899	12	39
露营地服务	4333	4333	1127	22	291
其他住宿业	10288	9708	6963	285	916

单位:万元

管理费用	财务费用	#利息费用	营业利润	利润总额	应付职工薪酬（本年贷方累计发生额）	应交增值税
138220	**16710**	**15523**	**-21919**	**-21299**	**95827**	**5430**
135131	16716	15523	-24283	-23729	92906	5296
8180	-277	38	-1383	-546	6629	461
3710	17		771	841	1328	32
59867	2387	2615	-7458	-7921	38492	1661
8072	3039	2099	-1596	-2787	4807	400
55301	11551	10770	-14617	-13316	41651	2742
3089	-6		2364	2429	2922	134
97368	12591	12464	-18593	-17334	68429	3788
31064	1014	895	-3452	-2957	21662	1049
404	3	2	253	255	308	26
1138	38	41	1717	1758	786	191
8247	3065	2121	-1844	-3021	4642	377

12－9　限额以上餐饮企业主要财务状况(2020年)

指　　标	法人企业数(个)	#执行《2006年企业会计准则》企业数(个)	流动资产合计	#存货	固定资产原价
总　　计	**318**	**188**	**232033**	**14350**	**297953**
1. 按登记注册类型分组					
内资企业	312	185	214729	11430	224253
国有企业	2	2	1044	140	2050
有限责任公司	65	53	46246	2190	61916
股份有限公司	1		1165	110	2301
私营企业	244	130	166274	8991	157986
港、澳、台商投资企业	2	1	5528	677	21063
外商投资企业	4	2	11776	2243	52638
2. 按国民经济行业分组					
正餐服务	255	142	205880	11023	218533
快餐服务	12	5	16094	2843	77005
饮料及冷饮服务	48	41	7516	298	904
餐饮配送及外卖送餐服务	1		2255	2	372
其他餐饮业	2		289	185	1139

单位:万元

累计折旧	#本年折旧	资产总计	流动负债合计	负债合计	所有者权益合计	#实收资本
165007	**29792**	**531215**	**348488**	**428205**	**98422**	**94932**
130725	16031	409107	276510	333699	70819	80849
1354	277	1828	1257	1789	39	
37859	3979	85336	71319	81940	3396	25429
828	188	2218		1833	384	
90685	11587	319725	203934	248137	67000	55420
11707	11692	43683	20438	38005	5678	10000
22575	2069	78426	51541	56501	21925	4083
127537	14395	391765	272158	329443	57866	73217
36706	15020	126437	69793	92066	34239	20107
321	272	9380	4017	4130	5250	265
187	32	2453	2082	2082	371	963
257	74	1180	439	484	696	380

12－9 续表

指　　标	营业收入	#主营业务收入	营业成本	税金及附加	销售费用
总　　计	**744984**	**720531**	**418769**	**2528**	**201012**
1. 按登记注册类型分组					
内资企业	496714	472422	297237	2170	117110
国有企业	3769	3769	2957	26	1109
有限责任公司	123830	121687	65451	427	40559
股份有限公司	725	725	414	19	200
私营企业	368390	346241	228416	1698	75242
港、澳、台商投资企业	52170	52170	16449	27	33071
外商投资企业	196099	195939	105083	331	50831
2. 按国民经济行业分组					
正餐服务	442640	418281	258270	2135	105861
快餐服务	276746	276659	150615	369	83981
饮料及冷饮服务	22798	22791	8484	19	10706
餐饮配送及外卖送餐服务	798	798	682		107
其他餐饮业	2002	2002	718	4	358

单位:万元

管理费用	财务费用	#利息支出	营业利润	利润总额	应付职工薪酬（本年贷方累计发生额）	应交增值税
76823	**9434**	**5795**	**33841**	**38820**	**158293**	**4957**
56168	7177	5585	15274	20152	107410	3614
1282	86	3	－1686	24	1074	47
10046	1808	1992	7305	8073	26438	630
175	76	77	－159	－157	345	1
44665	5208	3513	9813	12212	79552	2937
2825	2117	3	－2596	－2576	12636	19
17829	140	207	21163	21244	38247	1324
54833	7190	5645	10977	16466	96906	3380
20792	2182	124	19372	18935	57243	1272
724	28		2886	2787	3660	226
200	22	20	－30	－13	257	35
273	12	5	636	645	228	44

12－10 亿元以上商品交易市场基本情况(按市场类别分组)(2020 年)

指　　标	市场数量(个)	总摊位数(个)	年末出租摊位数(个)	营业面积(m^2)	成交额(万元)
总　　计	**50**	**56917**	**43474**	**5428090**	**29893821**
一、按市场类别分组					
1. 综合市场	9	19990	19395	2012650	17920005
综合贸易市场	9	19990	19395	2012650	17920005
工业消费品综合市场	4	10911	10585	889307	7961651
农产品综合市场	2	7356	7356	983734	9799446
其他综合市场	3	1723	1454	139609	158908
2. 专业市场	41	36927	24079	3415440	11973816
生产资料市场	10	18718	7773	1437637	7107782
建材市场	7	15218	4283	1229320	1457832
金属材料市场	1	2150	2150	180000	5500000
机械设备市场	1	682	682	4200	130800
其他生产资料市场	1	668	658	24117	19150
农产品市场	2	604	591	15690	437487
水产品市场	1	313	303	13340	421853
蔬菜市场	1	291	288	2350	15634
食品、饮料及烟酒市场	1	312	265	7600	17241
烟酒市场	1	312	265	7600	17241
纺织、服装、鞋帽市场	7	5381	5099	133646	204588
服装市场	7	5381	5099	133646	204588
日用品及文化用品市场	3	810	639	44465	439031
文具市场	1	62	62	13000	21200
图书、报刊市场	1	420	410	12585	173253
其他日用品及文化用品市场	1	328	167	18880	244578
黄金、珠宝、玉器等首饰市场	1	50	47	18500	331085
电器、通讯器材、电子设备市场	4	2111	867	49250	137897
通讯器材市场	1	450	59	1250	8955
计算机及辅助设备市场	3	1661	808	48000	128942
家具、五金及装饰材料市场	9	7052	6909	972781	1457756
家具市场	2	295	295	43080	28142
装饰材料市场	5	5269	5220	603577	1141331
五金材料市场	2	1488	1394	326124	288283
汽车、摩托车及零配件市场	4	1889	1889	735871	1840949
汽车市场	1	244	244	710667	1750941
摩托车市场	1	125	125	2800	25941
机动车零配件市场	2	1520	1520	22404	64067

12－11 亿元以上商品交易市场基本情况(按摊位类别分组)(2020年)

指　　标	年末出租摊位个数(个)	成交额(万元)
总　　计	**43474**	**29893821**
1. 粮油、食品类	9504	11556989
2. 饮料类	575	278598
3. 烟酒类	1575	1339062
4. 服装、鞋帽、针纺织品类	5704	671140
5. 化妆品类	176	59988
6. 金银珠宝类	114	334809
7. 日用品类	1585	919420
8. 五金、电料类	4052	2135915
9. 体育、娱乐用品类	164	80958
10. 书报杂志类	349	119567
11. 电子出版物及音像制品类	109	55511
12. 家用电器和音像器材类	1126	358952
13. 中西药品类	278	342586
14. 文化办公用品类	1453	812924
15. 家具类	1165	226936
16. 通讯器材类	212	30463
17. 煤炭及制品类		
18. 木材及制品类	602	240055
19. 石油及制品类	3	274
20. 化工材料及制品类	763	222457
21. 金属材料类	2238	5504620
22. 建筑及装潢材料类	8037	1992215
23. 机电产品及设备类	889	307935
24. 汽车类	1988	2015959
25. 种子饲料类	4	272
26. 棉麻类	20	559
27. 其他类	789	285657

12－12 利用外商直接投资

单位:万美元

项目	项目个数		实际利用外资	
	2020年	2019年	2020年	2019年
合计	**256**	**281**	**728167**	**637366**
一、按行业分				
1.农、林、牧、渔业	2	1	1048	
2.制造业	37	40	229853	217378
3.电力、燃气及水的生产和供应业	4	4		262
4.建筑业	3	4	1744	11279
5.交通运输、仓储和邮政业	5	95	28442	58391
6.信息传输、计算机服务和软件业	18	10	19377	19517
7.批发和零售业	45	10	44423	3883
8.住宿和餐饮业	8	17	928	17222
9.金融业	6	12	14896	71888
10.房地产业	39	13	345605	207701
11.租赁和商务服务业	34	31	7330	21949
12.科学研究、技术服务和地质勘查业	35	17	30295	1944
13.水利、环境和公共设施管理业		1		
14.居民服务和其他服务业	2	4		3999
15.教育	4	6	212	880
16.卫生、社会保障和社会福利业	2	1		5
17.文化、体育和娱乐业	12	14	4014	1068
18.公共管理、社会保障和社会组织		1		
二、按企业类型分				
中外合资企业	71	86	227897	153292
中外合作企业	2		3151	7683
外资企业	169	180	447544	454796
外商投资股份制	7	15	49575	21595
二、按主要国别(地区)分				
# 中国香港	134	131	549108	523898
中国台湾	38	36	14566	9144
美国	8	14	3849	3649
新加坡	10	8	19850	7355
英属维尔京群岛	6	3	33638	24768
日本	9	7	24432	5022
韩国	9	5	1651	5229
澳大利亚	2	3		30
意大利	1	3	8551	4
加拿大	2	2	4164	61
英国	6	6	10593	1930
德国	4	4	20569	1736

12－13 对外贸易进出口总值

单位:万美元、万元人民币

项目	2012年	2013年	2014年	2015年	2016年	2017年	2018年	2019年	2020年
进出口总额	**869252**	**989253**	**7579373**	**8055535**	**7267050**	**9380209**	**12833395**	**20024105**	**23525439**
1.出口	517382	616591	5336520	5374214	4857448	5878919	8231473	13972895	15484441
2.进口	351870	372662	2242853	2681321	2409602	3501290	4601922	6051210	8040998

注:2014年以前数据计量单位为万美元,2014年开始计量单位为万元人民币。

12－14 主要进出口商品总值

单位：万元

指标	2015年		2016年		2017年	
	出口	进口	出口	进口	出口	进口
一、机电产品	3311894	1785246	2626610	1568634	3222001	2233091
# 金属制品	268925	33475	266871	43184	286761	52784
机械设备	638252	352680	645313	542247	762070	706368
电器及电子产品	1751773	1132930	1224930	436598	1640566	775508
运输工具	422731	133790	321133	378129	330026	441948
仪器仪表	55768	120911	59271	150508	87402	220203
二、高新技术产品	1585061	1051492	1100149	586303	1459262	936143
# 生物技术	4697		5547		920	
生命科学技术	67370	24335	74174	25880	83382	29552
光电技术	6743	29561	8903	44853	7435	63324
计算机与通信技术	722024	67776	872080	117584	1131000	95764
电子技术	768627	810555	109218	259909	191805	478720
计算机集成制造技术	12520	94974	26672	121488	35308	243778
航空航天技术	1414	22766	2091	14093	1586	15705
三、农产品	249946	104661	278852	203570	309765	309151

12－14 续表

指标	2018年		2019年		2020年	
	出口	进口	出口	进口	出口	进口
一、机电产品	4148504	2892566	6986085	3389854	7735151	4538157
# 金属制品	547178	40149	853539	63467	847038	35116
机械设备	889916	765391	1271221	602615	1302445	1009018
电器及电子产品	1878393	1075512	3236559	1667898	3652188	2537502
运输工具	341541	512949	376159	562882	382658	549756
仪器仪表	215756	425129	551596	402877	762320	383354
二、高新技术产品	1670641	1467462	2939167	1991402	3003411	3248264
# 生物技术	1493		2390	31	2024	
生命科学技术	100487	30105	177160	28341	207779	25394
光电技术	13515	130980	35230	75902	30404	79612
计算机与通信技术	1285484	183451	1982438	164030	1825350	512229
电子技术	209563	741425	598789	1397576	765060	2238716
计算机集成制造技术	48687	243252	99074	157845	129265	262508
航空航天技术	1882	22745	3387	24983	16415	14762
三、农产品	320353	481323	321395	899176	319271	1085941

12－15 进出口商品主要产销国别(地区)总值

单位:万元

国家(地区)	2020年		2020年比2019年±%	
	出口	进口	出口	进口
合　　计	**12994718**	**6543885**	**14.6**	**38.8**
#德　国	364022	547724	4.6	6.1
法　国	165153	27729	46.0	27.2
英　国	397874	32835	17.3	34.5
意大利	100499	40724	－29.3	－3.2
西班牙	114803	32282	－12.8	62.4
比利时	248465	16570	115.9	－3.2
荷　兰	280070	377046	5.2	36.4
印度尼西亚	201697	59094	－20.5	－31.2
马来西亚	444035	288445	－8.8	284.6
菲律宾	411469	29229	56.0	6.8
新加坡	609382	52235	25.7	2.6
泰　国	433240	643452	100.6	182.5
越　南	946779	505483	64.8	217.5
美　国	1920541	367162	38.3	－7.9
中国香港	2743860	1778	－12.8	－69.6
韩　国	643588	825685	－4.3	22.5
日　本	318086	551422	－18.4	－17.8
澳大利亚	253690	343398	67.5	29.5
印　度	359721	63856	11.5	181.2
墨西哥	114004	56427	－8.8	140.0
加拿大	276815	139698	－0.8	13.3
中国台湾	226258	1371298	23.5	52.3
沙特阿拉伯	305764	5646	63.7	163.4
巴　西	147047	94471	12.3	227.3
俄罗斯联邦	676620	67426	115.4	29.6
阿联酋	200939	1457	－7.1	114.9
巴基斯坦	90297	1312	－10.0	－67.4

12－16 旅游业基本情况

项目	单位	2012年	2013年	2014年	2015年	2016年
一、接待旅游者总人数	万人次	8088.1	9602.3	10607.3	11721.3	12450
接待国内游客	万人次	7982.9	9485.4	10487.1	11601	12328.5
接待海外游客	人次	1051912	1169711	1202016	1203141	1215203
外国人	人次	650966	716129	732960	690102	692827
港澳台胞	人次	399946	453582	469056	513039	522376
二、旅游业总收入(人民币)	亿元	783.1	1006.3	1192.1	1351.5	1534.8
国内旅游收入(人民币)	亿元	741.1	958	1143.6	1302.6	1482
旅游创汇(美元)	万美元	66453	77902	78195	79312	79628
三、接待海外旅游者人天数	万人天	378.3	417.6	432.7	412.6	416.7
# 外国人	万人天	234.3	257.7	263.8	248.4	251.1
四、旅行社总数	个	245	245	270	270	290
出境组团社	个	21	22	26	26	52
非出境组团社	个	224	223	244	244	238
五、星级饭店总数	个	83	82	79	74	62
五星级	个	12	12	12	12	9
四星级	个	22	23	25	23	21
三星级	个	41	40	35	32	26
二星级	个	8	7	7	7	6
星级饭店客房总数	间	16453	16441	16126	15098	12639

说明:2017年开始旅游数据统计口径发生变化。2017年按照原口径:接待旅游者总人数13802.3万人次,接待国内游客13673.1万人次;旅游业总收入(人民币)1770.1亿元,国内旅游收入(人民币)1713.6亿元,旅游创汇(美元)84519.2美元;接待海外旅游者421.7万人天,其中外国人255.5万人天。

12－16 **续表**

项目	单位	2017年	2018年	2019年	2020年
一、接待旅游者总人数	万人次	14218.8	14973.5	16832.6	15194.3
接待国内游客	万人次	14089.6	14843.1	16699.6	15190.7
接待海外游客	人次	1292000	1303686	1329766	36297
外国人	人次	713834	703576	664640	18053
港澳台胞	人次	578166	600110	665126	18244
二、旅游业总收入(人民币)	亿元	1659.9	1808	2029	1661.3
国内旅游收入(人民币)	亿元	1625	1767	1983.4	1660.6
旅游创汇(美元)	万美元	51661	61988	65932	1097.5
三、接待海外旅游者人天数	万人天	248.8	323.6	329.1	7.96
# 外国人	万人天	142.5	178.4	174.7	4.18
四、旅行社总数	个	329	330	420	472
出境组团社	个	59	68	68	69
非出境组团社	个	270	262	352	403
五、星级饭店总数	个	56	46	45	43
五星级	个	9	9	10	10
四星级	个	21	20	20	20
三星级	个	21	17	15	13
二星级	个	5			
星级饭店客房总数	间	11755	11003	11001	10686

12－17 接待国际游客按国别（地区）分

单位：人次

国别（地区）	2012年	2013年	2014年	2015年	2016年	2017年	2018年	2019年	2020年
接待国际游客总数	1050912	1169711	1202016	1203141	1215203	1292000	1303686	1329766	36297
港澳台胞	399946	453582	469056	513039	522376	578166	600110	665126	18244
港澳同胞	165220	211821	221003	383023	391360	328494	372667	445711	11968
台　胞	234726	241761	248053	130016	131016	249672	227443	219415	6276
外国人	650966	716129	732960	690102	692827	713834	703576	664640	18053
#美　国	50678	56711	56812	42706	43006	28939	42476	30298	1150
日　本	56748	53690	50280	30716	31776	45499	61362	45100	1958
韩　国	307595	346822	357620	391501	368651	71455	120508	180633	3430
加拿大	14011	15550	16038	11709	11800	16458	16944	12966	568
西班牙	4880	5026	5098	2602	2709	2941	5069	5996	217
马来西亚	19045	20568	21390	22045	2235	39488	38177	36899	918
新加坡	23136	25124	27949	20949	19749	21393	20152	26084	618
德　国	20841	22716	23648	43648	44682	12529	17166	20309	566
法　国	13453	14663	14855	10842	11263	12475	15969	17265	463
瑞　典	1988	2186	2309	2862	3051	2783	3712	4352	113
英　国	20079	22287	22866	17347	18960	14570	22253	20323	545
澳大利亚	15278	16805	17009	13878	14012	12523	14875	11510	427
俄罗斯	22052	23154	24637	16071	18268	14039	17184	14991	524

13 服务业

长沙统计年鉴

13－1 规模以上服务业企业财务状况(2020年)

指　　标	单位数(个)	资产总计	负债合计	所有者权益合计	# 实收资本
总　　计	**1757**	**15128.66**	**8937.77**	**6190.85**	**1845.97**
交通运输、仓储和邮政业	200	7592.40	5001.08	2591.32	597.60
铁路运输业	5	478.40	283.81	194.59	245.94
道路运输业	126	6685.27	4453.18	2232.09	171.92
水上运输业	6	18.41	9.95	8.46	6.37
航空运输业	3	262.78	164.43	98.34	98.54
管道运输业	1	5.42	2.06	3.36	0.39
多式联运和运输代理业	25	17.26	11.12	6.14	4.08
装卸搬运和仓储业	25	100.93	55.30	45.63	20.10
邮政业	9	23.93	21.23	2.70	50.26
信息传输、软件和信息技术服务业	241	637.72	230.78	406.94	210.69
电信、广播电视和卫星传输服务	23	318.07	78.22	239.86	101.67
互联网和相关服务	62	155.64	80.07	75.56	64.90
软件和信息技术服务业	156	164.01	72.50	91.51	44.12
房地产业	182	356.33	244.76	111.57	39.10
物业管理	131	81.32	64.39	16.93	11.93
房地产中介服务	18	8.74	6.72	2.02	0.36
房地产租赁经营	33	266.27	173.64	92.63	26.81
租赁和商务服务业	381	1403.10	799.06	604.03	217.90
租赁业	27	8.57	6.83	1.74	3.05
商务服务业	354	1394.53	792.24	602.29	214.85
科学研究和技术服务业	291	876.37	468.48	407.88	196.49
研究和试验发展	22	106.17	37.97	68.20	66.05
专业技术服务业	244	621.06	337.79	283.28	112.49
科技推广和应用服务业	25	149.13	92.73	56.41	17.96
水利、环境和公共设施管理业	73	3165.96	1663.96	1502.00	310.53
水利管理业	1	0.19	0.12	0.07	0.02
生态保护和环境治理业	41	67.28	43.72	23.56	14.56
公共设施管理业	19	25.46	15.96	9.50	7.17
土地管理业	12	3073.04	1604.17	1468.87	288.77
居民服务、修理和其他服务业	93	39.00	32.18	6.81	3.63
居民服务业	42	34.32	30.07	4.26	2.40
机动车、电子产品和日用产品修理业	19	0.88	0.47	0.40	0.18
其他服务业	32	3.80	1.64	2.16	1.04
教育	41	22.05	16.27	5.78	2.67
教育	41	22.05	16.27	5.78	2.67
卫生和社会工作	62	225.83	105.99	119.84	60.39
卫生	61	225.22	105.47	119.75	60.39
社会工作	1	0.61	0.52	0.08	0.00
文化、体育和娱乐业	193	809.90	375.21	434.68	206.97
新闻和出版业	23	190.61	30.65	159.96	35.42
广播、电视、电影和录音制作业	76	468.96	217.66	251.30	150.91
文化艺术业	11	3.94	1.23	2.71	0.52
体育	17	6.68	5.14	1.54	2.35
娱乐业	66	139.70	120.53	19.18	17.77

单位:亿元

流动资产合计	#应收账款	#存货	固定资产原价	累计折旧	#本年折旧	无形资产	#土地使用权	营业收入
5754.06	**443.62**	**1869.73**	**6595.64**	**631.32**	**95.95**	**827.77**	**401.73**	**2340.15**
984.28	45.89	16.40	5490.09	230.56	40.21	489.59	148.59	517.41
7.79	1.14	0.33	404.23	53.97	9.79	106.81	106.81	22.92
844.27	26.20	2.70	4872.07	112.61	20.83	345.48	7.36	331.63
4.17	0.20	0.16	10.22	4.26	0.30	2.07	0.39	5.59
53.56	3.32	0.15	150.30	42.73	5.74	21.93	21.70	22.31
2.59	0.07	0.34	2.89	0.81	0.10	0.04		3.40
11.52	3.67	0.09	4.92	0.90	0.27	1.16	1.14	33.81
43.12	2.71	12.41	37.91	11.99	2.37	11.73	11.08	34.56
17.27	8.57	0.22	7.55	3.31	0.82	0.38	0.10	63.21
282.09	58.66	13.21	415.26	238.43	27.92	14.16	6.80	381.50
59.85	12.52	0.92	376.11	226.31	24.90	8.26	5.44	146.94
102.20	12.92	4.61	17.68	4.34	0.77	2.99	0.07	104.13
120.03	33.22	7.68	21.48	7.78	2.24	2.92	1.30	130.43
138.90	13.97	12.03	62.72	20.76	1.64	28.66	25.03	96.19
57.92	8.38	2.33	10.43	4.31	0.70	1.75	1.72	66.66
8.32	2.68	0.02	0.41	0.26	0.03			13.84
72.66	2.91	9.68	51.88	16.20	0.91	26.91	23.31	15.69
640.74	36.65	58.80	270.90	33.60	5.80	21.38	17.17	323.59
5.84	1.94	1.40	3.67	1.64	0.65	0.03		6.77
634.90	34.71	57.40	267.23	31.96	5.15	21.34	17.17	316.82
531.59	96.44	40.24	100.15	35.27	6.66	25.66	18.77	448.22
35.65	4.28	1.21	13.67	4.94	0.80	4.21	3.88	19.39
460.80	89.12	38.18	72.87	25.87	4.88	15.12	13.22	420.09
35.14	3.04	0.84	13.61	4.46	0.98	6.34	1.67	8.74
2561.39	129.97	1676.79	70.61	6.53	1.88	165.96	163.96	183.94
0.02	0.01		0.05	0.01				0.22
29.57	11.60	2.93	9.68	2.69	0.73	3.54	1.68	25.90
15.48	1.67	4.28	3.01	1.43	0.56	0.06	0.04	6.60
2516.32	116.70	1669.58	57.88	2.41	0.59	162.36	162.25	151.23
31.92	1.74	4.65	5.23	1.74	0.42	0.59	0.42	30.15
28.58	0.53	4.45	4.13	1.27	0.33	0.57	0.42	21.29
0.47	0.23	0.03	0.23	0.10	0.01			2.41
2.86	0.98	0.17	0.87	0.37	0.08	0.02		6.46
8.51	0.47	0.13	11.97	3.13	0.68	1.58	1.56	17.00
8.51	0.47	0.13	11.97	3.13	0.68	1.58	1.56	17.00
101.34	8.00	2.43	35.15	15.47	1.99	5.67	5.13	62.56
100.77	8.00	2.43	35.11	15.44	1.99	5.67	5.13	62.31
0.57			0.04	0.03				0.25
473.30	51.83	45.05	133.56	45.83	8.75	74.52	14.30	279.59
93.02	3.23	6.86	20.55	8.14	0.74	5.45	5.21	39.63
307.48	44.50	19.29	43.13	24.32	2.63	59.43		205.66
2.98	0.04	0.12	0.70	0.23	0.11	0.01		1.61
1.51	0.20	0.03	4.43	2.19	0.27	0.97	0.86	2.41
68.30	3.87	18.75	64.76	10.95	5.01	8.66	8.22	30.29

13－1 续表

指 标	营业成本	税金及附加	销售费用	管理费用	财务费用
总 计	**1737.28**	**23.65**	**150.38**	**200.71**	**175.58**
交通运输、仓储和邮政业	390.46	2.71	16.54	46.85	150.79
铁路运输业	26.85	0.03	0.05	0.67	11.46
道路运输业	207.50	1.56	13.65	34.58	137.01
水上运输业	4.97	0.03	0.00	0.52	－0.02
航空运输业	27.37	0.48	0.54	2.60	0.85
管道运输业	2.30	0.01	0.35	0.07	－0.02
多式联运和运输代理业	36.20	0.03	0.69	0.93	0.20
装卸搬运和仓储业	28.85	0.47	0.68	3.31	1.11
邮政业	56.43	0.10	0.58	4.16	0.20
信息传输、软件和信息技术服务业	229.40	1.37	55.74	33.18	4.08
电信、广播电视和卫星传输服务	91.11	0.36	14.77	7.77	0.46
互联网和相关服务	60.11	0.30	28.95	12.64	3.28
软件和信息技术服务业	78.19	0.72	12.03	12.78	0.33
房地产业	72.11	2.31	2.97	11.72	4.74
物业管理	54.72	0.51	0.54	7.81	0.39
房地产中介服务	10.84	0.07	1.43	0.87	0.02
房地产租赁经营	6.55	1.74	1.00	3.04	4.33
租赁和商务服务业	265.53	2.71	15.23	23.49	9.78
租赁业	5.76	0.04	0.38	0.72	0.11
商务服务业	259.77	2.67	14.85	22.78	9.68
科学研究和技术服务业	349.73	2.42	10.49	35.64	4.20
研究和试验发展	13.35	0.19	0.66	3.71	0.54
专业技术服务业	329.93	2.11	9.42	29.98	1.48
科技推广和应用服务业	6.45	0.12	0.41	1.95	2.18
水利、环境和公共设施管理业	151.26	5.67	0.97	5.51	1.67
水利管理业	0.09		0.01	0.01	
生态保护和环境治理业	20.05	0.25	0.55	2.24	0.43
公共设施管理业	5.15	0.04	0.10	0.78	0.09
土地管理业	125.97	5.37	0.32	2.48	1.14
居民服务、修理和其他服务业	19.67	0.24	4.66	4.98	0.14
居民服务业	12.78	0.16	4.18	4.20	0.12
机动车、电子产品和日用产品修理业	1.83	0.03	0.12	0.19	0.01
其他服务业	5.06	0.06	0.36	0.59	0.02
教育	12.42	0.03	0.88	2.66	0.24
教育	12.42	0.03	0.88	2.66	0.24
卫生和社会工作	39.81	0.06	6.64	9.12	0.84
卫生	39.63	0.06	6.63	9.10	0.82
社会工作	0.18		0.01	0.02	0.02
文化、体育和娱乐业	206.89	6.13	36.26	27.56	－0.90
新闻和出版业	26.51	0.33	5.72	6.87	－1.40
广播、电视、电影和录音制作业	156.37	5.29	26.37	15.72	－2.44
文化艺术业	1.19	0.02	0.21	0.51	0.01
体育	1.63	0.21	0.20	0.57	0.08
娱乐业	21.20	0.28	3.77	3.89	2.86

单位:亿元

投资收益	营业利润	营业外收入	营业外支出	利润总额	所得税费用	应付职工薪酬	#社会保险和住房公积金	应交增值税	平均用工人数(人)
54.94	**137.44**	**43.15**	**7.30**	**173.28**	**21.28**	**390.31**	**40.05**	**45.34**	**345867**
4.96	-13.82	19.74	1.31	4.60	4.08	86.72	10.05	8.64	87275
	-14.57	0.18	0.11	-14.50	-0.01	2.93	0.59	0.15	1475
5.07	3.74	18.87	0.77	21.84	2.50	50.55	5.74	7.17	54775
0.02	0.28	0.14		0.41	0.07	1.02	0.13	0.03	920
-0.07	-7.95	0.04	0.20	-8.11	0.34	11.48	1.85	0.12	6543
	0.68	0.01		0.69	0.18	0.21	0.04	0.08	132
0.03	0.67	0.03	0.03	0.68	0.13	1.14	0.09	0.20	1268
-0.08	1.15	0.40	0.03	1.52	0.36	6.48	0.64	0.47	6953
	2.18	0.07	0.17	2.08	0.50	12.91	0.97	0.42	15209
3.91	44.12	2.97	1.20	45.89	6.46	67.53	7.27	10.59	48942
2.62	34.13	0.53	0.80	33.86	4.05	15.55	3.20	4.97	8752
0.60	-4.99	1.06	0.27	-4.20	0.45	19.73	1.29	1.38	16156
0.69	14.98	1.38	0.13	16.24	1.96	32.25	2.78	4.25	24034
2.04	4.67	0.51	0.15	5.03	1.71	27.59	2.38	3.16	40000
0.21	3.19	0.36	0.08	3.47	1.17	21.50	1.78	1.97	34123
-0.02	0.59	0.03	0.01	0.60	0.16	3.56	0.21	0.63	3712
1.85	0.89	0.12	0.05	0.95	0.37	2.53	0.38	0.55	2165
15.08	22.63	1.77	0.62	23.77	2.16	42.14	3.51	7.30	56449
	-0.32	0.01	0.01	-0.32	0.02	0.80	0.04	0.17	902
15.08	22.95	1.76	0.60	24.09	2.14	41.34	3.47	7.13	55547
6.78	34.65	2.77	0.95	36.47	4.05	82.26	9.97	9.60	50313
2.46	3.81	0.70	0.11	4.40	0.35	5.39	0.78	0.40	3163
3.86	33.82	1.66	0.71	34.77	3.69	75.63	9.03	8.86	46130
0.45	-2.98	0.42	0.13	-2.70	0.01	1.24	0.16	0.34	1020
2.65	22.96	13.31	1.54	34.73	1.23	5.88	0.50	1.29	6723
	0.12			0.12		0.01			26
0.77	1.91	0.06	0.11	1.86	0.15	2.14	0.15	0.51	2453
0.26	0.55	0.09	0.01	0.64	0.10	1.36	0.07	0.20	2536
1.62	20.38	13.15	1.42	32.11	0.98	2.37	0.28	0.59	1708
0.24	0.46	0.24	0.08	0.63	0.28	10.90	1.01	0.85	14279
0.24	-0.06	0.22	0.07	0.09	0.24	8.52	0.90	0.58	9748
	0.24			0.24	0.01	0.25	0.03	0.06	428
	0.29	0.02		0.30	0.03	2.13	0.07	0.21	4103
0.12	0.87	0.12	0.02	0.97	0.16	5.17	0.45	0.13	5557
0.12	0.87	0.12	0.02	0.97	0.16	5.17	0.45	0.13	5557
18.59	22.40	0.59	0.63	22.36	0.72	18.15	1.15	0.06	15024
18.59	22.38	0.58	0.62	22.34	0.72	18.05	1.14	0.06	14879
	0.01	0.01	0.01	0.02		0.10			145
0.57	-1.50	1.13	0.80	-1.17	0.43	43.97	3.76	3.72	21305
0.07	-3.78	0.13	0.11	-3.76	-0.01	8.13	1.57	0.89	3804
0.47	4.30	0.59	0.47	4.41	0.03	30.05	1.71	2.34	9915
	0.22	0.03	0.01	0.24	0.04	0.64	0.08	0.03	802
	-0.29	0.08	0.16	-0.37		0.58	0.05	0.03	1187
0.02	-1.94	0.30	0.06	-1.69	0.36	4.57	0.35	0.44	5597

14 教育和科技

长沙统计年鉴

14－1 历年高等学校情况

单位：人

年 份	学校数(所)	招生数	毕业生数	在校学生数	教职工数
1949	2			2685	1359
1950	2		428	2450	1558
1952	4	3240	973	6109	1604
1953	5	2836	1399	6490	2256
1955	6	2636	2054	8374	2834
1957	6	3448	1551	13557	3923
1958	10	8083	2494	18839	4407
1960	21	10354	2955	29104	6462
1962	12	3006	4528	25477	7756
1965	9	4973	5435	19412	8038
1966	8	196	1198	18972	8330
1970	7	2288	7688	5837	8486
1975	8	6357	5757	18390	13474
1976	8	5425	6590	16620	13953
1977	8	7168	5902	16544	14830
1978	8	6937	4619	18895	15778
1979	11	7369	4235	21549	16382
1980	11	6702	817	28491	16719
1981	10	7994	761	30720	12815
1982	11	6592	11459	25641	14168
1983	12	8498	7186	26600	15110
1984	14	9783	6346	30035	16193
1985	23	13831	6661	37182	18734
1986	21	11178	7632	40458	19886
1987	21	13121	11333	43114	20510
1988	22	14472	11103	46022	21902
1989	22	12550	12896	46444	21956
1990	21	12787	12726	46041	22297

14－1 续表

单位：人

年　份	学校数(所)	招生数	毕业生数	在校学生数	教职工数
1991	21	13327	12953	45810	22655
1992	21	15470	12404	48050	18244
1993	21	18769	11737	55810	18270
1994	21	18455	12857	61641	18531
1995	21	19532	15911	64866	18222
1996	21	20013	16365	67420	18205
1997	20	21444	17119	72020	18473
1998	20	23570	17484	78050	18408
1999	23	35823	19152	94493	19913
2000	23	49391	19777	125582	21165
2001	29	54329	21289	158158	24568
2002	30	73379	29094	201881	26331
2003	37	94527	48597	268613	29145
2004	39	107979	60985	329424	33950
2005	45	130337	79277	394399	37698
2006	45	132662	97149	418132	39378
2007	48	147825	108698	454288	47887
2008	49	155192	129419	483917	49401
2009	48	158215	130626	504111	50509
2010	48	149977	140840	508254	50267
2011	50	148780	143310	516765	50930
2012	50	157679	151428	523174	50902
2013	50	169685	153703	530635	51339
2014	50	168438	142835	547514	52972
2015	51	171791	143705	569400	51232
2016	51	179273	151137	590020	51733
2017	51	184950	159359	610379	52666
2018	51	197243	164868	635950	53167
2019	51	210500	172684	665860	55207
2020	52	220743	177151	697407	55925

14－2 历年中等职业学校情况

单位:人

年份	学校数(所)	招生数	毕业生数	在校学生数	教职工数
1949	16			2296	513
1950	19	638	311	4955	283
1952	12	2227	708	6069	887
1953	11	1532	1246	6305	966
1955	10	2307	1135	5445	872
1957	16	1573	2057	10006	1900
1958	28	10438	2131	17457	2046
1960	32	11685	1699	28055	2229
1962	15	112	1751	8302	1827
1965	21	3420	2734	7771	2188
1966	12	132	899	5756	1894
1970	8	540	187	676	922
1975	21	3647	2582	9871	2722
1976	21	2964	4040	8171	2878
1977	21	5162	5529	7519	4149
1978	23	5509	2342	9782	3853
1979	30	4497	302	14492	4149
1980	31	4737	5699	12641	4408
1981	31	5054	6512	11425	4928
1982	32	5687	4110	13436	5508
1983	33	6398	4696	14762	5658
1984	32	6521	5746	15621	5622
1985	32	8469	5869	18218	4851
1986	34	6841	6160	18366	4898
1987	39	8457	8701	18681	6111
1988	40	10427	6002	23037	6074
1989	39	9256	5994	26152	6915
1990	40	8140	8581	25626	7926

14－2 续表

单位:人

年　份	学校数(所)	招生数	毕业生数	在校学生数	教职工数
1991	42	9540	8613	26480	7118
1992	43	13091	8536	30554	6157
1993	43	19526	8352	39202	6399
1994	42	16944	7153	47272	6689
1995	42	18477	9508	55438	6352
1996	47	23704	14060	66195	7065
1997	46	27215	16186	76808	6856
1998	47	29772	20282	85987	6899
1999	40	21406	15752	70406	4395
2000	40	19334	24192	84113	5238
2001	40	19478	25748	77270	5378
2002	24	22100	25465	64948	2588
2003	105	45505	30059	107475	6041
2004	112	48194	30227	116187	5697
2005	104	43902	36938	112698	4858
2006	84	42673	41176	123870	5935
2007	81	43490	51593	113018	5855
2008	78	39042	38980	99693	6141
2009	79	65028	39894	137568	6417
2010	67	41159	53368	113709	5708
2011	59	46540	35083	115596	4794
2012	50	43426	47767	120945	4890
2013	50	40367	30648	108232	4379
2014	52	33483	24603	86670	4019
2015	50	33929	21947	91472	4087
2016	51	35891	26565	93027	4325
2017	56	40032	27162	104685	4784
2018	57	42932	30231	111596	5447
2019	57	42995	31745	116484	6136
2020	57	38570	35337	114643	5844

注:1. 2003 年开始,中等职业教育报表制度改革,现行报表制度包括前普通中专、职业高中。2002 年及以前年份的数据是中等专业学校情况。

2. 2014 年部分数据调整。

14－3 历年普通中学情况

单位:人

年 份	学校数(所)	招生数	毕业生数	在校学生数	教职工数
1949	45			11347	1237
1950	38	4540	2352	10335	819
1952	40	7938	3387	23222	1289
1953	37	9950	5667	26384	1674
1955	37	11441	10172	31460	2199
1957	112	13864	10640	49484	3256
1958	164	25254	10224	49804	3105
1960	101	31992	12295	68205	3648
1962	129	22928	12152	51605	3933
1965	159	30945	17115	75367	5424
1966	293	21095	21298	71433	4598
1970	289	65230	29904	107921	6091
1975	567	136529	74396	237176	13796
1976	1473	198464	94903	331353	19991
1977	1148	192835	125324	372679	23992
1978	662	147133	159281	331109	22128
1979	676	116981	150239	268246	19564
1980	457	80492	52928	234707	19137
1981	466	82847	71738	215852	19292
1982	453	77146	58458	212388	18274
1983	438	65438	53829	199172	17887
1984	412	80035	56619	214658	18001
1985	422	80871	60933	221971	17916
1986	427	77229	53806	236055	18508
1987	433	87389	66953	245438	19421
1988	429	77029	67441	235257	19597
1989	429	82389	65762	238878	19915
1990	438	87892	72833	242065	20133

14－3 续表

单位:人

年　份	学校数(所)	招生数	毕业生数	在校学生数	教职工数
1991	422	86487	69188	243473	20309
1992	418	86754	68457	246662	20769
1993	421	88993	71579	248075	21347
1994	409	98763	70133	262655	21768
1995	391	106990	72276	284050	22231
1996	379	106047	78143	298924	23364
1997	379	108558	88071	309415	23737
1998	383	119832	95489	319792	24418
1999	379	131057	95136	345200	25946
2000	377	141865	97009	384192	26636
2001	368	149566	109141	413043	27330
2002	355	153589	124346	436307	27567
2003	358	132957	134525	432826	28429
2004	347	111583	144961	395687	27783
2005	339	102616	150972	345167	26814
2006	322	95515	130686	307095	25580
2007	310	99466	110263	292979	24888
2008	298	98650	97313	289960	24582
2009	291	102405	94639	295269	24924
2010	284	111383	96302	307427	24716
2011	280	114280	93657	325136	26871
2012	284	121302	100267	343769	28063
2013	285	126082	107723	357139	28057
2014	292	122120	110251	364653	28279
2015	296	125105	117408	369520	29207
2016	302	129426	121921	374262	30736
2017	313	131366	119528	383593	32986
2018	330	138684	122672	398801	35279
2019	341	148870	128695	417674	38616
2020	345	154888	130240	441520	41429

14－4 历年小学情况

单位:人

年份	学校数(所)	招生数	毕业生数	在校学生数	教职工数
1949	2640			147114	7810
1950	2378			154514	7881
1952	3685	79618	28137	309698	10697
1953	2787	61714	30528	315487	10753
1955	2487	95171	39718	340451	11270
1957	2737	95487	50993	440851	12179
1958	4073	102730	49306	517473	13467
1960	3768	106735	54607	541157	14664
1962	3475	95669	51696	401229	14214
1965	4755	116549	47117	593692	17203
1966	4485	80245	62524	574329	16919
1970	3575	132014	73946	464530	17310
1975	3668	138992	106360	727790	26935
1976	2693	144455	152006	703398	26093
1977	2787	134963	135165	673741	25873
1978	3231	136850	118693	680090	25719
1979	3069	133973	127970	685466	26752
1980	3244	122705	119369	673804	27056
1981	3272	126340	128653	667152	27046
1982	3253	110548	113744	649570	26687
1983	3268	102405	98641	641960	27525
1984	3276	98470	101218	629737	27503
1985	3270	92389	100920	616305	27098
1986	3257	91033	104750	601606	26521
1987	3260	91680	107676	583871	26929
1988	3241	98996	85465	578286	28119
1989	3243	97335	95557	576904	27973
1990	3212	92649	96433	570704	28193

14－4 续表

单位:人

年份	学校数(所)	招生数	毕业生数	在校学生数	教职工数
1991	3201	93372	90896	563850	28290
1992	3181	100555	90813	568617	28363
1993	3135	108385	87421	567721	28982
1994	3048	112303	92437	602788	28792
1995	3014	116075	93875	623662	28283
1996	2925	112256	88836	646190	28765
1997	2779	85984	90517	642950	28373
1998	2710	56648	99459	599897	27902
1999	2486	43026	109414	535127	27221
2000	2154	43689	113714	466515	25133
2001	1830	50945	114425	399513	22187
2002	1719	54293	112215	342110	20548
2003	1580	59466	87744	313587	19762
2004	1433	63519	59049	318024	19330
2005	1272	63328	46516	338655	20475
2006	1217	68104	44977	366100	21593
2007	1162	69292	52844	382981	21954
2008	1126	67278	55007	395059	22479
2009	1055	67924	61722	403562	22443
2010	1024	73977	66404	413498	22391
2011	987	74333	66371	425405	20865
2012	938	78853	69948	439532	21410
2013	937	84508	71078	457894	21800
2014	937	87655	70504	481333	22894
2015	939	94184	71580	509396	23641
2016	931	99495	78610	536458	25295
2017	918	110635	79852	574220	27814
2018	937	126247	85016	622174	29511
2019	944	128808	90654	666506	32991
2020	951	130459	93230	710213	35843

14－5 历年高考录取人数

单位：人

年份	报名人数	大学录取人数	本科	专科	大学录取率(%)
1978	54649	2491			4.56
1979	32487	1362			4.19
1980	25700	1711	1407	304	6.66
1981	8537	1136	937	199	13.31
1982	5779	1142	969	173	19.76
1983	6986	2273	862	1411	32.54
1984	7501	3049	1846	1203	40.65
1985	9480	4320	2213	2107	45.57
1986	9308	3799	2008	1791	40.81
1987	9618	4431	2388	2043	46.07
1988	10358	5219	2201	3018	50.39
1989	16418	2674	1113	1561	16.29
1990	19248	3242	1705	1537	16.84
1991	17941	3032	1419	1613	16.90
1992	17455	4504	2028	2476	25.80
1993	15317	5569	2265	3304	36.36
1994	14642	6061	2367	3694	41.39
1995	13006	6073	2573	3500	46.69
1996	13765	5886	2577	3309	42.76
1997	13864	6003	3002	3001	43.30
1998	15241	6855	3469	3386	44.98
1999	16207	10383	5720	4663	64.06
2000	18953	12037	6108	5929	63.51
2001	22893	15177	8319	6858	66.30
2002	28965	21179	10619	10560	73.12
2003	32482	26197	11540	14657	80.65
2004	37886	30726	13020	17706	81.10
2005	50750	38871	16131	22740	76.59
2006	53845	33922	16557	17365	63.00
2007	62871	42250	18966	23284	67.20
2008	66149	43072	20618	22454	65.11
2009	56494	41603	22003	19600	73.64
2010	46553	38393	22187	16206	82.47
2011	42002	34432	21240	13192	81.98
2012	43969	35557	22888	12669	80.87
2013	46790	37710	23781	13929	80.59
2014	49707	39776	25514	14262	80.02
2015	52094	40759	27920	12839	78.24
2016	56395	43627	29861	13766	77.36
2017	55187	50633	33192	17441	91.75
2018	61628	55189	35070	20119	89.55
2019	68723	61554	36754	24800	89.57
2020	73767	65114	38133	26981	88.27

14－6 历年高校研究生数

单位：人

年份	培养博士学位				培养硕士学位			
	机构(个)	招生人数	毕业人数	在学人数	机构(个)	招生人数	毕业人数	在学人数
1983	3	8		13	7	324	87	676
1984	3	7		22	7	389	31	1030
1985	4	24	1	44	7	751	224	1552
1986	4	36		80	7	645	342	1853
1987	5	47	10	112	9	670	424	2094
1988	6	73	14	174	9	587	750	1910
1989	4	62	22	212	9	518	637	1771
1990	6	70	42	237	9	578	621	1696
1991	6	92	62	260	9	540	606	1606
1992	7	89	43	282	9	567	445	1694
1993	7	114	102	337	9	702	513	1791
1994	8	191	78	431	9	899	497	2144
1995	7	205	73	544	9	878	564	2425
1996	8	219	90	676	10	1036	703	2779
1997	7	226	129	748	9	962	850	2789
1998	7	285	189	838	9	1198	829	3110
1999	7	479	196	1114	9	1559	1021	3708
2000	5	575	155	1534	6	2411	945	5158
2001	7	794	239	2142	10	3732	1383	8335
2002	5	899	285	2669	6	4075	1331	9501
2003	6	1350	371	3317	10	5983	2272	13390
2004	6	1553	493	4628	11	7585	3163	18214
2005	7	1602	577	5669	11	8237	3943	22657
2006	7	1645	773	6538	11	9463	5612	26663
2007	11	1687	948	7238	11	9988	7081	29670
2008	10	1723	1088	7889	10	10360	8062	31602
2009	10	1776	1136	8489	10	12157	9260	34686
2010	10	1809	1411	8863	10	12865	9521	37487
2011	10	1878	1297	9365	10	13128	10299	39679
2012	10	1918	1399	9935	10	13497	11611	40636
2013	10	1948	1429	10302	10	14052	12392	41788
2014	9	1956	1428	10584	9	14280	13633	41818
2015	8	1990	1415	10970	8	14608	12878	43353
2016	8	2025	1419	10973	10	14972	12944	44558
2017	8	2304	1716	11490	11	19207	13148	50089
2018	8	2812	1498	12674	11	19575	13867	54895
2019	8	2833	1652	13779	11	20007	14753	59630
2020	8	3188	1803	14894	11	22136	17099	64018

14－7 历年技工学校情况

单位：人

年份	学校数(所)	招生数	毕业生数	在校学生数	教职工数
1979	23	3700	1552	4614	913
1980	26	2579	1739	6672	1362
1981	28	1784	4218	4179	1646
1982	27	192	3357	1693	1562
1983	24	1230	1787	1551	1471
1984	21	1181	227	2596	1246
1985	19	1337	1318	2931	1386
1986	23	2557	1390	4671	1658
1987	22	2809	1549	5792	1717
1988	22	3678	2402	7140	1837
1989	25	2894	2198	7283	1951
1990	25	3451	3197	8002	2075
1991	24	3973	3024	8989	2095
1992	28	4543	3321	10381	2245
1993	32	5140	3655	11785	2318
1994	31	5112	4264	12951	2398
1995	34	4742	5342	12575	2416
1996	41	5024	5840	13581	2412
1997	40	4850	5793	12686	2696
1998	41	3528	5566	10541	2642
1999	43	2819	4127	9331	2700
2000	43	3791	3407	7706	2418
2001	42	5562	2940	9870	2613
2002	30	5155	2968	12257	2158
2003	32	8262	3478	14942	2026
2004	33	8729	6215	14810	2069
2005	32	10676	4902	18845	2050
2006	32	9221	5841	18736	1876
2007	24	9634	6502	20208	1923
2008	24	12095	7643	22666	2016
2009	26	15271	11206	32981	3124
2010	26	14549	7354	33685	2897
2011	26	10143	10645	26250	2340
2012	23	6366	7391	18003	1537
2013	24	3551	4392	10308	1310
2014	24	3827	2865	9860	1880
2015	24	4314	1985	9930	1684
2016	14	4516	2193	10363	1764
2017	14	4321	2134	11053	1225
2018	17	6727	3124	13210	1598
2019	23	9224	2462	16890	2075
2020	27	14961	3132	27197	2685

14－8 高考录取情况(2020年)

单位:人

项目	全市	市区	县市	长沙县	浏阳市	宁乡市
报名人数	73767	40762	33005	12830	9367	10808
录取总人数	65114	35873	29241	11598	8472	9171
总录取率(%)	88.27	88.01	88.60	90.40	90.45	84.85
录取总人数中						
本科	38133	23441	14692	6019	4649	4024
专科	26981	12432	14549	5579	3823	5147
录取总人数中						
文科	15615	7849	7766	3479	2228	2059
理科	29490	16104	13386	4464	4497	4425
职高对口	2328	1493	835	328	255	252
音乐	837	305	532	118	170	244
美术	2366	1186	1180	470	360	350
体育	907	220	687	172	260	255
附:保送生(本科)	51	51				
单招生	15681					
本科	1796	1796				
专科	13885	6380	7505	3710	1263	2532

注:1.录取总人数中:音乐含文、理音乐;美术含文、理美术;体育含文、理体育。
2.录取总人数中不包括保送生和单招生人数。

14－9 大学基本情况(2020年)

单位:人

项目	学校数(所)	招生人数	在校学生数	毕业生数	教职工数	专任教师数
大学合计	52	220743	697407	177151	55925	53524
综合大学	14	69482	219110	58223	22062	20337
理工院校	13	52815	159740	42207	11359	10877
农业院校	2	14012	44920	10802	3513	3474
医药院校	4	17225	58808	13374	4823	4730
师范院校	3	10347	37730	9953	2894	2893
财经院校	9	35004	106781	25508	5901	5843
林业院校	1	6388	25293	6231	2336	2336
其他院校	6	15470	45025	10853	3037	3034
成人高校普通本专科						

14－10 成人高等学历教育基本情况(2020 年)

单位:人

项　　目	合　计	小　计	# 职工大学	# 广播电视大　　学	# 教育学院	# 管理干部学　　院	普通高等学　　校
学校数(所)		4	2	1	1		
在校学生数	273881	3511	2396	1115			270370
本年招生数	133142	834	0	834			132308
本年毕业生数	101129	2496	2349	147			98633
教职员工数	264	264	71	193			
# 专任教师	133	133	57	76			

14－11 普通中学、小学情况(2020 年)

单位:人

项　　目	学校数(所)	招生人数	毕业生人数	在校学生人数	教　职工人数	专任教师人数
普通中学	345	154888	130240	441520	41429	34376
市　　区	143	88909	71927	249326	24041	19198
县　（市）	202	65979	58313	192194	17388	15178
合计中:教育和集体办	297	129675	112221	373798	33062	
民　　办	43	23180	15834	61760	7857	
其他部门办	5	2033	2185	5962	510	
小学合计	951	130459	93230	710213	35843	39040
市　　区	384	80002	51802	416921	20833	23239
县　（市）	567	50457	41428	293292	15010	15801
合计中:教育和集体办	930	123718	87489	669707	34178	
民　　办	13	5796	4664	34756	1270	
其他部门办	8	945	1077	5750	395	

14－12 特殊教育学校情况(2020年)

单位:人

项目	盲、聋、哑学校	工读学校
学校数(所)	4	1
班数(个)	125	6
毕业生数	476	25
招生数	700	57
在校学生数	3559	67
教职工数	413	50
专任教师数	364	44

14－13 幼儿园情况(2020年)

单位:人

项目	园数(所)	班数(个)	在园幼儿数	教职工数	#教师	#保育员
总计	**2355**	**13723**	**407642**	**51946**	**24606**	**13962**
#公办	829	4881	164895	18423	8991	4763
市区	1150	8098	246643	34935	16630	8869
县(市)	1205	5625	160999	17011	7976	5093
长沙县	348	2053	60611	6604	3303	1921
浏阳市	503	2112	58988	6561	2957	1977
宁乡市	354	1460	41400	3786	1716	1195

14－14 规模以上工业企业R&D活动人员情况(2020年)

项目	有R&D活动的单位数(家)	R&D人员(人)	#全时人员	R&D人员折合全时当量(人年)
总计	**1539**	**55966**	**44255**	**39950**
按区县(市)分组:				
芙蓉区	32	540	480	418
天心区	19	1129	424	700
岳麓区	229	10660	7857	8194
开福区	56	837	678	674
雨花区	38	1758	1384	1431
望城区	181	7150	5316	5522
长沙县	211	14479	12328	9451
浏阳市	469	12433	10109	8719
宁乡市	304	6980	5679	4841
按企业规模分组:				
大型企业	36	24914	19959	17341
中型企业	191	12502	9557	9024
小型企业	1259	18093	14360	13227
微型企业	53	457	379	358
按登记注册类型分组:				
内资企业	1461	43120	33622	30818
国有	7	935	284	670
集体	2	19	12	9
股份合作				
联营企业	1	10	9	10
国有独资公司	13	1142	703	781
其他有限责任公司	173	8660	7173	6815
股份有限公司	44	5477	3557	4064
私营独资	46	221	112	122
私营合伙	23	143	90	83
私营有限责任公司	1032	21169	17263	14147
私营股份有限公司	119	5316	4394	4091
其他企业	1	28	25	26
港、澳、台商投资企业	38	9756	8311	6906
外商投资企业	40	3090	2322	2226

14－14 续表

项　　目	有 R&D 活动的单位数(家)	R&D 人员(人)	#全时人员	R&D 人员折合全时当量(人年)
按工业行业大类分组:				
煤炭开采和洗选业				
石油和天然气开采业				
黑色金属矿采选业	1	57	51	48
有色金属矿采选业	3	37	33	33
非金属矿采选业	5	37	24	27
其他采矿业				
农副食品加工业	88	1075	816	825
食品制造业	58	1227	794	884
酒、饮料和精制茶制造业	18	249	186	120
烟草制品业	1	192	48	130
纺织业	12	353	271	282
纺织服装、服饰业	2	182	164	143
皮革、毛皮、羽毛及其制品和制鞋业	1	21	19	5
木材加工及木、竹、藤、棕、草制品业	16	93	48	45
家具制造业	10	63	32	35
造纸及纸制品业	24	340	265	237
印刷和记录媒介复制业	28	438	260	298
文教、工美、体育和娱乐用品制造业	5	41	22	19
石油加工、炼焦及核燃料加工业	6	27	24	20
化学原料及化学制品制造业	234	3139	2260	2251
医药制造业	84	2382	1867	1919
化学纤维制造业				
橡胶和塑料制品业	44	641	491	459
非金属矿物制品业	93	1488	1086	1118
黑色金属冶炼及压延加工业	4	59	47	47
有色金属冶炼及压延加工业	28	1074	898	635
金属制品业	95	1926	1393	1356
通用设备制造业	155	3972	3083	2764
专用设备制造业	159	11329	8691	7389
汽车制造业	66	3488	2815	2622
铁路、船舶、航空航天和其他运输设备制造业	19	2586	2258	1815
电气机械及器材制造业	93	2424	1980	1785
计算机、通信和其他电子设备制造业	97	13960	12223	10360
仪器仪表制造业	57	1617	1392	1291
其他制造业	5	72	59	59
废弃资源综合利用业	5	123	110	114
金属制品、机械和设备修理业	1	226	142	144
电力、热力的生产和供应业	10	758	173	476
燃气生产和供应业	3	107	97	65
水的生产和供应业	9	163	133	130

14－15 规模以上工业企业按活动类型分R&D经费内部支出情况(2020年)

单位:万元

项目	R&D经费内部支出	基础研究支出	应用研究支出	试验发展支出
总计	**2107737**	**2660**	**27697**	**2077379**
按区县(市)分组:				
芙蓉区	11401	40	308	11053
天心区	33210	245	1091	31874
岳麓区	421152	48	5659	415446
开福区	17389		592	16797
雨花区	45438	152	2988	42299
望城区	236214	1891	7111	227213
长沙县	864340	270	720	863350
浏阳市	228783	15	3085	225683
宁乡市	249809		6143	243666
按企业规模分组:				
大型企业	1253822	397	3820	1249606
中型企业	373947	2064	8080	363804
小型企业	458876	200	15675	443001
微型企业	21091		122	20969
按登记注册类型分组:				
内资企业	1877871	753	26851	1850267
国有	25561	298	319	24945
集体	239			239
股份合作				
联营企业	556			556
国有独资公司	28174		111	28063
其他有限责任公司	284276	40	8209	276027
股份有限公司	299621		3759	295862
私营独资	3511		149	3362
私营合伙	2349		192	2157
私营有限责任公司	1084698	415	12973	1071310
私营股份有限公司	148265		1138	147127
其他企业	620			620
港、澳、台商投资企业	135644	99	847	134698
外商投资企业	94222	1808		92414

14－15 续表

单位:万元

项　　目	R&D 经费内部支出	基础研究支出	应用研究支出	试验发展支出
按工业行业大类分组:				
煤炭开采和洗选业				
石油和天然气开采业				
黑色金属矿采选业	588			588
有色金属矿采选业	1127			1127
非金属矿采选业	1253		659	595
其他采矿业				
农副食品加工业	23047		118	22928
酒、饮料和精制茶制造业	23719	1794	1780	20145
酒、饮料和精制茶制造业	5144	310		4833
烟草制品业	9946	152	41	9753
纺织业	7072			7072
纺织服装、服饰业	1574			1574
皮革、毛皮、羽毛及其制品和制鞋业	43			43
木材加工及木、竹、藤、棕、草制品业	1638		90	1548
家具制造业	1348			1348
造纸及纸制品业	6003		115	5887
印刷和记录媒介复制业	10593		102	10491
文教、工美、体育和娱乐用品制造业	949			949
石油加工、炼焦及核燃料加工业	782			782
化学原料及化学制品制造业	62032	48	2574	59410
医药制造业	64481	112	1605	62764
化学纤维制造业				
橡胶和塑料制品业	22061		834	21228
非金属矿物制品业	34066		1618	32448
黑色金属冶炼及压延加工业	1159			1159
有色金属冶炼及压延加工业	26545		2079	24466
金属制品业	94977		1719	93258
通用设备制造业	122684		1120	121564
专用设备制造业	960038		3802	956236
汽车制造业	107116		4077	103039
铁路、船舶、航空航天和其他运输设备制造业	93654			93654
电气机械及器材制造业	90915		3041	87874
计算机、通信和其他电子设备制造业	251841		407	251435
仪器仪表制造业	38837		298	38540
其他制造业	1437		22	1415
废弃资源综合利用业	4700		255	4446
金属制品、机械和设备修理业	1757			1757
电力、热力的生产和供应业	24573	245	948	23381
燃气生产和供应业	5641		395	5246
水的生产和供应业	4399			4399

14－16 规模以上工业企业按经费来源分 R&D 经费内部支出情况(2020 年)

单位:万元

项目	R&D 经费内部支出	政府资金	企业资金	境外资金	其他
总计	**2107737**	**67052**	**2040661**	**24**	
按区县(市)分组:					
芙蓉区	11401	1052	10350		
天心区	33210	206	33004		
岳麓区	421152	15078	406075		
开福区	17389	374	17015		
雨花区	45438	838	44600		
望城区	236214	29264	206927	24	
长沙县	864340	14915	849425		
浏阳市	228783	3525	225258		
宁乡市	249809	1800	248008		
按企业规模分组:					
大型企业	1253822	45784	1208038		
中型企业	373947	7467	366480		
小型企业	458876	13736	445117	24	
微型企业	21091	66	21026		
按登记注册类型分组:					
内资企业	1877871	63865	1813982	24	
国有	25561	904	24657		
集体	239		239		
股份合作					
联营企业	556		556		
国有独资公司	28174	10074	18100		
其他有限责任公司	284276	21914	262363		
股份有限公司	299621	12609	287013		
私营独资	3511		3511		
私营合伙	2349	1	2348		
私营有限责任公司	1084698	13757	1070917	24	
私营股份有限公司	148265	4596	143670		
其他企业	620	10	610		
港、澳、台商投资企业	135644	2265	133379		
外商投资企业	94222	922	93300		

14－16 续表

单位:万元

项　　目	R&D经费内部支出	政府资金	企业资金	境外资金	其他
按工业行业大类分组:					
煤炭开采和洗选业					
石油和天然气开采业					
黑色金属矿采选业	588		588		
有色金属矿采选业	1127		1127		
非金属矿采选业	1253		1253		
其他采矿业					
酒、饮料和精制茶制造业	23047	430	22617		
食品制造业	23719	677	23018	24	
酒、饮料和精制茶制造业	5144	153	4991		
烟草制品业	9946		9946		
纺织业	7072	2	7070		
纺织服装、服饰业	1574		1574		
皮革、毛皮、羽毛及其制品和制鞋业	43		43		
木材加工及木、竹、藤、棕、草制品业	1638		1638		
家具制造业	1348	8	1340		
造纸及纸制品业	6003	15	5987		
印刷和记录媒介复制业	10593	66	10527		
文教、工美、体育和娱乐用品制造业	949		949		
石油加工、炼焦及核燃料加工业	782	8	775		
化学原料及化学制品制造业	62032	583	61449		
医药制造业	64481	2398	62083		
化学纤维制造业					
橡胶和塑料制品业	22061	280	21781		
非金属矿物制品业	34066	928	33138		
黑色金属冶炼及压延加工业	1159		1159		
有色金属冶炼及压延加工业	26545	1234	25311		
金属制品业	94977	854	94123		
通用设备制造业	122684	11505	111179		
专用设备制造业	960038	16884	943154		
汽车制造业	107116	943	106173		
铁路、船舶、航空航天和其他运输设备制造业	93654	20490	73163		
电气机械及器材制造业	90915	1558	89357		
计算机、通信和其他电子设备制造业	251841	5972	245870		
仪器仪表制造业	38837	1740	37097		
其他制造业	1437	124	1313		
废弃资源综合利用业	4700	18	4682		
金属制品、机械和设备修理业	1757		1757		
电力、热力的生产和供应业	24573	168	24405		
燃气生产和供应业	5641		5641		
水的生产和供应业	4399	15	4384		

14－17 规模以上工业企业按支出用途分R&D经费内部支出情况(2020年)

单位:万元

项目	R&D经费内部支出	经常费支出	#人员劳务费	资产性支出
总计	**2107737**	**2036870**	**757477**	**70867**
按区县(市)分组:				
芙蓉区	11401	10590	5241	811
天心区	33210	27477	3446	5733
岳麓区	421152	412045	149669	9107
开福区	17389	16974	6392	415
雨花区	45438	44147	23500	1291
望城区	236214	213029	66554	23185
长沙县	864340	852516	341906	11824
浏阳市	228783	218981	75762	9802
宁乡市	249809	241110	85008	8699
按企业规模分组:				
大型企业	1253822	1226657	428872	27165
中型企业	373947	354197	150542	19750
小型企业	458876	435346	170353	23530
微型企业	21091	20670	7710	422
按登记注册类型分组:				
内资企业	1877871	1811015	661535	66856
国有	25561	19697	8388	5864
集体	239	239	73	
股份合作				
联营企业	556	556	45	
国有独资公司	28174	23277	5082	4897
其他有限责任公司	284276	267873	97868	16403
股份有限公司	299621	293200	88878	6421
私营独资	3511	3372	1591	139
私营合伙	2349	2243	1008	106
私营有限责任公司	1084698	1060044	384696	24654
私营股份有限公司	148265	139894	73436	8371
其他企业	620	620	470	
港、澳、台商投资企业	135644	133921	54848	1723
外商投资企业	94222	91934	41094	2288

14－17 续表

单位:万元

项　　目	R&D经费内部支出	经常费支出	#人员劳务费	资产性支出
按工业行业大类分组:				
煤炭开采和洗选业				
石油和天然气开采业				
黑色金属矿采选业	588	571	339	17
有色金属矿采选业	1127	1064	440	63
非金属矿采选业	1253	1253	224	
其他采矿业				
农副食品加工业	23047	21807	8593	1240
酒、饮料和精制茶制造业	23719	21950	9507	1769
酒、饮料和精制茶制造业	5144	5040	1896	104
烟草制品业	9946	9770	5935	176
纺织业	7072	6165	3847	907
纺织服装、服饰业	1574	1543	851	31
皮革、毛皮、羽毛及其制品和制鞋业	43	43	37	
木材加工及木、竹、藤、棕、草制品业	1638	1468	512	170
家具制造业	1348	962	391	386
造纸及纸制品业	6003	5819	3167	184
印刷和记录媒介复制业	10593	9806	2692	787
文教、工美、体育和娱乐用品制造业	949	944	207	5
石油加工、炼焦及核燃料加工业	782	745	278	37
化学原料及化学制品制造业	62032	59140	30751	2892
医药制造业	64481	60194	23395	4287
化学纤维制造业				
橡胶和塑料制品业	22061	20013	4412	2048
非金属矿物制品业	34066	32111	13241	1955
黑色金属冶炼及压延加工业	1159	993	438	166
有色金属冶炼及压延加工业	26545	25160	8489	1385
金属制品业	94977	93005	15014	1972
通用设备制造业	122684	113077	36744	9607
专用设备制造业	960038	953798	324502	6240
汽车制造业	107116	102157	42201	4959
铁路、船舶、航空航天和其他运输设备制造业	93654	90073	48087	3581
电气机械及器材制造业	90915	87039	23638	3876
计算机、通信和其他电子设备制造业	251841	238740	118108	13101
仪器仪表制造业	38837	37068	19498	1769
其他制造业	1437	1437	709	
废弃资源综合利用业	4700	4369	1877	331
金属制品、机械和设备修理业	1757	1402	583	355
电力、热力的生产和供应业	24573	18275	2762	6299
燃气生产和供应业	5641	5473	2239	168
水的生产和供应业	4399	4399	1878	

14－18 规模以上工业企业科技活动产出情况(2020年)

项　　目	新产品销售收入(万元)	#出口	专利申请数(件)	拥有发明专利数(件)
总　　计	**28543469**	**4081572**	**14423**	**18161**
按区县(市)分组:				
芙蓉区	67884		151	210
天心区	56781	23	585	920
岳麓区	8397888	457262	3213	5696
开福区	148307	3880	297	232
雨花区	1406570	4528	687	765
望城区	2230808	34262	1364	1179
长沙县	8766959	1751617	5003	5089
浏阳市	3273947	1750355	1126	1736
宁乡市	4194325	79645	1997	2334
按企业规模分组:				
大型企业	17280892	3496486	5598	7052
中型企业	5053551	416237	2564	3321
小型企业	5239101	137137	6077	7539
微型企业	969925	31712	184	249
按登记注册类型分组:				
内资企业	23026411	765986	13612	17253
国有	131158		777	1319
集体	2874		7	
股份合作				
联营企业	8840		15	7
国有独资公司	161251	1616	102	96
其他有限责任公司	3687873	77190	1733	2200
股份有限公司	6526891	250604	1590	3101
私营独资	8191	4995	9	12
私营合伙	12011		21	6
私营有限责任公司	10232325	147556	7578	8036
私营股份有限公司	2251775	284025	1776	2471
其他企业	3223		4	5
港、澳、台商投资企业	3667162	3142283	546	556
外商投资企业	1849896	173303	265	352

14－18 续表

项　　目	新产品销售收入(万元)	#出口	专利申请数(件)	拥有发明专利数(件)
按工业行业大类分组:				
煤炭开采和洗选业				
石油和天然气开采业				
黑色金属矿采选业	9300		12	
有色金属矿采选业	1200			19
非金属矿采选业				
其他采矿业				
农副食品加工业	248180	310	174	274
食品制造业	363053	14186	194	257
酒、饮料和精制茶制造业	51022	5216	46	83
烟草制品业	115779		253	369
纺织业	355641	10283	87	40
纺织服装、服饰业	37940		54	57
皮革、毛皮、羽毛及其制品和制鞋业	2000			
木材加工及木、竹、藤、棕、草制品业	1714	9	14	26
家具制造业	23471		62	34
造纸及纸制品业	56933	3849	140	121
印刷和记录媒介复制业	279206		135	95
文教、工美、体育和娱乐用品制造业	9471	837	21	36
石油加工、炼焦及核燃料加工业	9063		13	6
化学原料及化学制品制造业	908287	64244	384	819
医药制造业	866028	20347	446	818
化学纤维制造业				
橡胶和塑料制品业	423452	2947	171	246
非金属矿物制品业	786863	1718	354	623
黑色金属冶炼及压延加工业	28248		19	24
有色金属冶炼及压延加工业	838120	11016	295	531
金属制品业	426943	14985	624	636
通用设备制造业	1358402	58211	976	986
专用设备制造业	10827017	449174	5230	6677
汽车制造业	2599647	157130	527	581
铁路、船舶、航空航天和其他运输设备制造业	493254	31140	738	624
电气机械及器材制造业	1703597	24534	723	878
计算机、通信和其他电子设备制造业	5372112	3207200	1431	1503
仪器仪表制造业	256246	4238	500	750
其他制造业	17699		50	43
废弃资源综合利用业	6644		146	85
金属制品、机械和设备修理业	17180		8	2
电力、热力的生产和供应业	25478		494	828
燃气生产和供应业			19	25
水的生产和供应业	24281		83	65

14－19 规模以上工业企业新产品开发项目情况(2020 年)

项目	新产品开发项目数(项)	新产品开发经费支出(万元)
总计	**9145**	**2400119**
按区县(市)分组:		
芙蓉区	187	21341
天心区	226	32575
岳麓区	2445	498565
开福区	202	30573
雨花区	297	43440
望城区	999	243191
长沙县	1812	1012342
浏阳市	1488	276093
宁乡市	1489	241999
按企业规模分组:		
大型企业	897	1300910
中型企业	2119	444925
小型企业	5950	627266
微型企业	179	27018
按登记注册类型分组:		
内资企业	8382	2122111
国有	167	20344
集体	2	36
股份合作		
联营企业	3	556
国有独资公司	96	37249
其他有限责任公司	1332	321460
股份有限公司	575	308964
私营独资	42	6541
私营合伙	26	4230
私营有限责任公司	4823	1236069
私营股份有限公司	1307	186041
其他企业	9	620
港、澳、台商投资企业	381	167794
外商投资企业	382	110214

14－19 续表

项　　目	新产品开发项目数(项)	新产品开发经费支出(万元)
按工业行业大类分组：		
煤炭开采和洗选业		
石油和天然气开采业		
黑色金属矿采选业	5	902
有色金属矿采选业	7	561
非金属矿采选业	2	271
其他采矿业		
农副食品加工业	342	48042
酒、饮料和精制茶制造业	233	29807
酒、饮料和精制茶制造业	60	10854
烟草制品业	30	6124
纺织业	58	11420
纺织服装、服饰业	20	2872
皮革、毛皮、羽毛及其制品和制鞋业	1	51
木材加工及木、竹、藤、棕、草制品业	18	1638
家具制造业	53	3156
造纸及纸制品业	68	9694
印刷和记录媒介复制业	118	21597
文教、工美、体育和娱乐用品制造业	26	2983
石油加工、炼焦及核燃料加工业	16	886
化学原料及化学制品制造业	655	90047
医药制造业	731	63833
化学纤维制造业		
橡胶和塑料制品业	170	27870
非金属矿物制品业	371	64375
黑色金属冶炼及压延加工业	16	1845
有色金属冶炼及压延加工业	175	44583
金属制品业	449	101111
通用设备制造业	969	146185
专用设备制造业	1338	1001809
汽车制造业	414	117771
铁路、船舶、航空航天和其他运输设备制造业	284	100110
电气机械及器材制造业	601	94767
计算机、通信和其他电子设备制造业	1150	315939
仪器仪表制造业	502	47803
其他制造业	31	2532
废弃资源综合利用业	5	169
金属制品、机械和设备修理业	7	1757
电力、热力的生产和供应业	161	18154
燃气生产和供应业	32	5484
水的生产和供应业	27	3120

15 文化、体育、卫生

长沙统计年鉴

15－1 历年文化事业发展情况

单位:个

年 份	电影放映单位	#电影院影剧院	艺术表演团体	艺术表演观众人数(万人)	公共图书馆	文化馆
1949	7	7	9		1	1
1950	6		9		1	2
1952	6	6	10		1	3
1955	6		12		1	6
1957	16	7	14		2	8
1960	24		14		3	7
1962	21	10	17		3	8
1965	102	13	19		4	10
1966	151		4		4	10
1970	138		4		4	10
1975	292		13		4	10
1976	370	18	13		5	10
1977	459		13		5	10
1978	484	31	13	351	5	10
1979	503		14		5	11
1980	510	38	14	506	5	11
1981	504	42	14	431	6	11
1982	506	33	14	432	6	11
1983	537	43	14	323	6	11
1984	780	41	14	271	6	11
1985	844	42	14	207	7	11
1986	822	42	14	186	7	11
1987	818	42	14	154	7	11
1988	817	50	12	87	7	11
1989	802	48	12	70	7	11
1990	807	47	12	118.6	7	11
1991	812	46	12	127	7	11
1992	771	48	12	61.9	7	11

15－1 续表

单位:个

年　份	电影放映单　位	# 电影院影剧院	艺术表演团　体	艺术表演观众人数（万人）	公共图书馆	文化馆
1993	657	34	12	55.0	7	11
1994	641	32	12	125.3	7	11
1995	644	29	12	130.3	7	11
1996	589	30	12	146.0	7	11
1997	580	31	13	132.0	7	11
1998	581	32	13	171.1	7	11
1999	485	32	13	167.3	7	11
2000	458	20	13	121.0	7	11
2001	458	20	13		7	11
2002			12	57.0	7	10
2003			12	272.0	7	10
2004			12	210.2	7	10
2005			12	247.0	12	10
2006			12	115.0	12	10
2007			12	216.1	12	10
2008			12	357.2	12	10
2009			12	203.7	12	10
2010			12	271.2	12	10
2011			12	193.7	12	10
2012			9	166.1	12	10
2013			9	149.3	12	10
2014			9	152.5	12	10
2015			12	201.8	12	10
2016			12	179.9	12	10
2017			12	170.6	12	10
2018			12	163.5	12	10
2019			12	135.8	12	10
2020			12	101.8	12	10

注:由于放映市场的变化,电影放映单位无法统计。

15－2 历年出版事业发展情况

年份	书籍		课本（万册）	杂志		报纸	
	种数（种）	总印数（万册）		种数（种）	总印数（万册）	种数（种）	总印数（万册）
1951	113	482		3	43		
1952	112	1626		4	245	17	6786
1954	110	589	1563	1	6	10	4503
1955	143	877	1853	2	52	10	5403
1957	267	975	2844	4	169	11	6530
1958	764	5467	3622	6	371	23	19317
1960	676	1361	5070	7	402	16	33318
1962	186	495	2735	2	150	12	6983
1965	233	2549	4568	2	211	7	17000
1970	132	10717	4242			6	10028
1975	185	7640	8618	4	1535	8	33861
1976	134	8373	5974	8	1643	8	38365
1977	88	7384	6606	8	2101	8	36931
1978	134	1983	12102	13	2680	3	30057
1979	317	4736	10614	26	3592	3	31120
1980	426	8563	11190	30	3182	5	20830
1981	568	13442	13002	41	2343	7	29838
1982	780	16082	13595	56	2189	11	33089
1983	985	15300	13882	61	2160	11	45705
1984	998	15818	14000	85	2836	23	55911
1985	1270	18850	16288	124	5149	35	59431
1986	1274	10532	19132	131	5247	38	53400
1987	1482	14073	18757	137	5931	40	60134
1988	2157	37293	23396	146	6037	31	55743
1989	2157	35055	19728	145	4968	31	37317
1990	1892	32135	21393	144	5144	28	40325

15－2 续表

年 份	书 籍		课 本（万册）	杂 志		报 纸	
	种 数（种）	总印数（万册）		种 数（种）	总印数（万册）	种 数（种）	总印数（万册）
1991	1969	35086	21392	146	6349	32	47414
1992	2124	36436	20686	149	7700	32	37592
1993	2069	33503	19726	165	7899	36	57677
1994	2249	29597	18693	162	7288	36	47815
1995	2357	33677	20146	178	7636	36	55721
1996	2734	39390	21957	180	7700	33	43698
1997	2893	37512	22139	180	7515	36	48190
1998	3262	36375	22489	171	8695	30	54831
1999	3341	30680	21171	183	12271	31	62613
2000	3156	24844	18342	198	10404	44	62354
2001	2612	24851	18007	203	9867	46	69194
2002	2866	32556	23135	213	10844	46	71169
2003	3123	29554	19222	219	12391	44	87814
2004	3353	12345	18830	192	18958	37	78802
2005	3218	8228	21000	202	10925	38	75309
2006	3221	6832	20838	198	9622	38	78381
2007	2535	8231	22735	181	8143	37	75636
2008	4230	12577	16342	184	8467	36	76080
2009	4421	14084	11820	204	11271	42	100554
2010	6222	18783	12202	201	12540	42	101861
2011	8362	21427	12858	205	12140	40	94019
2012	9237	22052	13831	205	12496	40	102698
2013	10064	23745	11890	204	12804	39	105924
2014	9817	27543	14524	204	13247	39	107582
2015	10697	33843	14645	204	13918	38	105635
2016	11622	37518	14107	203	13757	38	70934
2017	11136	31248	14621	207	11473	38	65592
2018	9292	27026	15880	209	8616	38	59510
2019	9504	32146	16601	207	9272	35	55316
2020	9411	32302	15967	209	9414	33	48754

注：因新闻出版统计口径变化，从2007年开始，一套书只按一本书计算。

15－3 历年市、县属广播事业发展情况

年 份	市台平均日播音时间（时°分′）	市电台覆盖率（%）	县、区广播台、站（个）	市电视台每周播出时间（时°分′）	市电视台覆盖率（%）
1956			1		
1957			3		
1958	8°30′		3		
1960	6°30′		3		
1961	6°30′		3		
1962					
1965			3		
1970			4		
1975			4		
1976			4		
1977			4		
1978			5		
1979			5		
1980	8°30′		5		
1981	11°05′	89.7	5		
1982	11°05′	90	5		
1983	10°00′	46.1	5		
1984	10°30′	63	5		
1985	10°45′	76	5	16°	23.6
1986	11°25′	70	5	22°	23
1987	11°25′	67.1	5	56°	23
1988	11°25′	70	5	35°	50
1989	11°30′		5	56°	80
1990	11°30′		5	56°	90
1991	11°20′		5	56°	90
1992	11°30′	92.7	5	56°	95

15－3 续表

年　　份	市台平均 日播音时间 （时°分′）	市电台 覆盖率 （%）	县、区广 播台、站 （个）	市电视台 每周播出时间 （时°分′）	市电视台 覆盖率 （%）
1993	16°30′	95.00	5	56°	98.00
1994	16°45′	95.00	5	56°	98.00
1995	16°30′	95.00	5	42°	98.00
1996	36°30′	96.00	4	78°	95.00
1997	49°30′	95.00	4	125°30′	85.61
1998	36°30′	95.00	4	174°30′	88.39
1999	36°30′	95.00	4	238°00′	97.30
2000	37°40′	95.00	4	206°30′	97.30
2001	43°00′	96.50	4	456°	98.10
2002	54°30′	96.41	4	543°	97.23
2003	60°00′	96.46	4	817°	97.57
2004	64°00′	96.78	4	817°	97.82
2005	88°96′	96.88	4	858°12′	97.88
2006	82°12′	96.91	4	893°56′	97.90
2007	91°30′	96.93	4	916°00′	97.92
2008	139°46′	99.10	4	970°24′	98.48
2009	140°11′	99.14	4	1057°22′	98.49
2010	139°71′	99.14	4	1060°47′	98.49
2011	139°48′	99.30	4	1078°30′	98.61
2012	142°6′	99.30	4	1096°58′	98.62
2013	147°6′	99.32	4	1115°54′	98.68
2014	147°14′	99.41	4	1114°78′	98.89
2015	147°14′	99.41	4	1114°78′	98.91
2016	165°34′	99.41	4	1164°17′	99.04
2017		99.48	4		99.13
2018		99.76	4		99.73
2019		100.00	4		100.00
2020		100.00	4		100.00

15－4 历年市、县训练体育干部、举办运动会情况

单位：人

年份	训练体育干部			举办运动会（次）	参赛人次
	合计	# 裁判员	# 社会体育指导员		
1978	815	455	100	46	…
1979	538	330		43	17168
1980	1367	385	650	64	19263
1981	1967	1030	424	115	38496
1982	1802	496	768	118	37696
1983	1045	515	252	99	47746
1984	1318	606	192	130	32596
1985	745	160	336	266	66424
1986	1390	425	655	280	74000
1987	2126	599	263	467	92404
1988	1468	579	125	428	69558
1989	2642	764	380	728	164013
1990	1278	800	267	1149	563139
1991	2233	1563	86	2357	503469
1992	1540	1161	22	444	83537
1993	941	277	34	144	57401
1994	938	539		128	79684
1995	2162	352	1387	283	148479
1996	2504	450	1343	384	194981
1997	1292	373	174	152	263015
1998	1401	548	99	219	75255
1999	2480	956	307	206	84579
2000	2165	785	136	163	116958
2001	1959	608	321	149	33203
2002	865	361	150	35	22700
2003	2223	1689	370	14	489300
2004	238	60	75	28	30000
2005	776	76	700	26	12000
2006	547	58	489	200	300000
2007	3285	60	3225	214	320000
2008	5215	65	5150	301	450000
2009	5952	73	5879	334	480000
2010	2136	11	2125		
2011	1058	32	1026		
2012	451	51	400		
2013	1049	49	1000		
2014	2235	55	2180		
2015	6861	191	6670		
2016	1907	31	1876		
2017	2097	39	2058		
2018	3051	31	3020		
2019	1410	65	1345		
2020	2616	1190	1426		

15－5 历年卫生事业发展情况

年 份	机构数（个）	# 医院、卫生院	床位数（张）	# 医院、卫生院	卫生工作人员(人)	# 卫生技术人员	# 执业医师和执业助理医师
1949	34	14	747		1468	1253	
1952	522	38	1478		4167	2367	
1957	993	41	3312		8412	4645	
1962	992		8081		9171	7880	
1963	986	122	8177		10070	7725	
1965	1035	138	8454	5713	11235	8779	
1966	993	152	9746	6613	11112	7944	
1970	768	192	8165	4437	10451	7857	4130
1972	937	304	9276	7842	15749	11345	4949
1975	1066	313	11760	9705	18694	13854	6637
1976	1131	241	12132	11017	19687	14656	7233
1977	1192	316	12410	9941	20447	15416	7370
1978	1195	248	12976	11036	21583	16068	7247
1979	1205	323	13343	10851	23075	16722	8018
1980	1250	290	13356	11974	24637	18266	8435
1981	1337	284	13842	11179	26031	19044	8947
1982	1348	255	14000	11283	26755	19805	9305
1983	1330	317	14051	11521	27787	20979	9668
1984	1397	317	14385	11728	29053	22031	10286
1985	1403	291	13743	11503	29620	21611	10187
1986	1319	290	14940	12085	30196	22106	10034
1987	1388	285	15287	12640	30542	22813	10519
1988	1312	284	16158	13619	31960	23918	11386
1989	1397	300	17823	14281	32871	24606	11868
1990	1346	297	18349	14766	34190	26307	12423
1991	1258	300	19352	15705	34834	26546	12297
1992	1323	300	19968	16470	35549	27092	12225
1993	1009	303	20681	17031	34894	25543	11296
1994	1215	305	20878	17245	36473	26875	12210
1995	1100	205	21378	17594	37115	27553	12107

15－5 续表

年份	机构数（个）	# 医院、卫生院	床位数（张）	# 医院、卫生院	卫生工作人员（人）	# 卫生技术人员	# 执业医师和执业助理医师
1996	1295	235	20991	17797	37434	27706	11825
1997	1218	246	20751	18240	38107	27966	11526
1998	1281	249	20569	17974	37954	28579	12070
1999	1216	256	21342	18492	38336	28840	12639
2000	1036	263	20590	17281	36225	27460	12345
2001	1086	265	22538	18998	35303	28187	12310
2002	1127	282	22487	20621	34795	27102	11172
2003	1291	282	23405	21024	38415	29909	11655
2004	1440	258	24360	22264	35937	28142	11412
2005	1519	260	27395	25501	37711	28943	12088
2006	1557	252	28845	27240	40681	31180	12692
2007	2259	265	31891	30046	47340	37402	14683
2008	2385	252	35547	31563	50599	40232	15831
2009	2709	265	41603	35909	55564	44888	17153
2010	2655	255	42629	39983	59738	48791	18258
2011	2680	255	47036	42954	66104	53030	19100
2012	4270	254	51285	46382	69011	55978	20268
2013	4690	279	57919	52507	76479	62123	22936
2014	4586	276	63606	57374	81645	66735	24340
2015	4661	284	66036	59927	84857	69634	25599
2016	4605	286	71335	64805	89246	73603	27271
2017	4493	287	73711	66458	93540	77442	29265
2018	4523	331	77253	69913	98486	81548	30793
2019	4633	336	81242	73664	103086	85866	32286
2020	4681	339	83180	76122	106139	87987	32785

注：1. 2001 年（含）以前“执业医师和执业助理医师”指标统计口径为“医生”。

2. 2007 年卫生系统新的报表制度将医务室、社区卫生服务中心、社区卫生服务站均统计到“卫生机构”中，故数据增加较大。

3. 2012 年卫生系统新的报表制度将村卫生室、门诊部、诊所（医务室）、专业公共卫生机构、其他医疗卫生机构均统计到“卫生机构”中，故数据增加较大，按 2011 年同口径数据为 2902 个。

15－6 医疗机构诊疗人数(2020年)

类别	医疗机构数（个）	总诊疗人次数（万人次）	#门诊人次数
总计	**4681**	**4953.7**	**4392.16**
#医院	241	2594.13	2218.39
#卫生院	98	524.58	479.53
#社区卫生服务机构	309	701.32	637.02
社区卫生服务中心	84	583.04	536.12
社区卫生服务站	225	118.28	100.90

15－7 医疗机构入院、出院人数(2020年)

单位：万人

类别	健康检查人数	入院人数	出院人数
总计	**366.17**	**246.78**	**245.72**
#医院	208.16	182.21	181.69
#卫生院	40.13	38.53	38.04
#社区卫生服务机构	77.65	9.89	9.82
社区卫生服务中心	55.83	9.89	9.82
社区卫生服务站	21.82		

16 区县（市）主要经济和社会指标

长沙统计年鉴

16－1　区县(市)年末户籍户数和人口数(2020年)

单位:人

区县(市)	年末总户数(户)	年末总人口	男性	女性	城镇人口	乡村人口
全　市	**2474943**	**7472869**	**3702675**	**3770194**	**5217554**	**2255315**
市区合计	1327401	3737939	1819220	1918719	3276505	461434
芙蓉区	142332	428143	207491	220652	428143	
天心区	198506	516990	252962	264028	502487	14503
岳麓区	305016	852631	414625	438006	731035	121596
开福区	205026	526292	251808	274484	510878	15414
雨花区	276105	759867	370961	388906	719155	40712
望城区	200416	654016	321373	332643	384807	269209
县(市)合计	1147542	3734930	1883455	1851475	1941049	1793881
长沙县	283418	826417	408421	417996	493184	333233
浏阳市	414167	1488160	757386	730774	724439	763721
宁乡市	449957	1420353	717648	702705	723426	696927

16－2　历年分区县(市)年末户籍人口

单位:人

区县(市)	2000年	2001年	2002年	2003年	2004年	2005年	2006年	2007年	2008年	2009年	2010年
全　　市	**5831894**	**5870933**	**5954592**	**6017624**	**6103844**	**6209248**	**6309958**	**6373561**	**6417367**	**6468350**	**6501248**
市区合计	1754142	1807670	1889773	1962561	2024646	2086476	2146096	2187488	2365801	2391675	2395348
县(市)合计	4077752	4063263	4064819	4055063	4079198	4122772	4163862	4186073	4051566	4076675	4105900
芙蓉区	313987	323035	334844	345817	359797	370498	381843	397760	408441	406271	406641
天心区	356518	369082	386443	401010	417866	422118	429104	421136	412568	407537	400566
岳麓区	314706	326408	353719	376124	386266	395385	416715	431013	617889	625527	627763
开福区	376771	381347	388545	395399	399750	410326	415841	416085	411404	414841	419868
雨花区	392160	407798	426222	444211	460967	488149	502593	521494	515499	537499	540510
望城区	713953	706877	706546	704964	702481	710330	717055	712314	541622	541037	544314
长沙县	735402	735958	734198	734731	737560	745179	755524	764869	775815	781972	788566
浏阳市	1320593	1318343	1318611	1325928	1332120	1345410	1355160	1363979	1380303	1393501	1407104
宁乡市	1307804	1302085	1305464	1289440	1307037	1321853	1336123	1344911	1353826	1360165	1365916

16－2 续表

区县(市)	2011年	2012年	2013年	2014年	2015年	2016年	2017年	2018年	2019年	2020年
全　　市	**6566185**	**6606166**	**6628122**	**6714121**	**6803579**	**6959998**	**7087939**	**7288583**	**7382401**	**7472869**
市区合计	2967851	2979005	2992513	3035103	3184995	3283293	3397749	3557549	3643794	3737939
县(市)合计	3598334	3627161	3635609	3679018	3618584	3676705	3690190	3731034	3738607	3734930
芙蓉区	409726	408872	406273	403948	403073	399936	403972	424671	426994	428143
天心区	398395	396222	392340	397329	445700	460205	475285	496128	506621	516990
岳麓区	630265	626976	624428	644834	645883	674871	720473	783265	803944	852631
开福区	426620	433334	441605	452168	461884	475865	487524	505571	515391	526292
雨花区	550721	556458	565405	576257	648812	669357	690021	720819	738450	759867
望城区	552124	557143	562462	560567	579643	603059	620474	627095	652394	654016
长沙县	803861	813395	818874	832244	743210	764869	785647	806327	818383	826417
浏阳市	1423524	1436248	1439697	1453246	1469104	1489306	1483717	1493770	1491285	1488160
宁乡市	1370949	1377518	1377038	1393528	1406270	1422530	1420826	1430937	1428939	1420353

注:望城区从2011年开始撤县设区,数据纳入市区合计。

16-3 历年分区县(市)年末常住人口

单位:人

区县(市)	2000年	2001年	2002年	2003年	2004年	2005年	2006年	2007年	2008年	2009年	2010年
全市	**6138719**	**6200800**	**6268778**	**6283499**	**6290000**	**6393000**	**6465000**	**6529200**	**6585600**	**6642200**	**7040709**
市区合计	2122873	2220025	2273184	2304859	2310860	2372600	2413421	2498341	2682518	2725458	3092034
县(市)合计	4015846	3980775	3995594	3978640	3979140	4020400	4051579	4030859	3903082	3916742	3948675
芙蓉区	390074	410289	417362	417794	419095	431600	440809	447418	460403	460700	523989
天心区	396827	428547	437439	442319	443619	448100	455086	460588	451650	452296	475196
岳麓区	409939	423318	438665	443720	444820	455300	464847	482435	673884	694057	801720
开福区	423645	433394	442120	454530	455530	467600	474851	484299	479420	484405	567140
雨花区	502388	524477	537598	546496	547796	570000	577828	623601	617161	634000	723989
望城区	686349	673420	677953	678439	678539	686000	692760	688188	519050	522200	523650
长沙县	774707	763529	769660	770218	770318	778300	786069	790656	803428	805249	979420
浏阳市	1307572	1303121	1303096	1306304	1306404	1319400	1328470	1310784	1329107	1333923	1279469
宁乡市	1247218	1240705	1244885	1223679	1223879	1236700	1244280	1241231	1251497	1255370	1166136

16-3 续表

区县(市)	2011年	2012年	2013年	2014年	2015年	2016年	2017年	2018年	2019年	2020年
全市	**7403600**	**7661800**	**7874600**	**8131100**	**8282700**	**8590300**	**9029400**	**9280000**	**9635600**	**10060800**
市区合计	3891900	4086300	4243700	4431900	4689900	4931800	5224400	5393900	5669700	5988300
县(市)合计	3511700	3575500	3630900	3699200	3592800	3658500	3805000	3886100	3965900	4072500
芙蓉区	541600	553000	562400	575700	581500	607600	628100	629400	630800	642800
天心区	523200	541300	560200	586400	702100	754200	787300	792400	804200	837200
岳麓区	869600	953200	1000600	1055900	1090600	1184000	1261100	1314400	1426600	1528600
开福区	595300	617500	637800	657000	672500	702200	721100	752100	783900	821800
雨花区	799800	842900	881400	925000	999200	1011200	1109100	1153700	1197100	1266500
望城区	562400	578400	601300	631900	644000	672600	717700	751900	827100	891400
长沙县	1050600	1098000	1138200	1196800	1072000	1113600	1233600	1279000	1314500	1376300
浏阳市	1293400	1300100	1314100	1321300	1332400	1347200	1358100	1382400	1405900	1431200
宁乡市	1167700	1177400	1178600	1181100	1188400	1197700	1213300	1224700	1245500	1265000

注:1. 2020年为人口普查以后的年报数,2011-2019年为根据两次普查修订以且的数据。
2. 望城区从2011年开始撤县设区,数据纳入市区合计。
3. 因区划调整,2015年长沙县、天心区、雨花区人口数据调整。

16－4　历年分区县(市)年末城镇人口

单位:万人

区县(市)	2010 年	2011 年	2012 年	2013 年	2014 年	2015 年	2016 年	2017 年	2018 年	2019 年	2020 年
全　市	476.58	508.05	528.62	555.55	589.09	624.84	666.23	721.07	760.34	794.51	830.98
芙蓉区	52.40	54.16	55.30	56.24	57.57	58.15	60.76	62.81	62.94	63.08	64.28
天心区	47.24	52.02	53.81	55.70	58.31	67.85	73.23	77.09	77.78	79.14	82.85
岳麓区	67.43	73.33	80.42	84.79	90.50	95.86	107.09	115.75	122.99	133.82	143.85
开福区	55.47	58.16	60.05	61.85	63.54	64.98	67.83	69.65	72.63	75.71	79.38
雨花区	71.70	79.20	83.51	87.37	91.79	97.41	98.58	108.13	112.48	116.71	123.47
望城区	24.18	26.10	26.93	31.40	36.41	40.18	44.80	52.96	57.36	64.38	69.86
长沙县	49.61	54.13	56.6	60.65	68.60	68.41	73.98	85.44	94.44	97.82	102.56
浏阳市	58.41	60.10	60.65	65.61	68.50	73.13	77.67	82.01	86.36	88.26	88.73
宁乡市	50.14	50.85	51.35	51.94	53.87	58.87	62.29	67.23	73.36	75.59	76.00

16－5　历年分区县(市)年末城镇化率

单位:%

区县(市)	2010 年	2011 年	2012 年	2013 年	2014 年	2015 年	2016 年	2017 年	2018 年	2019 年	2020 年
全　市	67.69	68.62	68.99	70.55	72.45	75.44	77.56	79.86	81.93	82.46	82.60
芙蓉区	100	100	100	100	100	100	100	100	100	100	100
天心区	99.41	99.43	99.41	99.43	99.44	96.64	97.10	97.92	98.16	98.41	98.96
岳麓区	84.11	84.33	84.37	84.74	85.71	87.90	90.45	91.78	93.57	93.80	94.11
开福区	97.81	97.70	97.25	96.97	96.71	96.62	96.60	96.59	96.57	96.58	96.59
雨花区	99.03	99.02	99.07	99.13	99.23	97.49	97.49	97.49	97.50	97.49	97.49
望城区	46.17	46.41	46.56	52.22	57.62	62.39	66.61	73.79	76.29	77.84	78.37
长沙县	50.65	51.52	51.55	53.29	57.32	63.82	66.43	69.26	73.84	74.42	74.52
浏阳市	45.65	46.47	46.65	49.93	51.84	54.89	57.65	60.39	62.47	62.78	62.00
宁乡市	43.00	43.55	43.61	44.07	45.61	49.54	52.01	55.41	59.90	60.69	60.08

16－6　区县(市)人口自然变动情况(2020年)

区县(市)	出生人口(人)	死亡人口(人)	自然增长人数(人)	出生率(‰)	死亡率(‰)	自然增长率(‰)
全　　市	**75123**	**64308**	**10815**	**10.11**	**8.66**	**1.46**
市区合计	41247	24676	16571	11.18	6.69	4.49
芙蓉区	3575	2995	580	8.36	7.00	1.36
天心区	4916	3526	1390	9.61	6.89	2.72
岳麓区	11299	5148	6151	12.93	5.89	7.04
开福区	5534	3920	1614	10.63	7.53	3.10
雨花区	8390	4114	4276	11.20	5.49	5.71
望城区	7533	4973	2560	12.40	8.18	4.21
县(市)合计	33876	39632	－5756	9.07	10.61	－1.54
长沙县	8931	6523	2408	10.86	7.93	2.93
浏阳市	12779	14317	－1538	8.58	9.61	－1.03
宁乡市	12166	18792	－6626	8.54	13.19	－4.65

16－7　区县(市)人口机械增长情况(2020年)

区县(市)	迁入人数(人)	迁出人数(人)	机械增长人数(人)	机械增长率(‰)	自然、机械净增人数(人)	净增率(‰)
全　　市	**152967**	**46478**	**106489**	**14.34**	**117304**	**15.79**
市区合计	134687	30267	104420	28.29	120991	32.78
芙蓉区	14683	4963	9720	22.73	10300	24.09
天心区	17036	3786	13250	25.89	14640	28.60
岳麓区	42033	8400	33633	38.49	39784	45.53
开福区	17539	3661	13878	26.65	15492	29.74
雨花区	29714	6161	23553	31.44	27829	37.15
望城区	13682	3296	10386	17.09	12946	21.30
县(市)合计	18280	16211	2069	0.55	－3687	－0.99
长沙县	11099	5476	5623	6.84	8031	9.77
浏阳市	2975	4767	－1792	－1.20	－3330	－2.24
宁乡市	4206	5968	－1762	－1.24	－8388	－5.89

16－8 区县(市)地区生产总值(2020年)

单位:万元

指　　标	芙蓉区	天心区	岳麓区	开福区	雨花区	望城区	长沙县	浏阳市	宁乡市
地区生产总值	11632776	11206420	13600039	10410432	21932418	8570389	18083429	14930034	11059229
农、林、牧、渔业	74	15675	115200	12786	56568	602404	911333	1356924	1386072
工业	464358	1145257	2466099	492377	8024408	2098498	7784820	7320723	4198279
建筑业	1025429	2276978	1360796	1035281	4090644	1169714	1678024	349587	466567
批发和零售业	1801607	1022884	1197962	1591567	1750417	1078478	1259009	1710629	1231160
交通运输、仓储和邮政业	481306	562933	402540	573115	603342	252618	724502	322586	299840
住宿和餐饮业	363217	318544	300610	396683	307135	265240	386464	363470	394191
金融业	2595449	1237187	1007094	1374550	1515418	146018	558754	356357	240119
房地产业	1117290	842009	1107820	620791	1081758	909096	937676	470365	691994
营利性服务业	2320312	2620653	2564232	3013013	2874912	1301567	2087895	1565888	1326255
非营利性服务业	1463734	1164300	3077686	1300269	1627815	746756	1754952	1113505	824753
第一产业	55	15040	111292	12388	54529	566542	871314	1287515	1315956
第二产业	1489787	3422235	3823059	1527658	12102240	3264406	9452038	7646409	4664846
第三产业	10142934	7769145	9665688	8870386	9775649	4739441	7760077	5996110	5078427

16－9 区县(市)地区生产总值增长速度(2020年)

单位:%

指 标	芙蓉区	天心区	岳麓区	开福区	雨花区	望城区	长沙县	浏阳市	宁乡市
地区生产总值	3.5	3.6	4.6	3.5	4.5	4.3	4.3	4.7	2.7
农、林、牧、渔业	－2.3	－4.3	－0.2	－0.8	－0.5	4.5	3.5	4.9	4.3
工业	0.2	0.0	7.5	6.3	3.0	8.1	5.8	5.9	2.5
建筑业	－1.8	5.4	1.3	3.2	8.7	1.9	3.1	3.0	22.2
批发和零售业	0.3	2.9	4.8	1.8	1.5	7.5	－2.5	3.0	－2.9
交通运输、仓储和邮政业	－3.9	0.1	1.8	－1.1	－3.6	4.1	1.6	2.5	2.1
住宿和餐饮业	－8.1	－7.9	－4.7	－8.8	－10.5	－8.5	－9.2	－9.6	－5.1
金融业	8.5	8.5	8.5	8.6	8.5	8.5	8.5	8.6	8.5
房地产业	5.7	0.8	4.6	6.2	1.9	2.7	5.7	0.3	－4.0
营利性服务业	6.2	6.2	3.9	3.1	9.0	0.3	4.9	5.9	5.3
非营利性服务业	3.1	1.4	2.8	4.7	2.8	3.7	5.4	3.1	4.2
第一产业	－0.1	－4.3	－0.1	－0.7	－0.4	4.3	3.3	4.8	4.1
第二产业	－1.2	3.1	6.0	4.4	4.6	6.3	5.4	5.8	3.8
第三产业	4.1	3.8	3.8	3.3	4.3	2.9	3.0	3.2	1.1

16-10 区县(市)规模以上工业企业主要经济指标(2020年)

单位:万元

区县(市)	资产总计	负债合计	营业收入	利润总额
全　市	**123573673**	**67258909**	**92164212**	**9553130**
芙蓉区	825701	391160	432069	39002
天心区	10480545	7709622	3486682	102466
岳麓区	28176110	15115229	13551371	1639688
开福区	1431245	800508	1121924	85753
雨花区	11981342	3924183	11853696	1072411
望城区	7670732	4174814	7676273	521293
长沙县	40894430	25532301	26058456	3190311
浏阳市	12272252	4523548	17133863	1847930
宁乡市	9841317	5087543	10849877	1054276

16-11 区县(市)单位GDP能耗上升或下降

单位:%

年份	全　市	芙蓉区	天心区	岳麓区	开福区	雨花区	望城区	长沙县	浏阳市	宁乡市
2006	-3.89	-4.35	-4.28	-5.28	-5.59	-2.06	-5.54	-4.9	-4.67	-4.41
2007	-4.69	-4.8	-5.04	-5.74	-5.08	-5.69	-4.36	-4.38	-4.23	-4.5
2008	-6.1	-6.29	-6.25	-6.04	-6.03	-6.01	-6.23	-6.32	-5.84	-6.5
2009	-4.53	-5.56	-4.66	-4.42	-4.61	-4.81	-4.52	-4.68	-5.52	-4.5
2010	-2.29	-1.66	-2.21	-2.02	-1.6	-3.19	-1.23	-3.22	-2.28	-3.54
2011	-3.96	-3.77	-3.69	-3.49	-3.36	-3.71	-3.68	-3.93	-4.18	-4.22
2012	-6.04	-5.21	-5.62	-6.21	-5.44	-5.99	-7.8	-6.07	-6.2	-6.46
2013	-4.56	-4.72	-4.79	-4.2	-4.55	-4.88	-4.12	-5.66	-5.93	-5.77
2014	-5.71	-5.49	-5.3	-5.67	-5.39	-5.86	-7.67	-6.03	-6.48	-7.88
2015	-5.77	-4.79	-4.91	-6.91	-5.23	-4.67	-4.2	-4.09	-7.6	-11.94
2016	-4.26	-5.33	-3.35	-6.72	-3.47	-1.3	-2.26	-4.38	-7.74	-5.93
2017	-5.6	-5.7	-5.14	-5.43	-5.54	-5.49	-5.59	-7.11	-6.16	-6.24
2018	-4.77	-4.54	-5.36	-4.72	-5	-5.77	-4.32	-5.56	-5.04	-4.71
2019	-4.85	-4.68	-4.83	-4.77	-3.95	-4.78	-5.62	-5.59	-6.43	-5.44
2020	-2.77	-2.85	-2.59	-3.25	-3.56	-0.74	-3.85	-1.85	-4.96	-1.37

16－12　区县(市)单位GDP电耗上升或下降

单位:%

年份	全　市	芙蓉区	天心区	岳麓区	开福区	雨花区	望城区	长沙县	浏阳市	宁乡市
2006	-2.14	-9.88	-3.17	-5.35	-8.23	2.94	17.62	-1.04	4.92	-7.83
2007	-4.45	-10.43	-3.02	-3.98	-9.27	-7.76	-7.03	-2.2	7.94	0.24
2008	-5.48	-9.53	-0.7	-9.14	-6.17	6.47	-3.89	-16.97	-15.83	-4.29
2009	-3.05	-4.79	-19.39	-4.39	-15.6	-14.95	-13.97	-27.29	-1.76	2.45
2010	-1.52	-2.41	-4.17	-5.67	-4.81	-1.51	-1.63	-2.85	8.4	-0.78
2011	0.22	-2.56	-1.62	-3.52	-0.96	-0.36	7.49	0.13	10.51	-2.03
2012	-1.46	-5.1	-4.8	-6.61	-4.5	-5.21	6.3	2.77	5.37	-8.84
2013	-2.31	-3.16	-2.92	-2.75	-2.99	-2.69	-6.62	3.6	-5.15	-4.69
2014	-7.58	-8.04	-7.55	-9.06	-8.84	-6.83	-11.63	-2.07	-7.72	-12.71
2015	-1.69	-1.55	-4	-2.83	-2.28	-5.07	5.49	7.36	-4.67	-14.59
2020	-2.77	-2.85	-2.59	-3.25	-3.56	-0.74	-3.85	-1.85	-4.96	-1.37
2017	0.23	-3.84	-2.29	-1.04	-4.52	-2.53	-5.84	4.18	7.03	3.36
2018	6.98	5.24	4.61	5.71	4.76	3.76	7.07	8.95	8.94	7.41
2019	0.60	-2.71	-1.7	0.56	3.05	-1.76	12.55	-3.81	-3.06	5.85
2020	-0.01	0.58	-5.83	-1.86	-0.38	0.05	0.8	-6.53	6.58	9.65

16－13　区县(市)房地产投资主要指标完成情况(2020年)

区县(市)	房地产开发投资(万元)	商品房销售面积(万 m^2)
全　市	**18684070**	**2379.90**
芙蓉区	1059408	111.64
天心区	1198067	120.59
岳麓区	4952585	493.03
开福区	2172413	166.44
雨花区	2869035	371.81
望城区	1796422	409.15
长沙县	2655621	344.03
浏阳市	677352	146.92
宁乡市	1303167	216.29

16－14 区县(市)财政收入(2020年)

指　　标	全市	市本级	芙蓉区	天心区
地方一般公共预算收入	11000910	4483240	406968	635984
税收收入	8070788	3179854	302885	445672
营业税				
增值税	2594389	712083	135660	235324
企业所得税	1132832	512543	33082	80572
个人所得税	539594	286414	73501	28084
资源税	4996	221		
固定资产投资方向调节税				
城市维护建设税	517118	393016		
房产税	324736	105184	22573	22063
印花税	138494	44730	6448	11023
城镇土地使用税	192852	88729		
土地增值税	1220152	302610	25186	58483
车船税	103007	54573		
船舶吨税				
车辆购置税				
关税				
耕地占用税	242214	7264	5624	9961
契税	1046231	671426		
烟叶税	6922			
环境保护税	4722	576		
其他税收收入	2529	485	811	162
非税收入	2930122	1303386	104083	190312
专项收入	784927	542545	1200	2178
行政事业性收费收入	327487	159515	2366	6739
罚没收入	168322	78989	3528	4762
国有资本经营收入	15462			
国有资源(资产)有偿使用收入	1115209	289295	65166	163233
其他收入	518715	233042	31823	13400
政府性基金预算收入合计	10934138	6022792		

单位:万元

岳麓区	开福区	雨花区	望城区	长沙县	浏阳市	宁乡市
550012	604679	780527	734584	1258431	934367	612118
461109	424268	476486	585491	1002653	718242	474128
180198	183838	207933	206684	372782	191601	168286
110981	56971	79796	57111	82760	61817	57199
30793	30880	25404	7090	26265	18056	13107
			16	547	2083	2129
			32744	44664	22845	23849
19602	17873	27400	21194	49239	16383	23225
7232	7034	14097	8898	21005	6216	11811
			36011	31511	11613	24988
109149	92096	119611	103534	188765	179971	40747
			2641	13199	27291	5303
2915	35576	2245	13074	24426	126925	14204
			95928	146910	46927	85040
					4135	2787
			389	534	2364	859
239			177	46	15	594
88903	180411	304041	149093	255778	216125	137990
1391	1343	3528	32135	140706	33125	26776
26670	2600	2837	27809	37198	26793	34960
1995	4790	1028	8415	16606	33084	15125
	15462					
57681	75383	272761	75995	24318	63892	27485
1166	80833	23887	4739	36950	59231	33644
			930023	1974736	844387	1162200

16－15　区县（市）财政支出（2020年）

单位：万元

指　　标	全市	市本级	芙蓉区	天心区	岳麓区	开福区
般公共预算支出	15012319	5490749	561988	680474	757677	771235
一般公共服务	1852702	351372	90467	161940	166325	167035
科学技术	554502	268446	7876	10682	24466	18620
交通运输	466692	247723	506	1174	3269	6967
农林水	955370	124767	10253	18113	44615	32304
节能环保	647233	232161	11034	18023	8938	21770
城乡社区	3720880	2107686	185695	185801	125547	218544
文化旅游体育与传媒	180881	81980	4011	4349	6140	2755
教育支出	2310537	652063	94845	133226	171332	103774
卫生健康	781034	184951	27826	28900	45193	34322
商业服务业等	245195	106341	5901	2160	3808	12617
社会保障和就业	1267347	319860	71133	56566	90729	78181
公共安全	713464	444056	14466	13272	12487	12695
外交支出						
其他支出	1316482	369343	37975	46268	54828	61651

16－13续表

指　　标	雨花区	望城区	长沙县	浏阳市	宁乡市
般公共预算支出	1063812	1107037	1947015	1514950	1117382
一般公共服务	317731	122379	227132	120516	127805
科学技术	9519	26250	133070	30970	24603
交通运输	7973	28169	88876	35064	46971
农林水	30080	123162	188819	219542	163715
节能环保	56530	79409	155517	48737	15114
城乡社区	222626	122265	271689	212664	68363
文化旅游体育与传媒	4259	15324	21154	28631	12278
教育支出	181894	230354	262601	291769	188679
卫生健康	37984	83637	104441	113372	120408
商业服务业等	19275	10779	72094	6491	5729
社会保障和就业	81238	126343	131249	161505	150543
公共安全	13893	45288	80665	40775	35867
外交支出					
其他支出	80810	93678	209708	204914	157307

16-16 区县(市)社会消费品零售总额(2020年)

单位:万元

年份	全市	芙蓉区	天心区	岳麓区	开福区	雨花区	长沙县	望城区	浏阳市	宁乡市
2003	5057128	1270555	633040	338459	881412	817150	288431	180061	345839	302181
2004	5943647	1476313	745127	411283	1028856	971598	334322	217274	405041	353833
2005	6912442	1482042	772772	528408	1110198	1305888	461069	242434	501801	507830
2006	8079595	1709166	901755	637662	1274871	1537468	542785	292354	588404	595130
2007	9715761	2011392	1095920	782911	1545687	1851834	653604	358666	705911	709836
2008	11813109	2413867	1322424	969696	1860685	2234927	805544	437546	885143	883278
2009	13573325	2703412	1489120	1187630	2071616	2582495	1053421	456075	1013072	1016485
2010	16220858	2991828	1765838	1475320	2435324	3130759	1427685	554907	1213832	1225365
2011	19505532	3437831	2066179	1802807	2844006	3794804	1950191	693292	1443624	1472798
2012	22231254	3833486	2343046	2131939	3123076	4292964	2330219	849474	1641245	1685805
2013	25284617	4226546	2677534	2503172	3442926	4811682	2766702	1050515	1864457	1941083
2014	28314880	4455917	2959137	2972440	3796756	5141761	3312598	1357580	2104834	2213858
2015	31502425	4746144	3197794	3362951	4107805	5470871	3866697	1720418	2439069	2590676
2016	34819847	5036397	3327238	3844181	4309852	5795012	4414287	2270386	2805323	3017171
2017	38222477	5257349	3637380	4518010	4533848	5848521	4924422	2832682	3177602	3492665
2018	41692424	5442502	3861623	4993855	4816143	6230483	5333345	3469575	3576382	3968517
2019	45894043	5950521	4222145	5485312	5284554	6755284	5834181	3988410	3963984	4409652
2020	44697628	5757399	4086629	5474384	5114062	6616949	5604041	3975174	3824395	4244595

注:根据第四次全国经济普查结果对2003-2019年区县(市)社会消费品零售总额进行了调整。

17 全国三十五个直辖市、省会和副省级城市主要经济社会指标

全国三十五个城市主要经济社会指标(2020年)

单位:亿元

城 市	地区生产总值				第一产业增加值			
	2020年	位次	比上年±%	位次	2020年	位次	比上年±%	位次
长 沙	**12142.52**	**13**	**4.0**	**9**	**423.46**	**10**	**4.0**	**8**
郑 州	12003.04	14	3.0	21	156.87	24	0.9	26
太 原	4153.25	29	2.6	23	32.24	32	3.7	11
合 肥	10045.72	16	4.3	8	332.32	14	1.2	24
武 汉	15616.06	8	-4.7	35	402.18	11	-3.8	33
南 昌	5745.51	25	3.6	16	235.28	21	2.2	19
石家庄	5935.10	24	3.9	11	498.60	7	3.5	12
南 宁	4726.34	27	3.7	14	534.36	5	4.7	5
成 都	17716.68	6	4.0	9	655.17	2	3.3	13
西 安	10020.39	17	5.2	3	312.75	16	3.0	15
贵 阳	4311.65	28	5.0	5	178.31	23	6.4	2
昆 明	6733.79	20	2.3	25	312.35	17	5.6	3
兰 州	2886.74	31	2.4	24	57.43	30	5.0	4
乌鲁木齐	3337.32	30	0.3	33	27.05	34	1.4	23
西 宁	1372.98	35	1.8	26	57.17	31	4.3	7
呼和浩特	2800.68	32	0.2	34	126.46	25	1.2	24
银 川	1964.37	33	3.2	19	75.72	29	0.7	28
沈 阳	6571.56	22	0.8	31	303.58	18	2.9	16
长 春	6638.03	21	3.6	16	533.82	6	-2.4	31
哈尔滨	5183.80	26	0.6	32	615.80	3	2.1	21
福 州	10020.02	18	5.1	4	560.70	4	4.0	8
海 口	1791.58	34	5.3	2	79.88	28	3.8	10
南 京	14817.95	9	4.6	7	296.80	19	0.9	26
杭 州	16106.00	7	3.9	11	326.00	15	-1.1	30
广 州	25019.11	4	2.7	22	288.08	20	9.8	1
济 南	10140.90	15	4.9	6	361.70	12	2.2	19
北 京	36102.60	2	1.2	29	107.60	26	-8.5	35
上 海	38700.58	1	1.7	27	103.57	27	-8.2	34
天 津	14083.73	10	1.5	28	210.18	22	-0.6	29
重 庆	25002.79	5	3.9	11	1803.33	1	4.7	5
大 连	7030.40	19	0.9	30	459.20	8	3.2	14
青 岛	12400.56	12	3.7	14	425.41	9	2.6	17
宁 波	12408.70	11	3.3	18	338.40	13	2.1	21
深 圳	27670.24	3	3.1	20	25.79	35	-3.1	32
厦 门	6384.02	23	5.7	1	28.89	33	2.5	18

注:空缺数据未收集到,后同。

续表 1

单位:亿元

城市	第二产业增加值				第三产业增加值			
	2020年	位次	比上年±%	位次	2020年	位次	比上年±%	位次
长沙	**4739.27**	**13**	**5.0**	**12**	**6979.79**	**13**	**3.3**	**16**
郑州	4759.54	12	4.5	15	7086.63	12	1.7	24
太原	1504.19	27	3.0	21	2616.82	28	2.3	21
合肥	3579.51	16	6.4	5	6133.89	17	3.0	17
武汉	5557.47	7	-7.3	35	9656.41	8	-3.1	35
南昌	2676.89	21	3.8	17	2833.35	27	3.4	15
石家庄	1745.50	25	3.1	20	3691.00	23	4.3	6
南宁	1084.32	29	5.3	11	3107.67	26	2.9	18
成都	5418.50	8	4.8	14	11643.00	6	3.6	13
西安	3328.27	18	7.4	3	6379.37	14	4.2	7
贵阳	1552.59	26	5.5	10	2580.75	29	4.4	4
昆明	2102.93	24	1.4	31	4318.51	19	2.5	20
兰州	933.42	30	3.7	18	1895.90	31	1.5	25
乌鲁木齐	907.89	31	8.1	1	2402.38	30	-2.2	33
西宁	418.72	34	6.1	7	897.09	35	-0.2	29
呼和浩特	815.73	33	1.4	31	1858.49	32	-0.5	31
银川	832.62	32	2.8	25	1056.03	34	3.8	11
沈阳	2160.41	23	2.9	24	4107.57	20	-0.6	32
长春	2758.12	20	8.0	2	3346.09	25	0.3	28
哈尔滨	1144.50	28	2.3	26	3423.50	24	-0.4	30
福州	3840.77	15	6.2	6	5618.55	18	4.4	4
海口	269.56	35	0.6	34	1442.14	33	6.4	1
南京	5214.35	9	5.6	9	9306.80	9	4.1	8
杭州	4821.00	10	2.3	26	10959.00	7	5.0	3
广州	6590.39	4	3.3	19	18140.64	3	2.3	21
济南	3530.70	17	7.0	4	6248.60	16	3.7	12
北京	5716.40	5	2.1	28	30278.60	1	1.0	27
上海	10289.47	2	1.3	33	28307.54	2	1.8	23
天津	4804.08	11	1.6	30	9069.47	10	1.4	26
重庆	9992.21	3	4.9	13	13207.25	5	2.9	18
大连	2815.10	19	4.3	16	3756.00	22	-2.5	34
青岛	4361.56	14	3.0	21	7613.59	11	4.1	8
宁波	5693.90	6	3.0	21	6376.40	15	3.6	13
深圳	10454.01	1	1.9	29	17190.44	4	3.9	10
厦门	2519.84	22	6.1	7	3835.29	21	5.5	2

续表 2

城 市	规模以上工业增加值		固定资产投资	
	2020 年比 2019 年 ±%	位次	2020 年比 2019 年 ±%	位次
长 沙	**5.1**	**14**	**6.2**	**15**
郑 州	6.1	7	3.6	21
太 原	3.2	22	11.3	2
合 肥	8.3	3	4.7	17
武 汉	-6.9	35	-11.8	33
南 昌	4.7	16	8.8	8
石家庄	2.2	28	-18.8	34
南 宁	3.0	24	-2.5	31
成 都	5.0	15	9.9	5
西 安	7.0	5	12.8	1
贵 阳	6.1	7	2.7	26
昆 明	0.9	33	8.1	12
兰 州	3.2	22	3.4	22
乌鲁木齐	8.0	4	0.3	29
西 宁	3.5	21	-25.9	35
呼和浩特	4.6	17	-8.5	32
银 川	1.6	31	1.1	28
沈 阳	2.8	25	4.1	18
长 春	10.4	2	8.8	8
哈尔滨	4.2	18	2.8	25
福 州	5.3	12	9.6	7
海 口	-3.3	34	9.9	5
南 京	6.5	6	6.6	14
杭 州	3.8	19	6.8	13
广 州	2.5	26	10.0	4
济 南	12.2	1	4.0	19
北 京	2.3	27	2.2	27
上 海	1.7	30	10.3	3
天 津	1.6	31	3.0	24
重 庆	5.8	10	3.9	20
大 连	3.8	19	0.1	30
青 岛	5.5	11	3.2	23
宁 波	5.2	13	5.5	16
深 圳	2.0	29	8.2	11
厦 门	6.0	9	8.8	8

续表 3

单位:亿元

城市	社会消费品零售总额				地方一般公共预算收入			
	2020 年	位次	比上年±%	位次	2020 年	位次	比上年±%	位次
长　沙	**4469.79**	**14**	**-2.6**	**15**	**1100.09**	**14**	**3.0**	**10**
郑　州	5076.30	11	-4.7	22	1259.21	11	3.0	10
太　原	1655.11	25	-6.4	26	378.44	28	-2.1	28
合　肥	4513.76	13	3.1	2	762.90	17	2.3	14
武　汉	6149.84	8	-20.9	35	1230.29	13	-21.3	35
南　昌	2452.74	20	3.0	3	483.86	24	1.4	19
石家庄	2382.70	21	-3.3	17	632.20	23	11.1	2
南　宁	2180.36	24	-6.3	25	263.61	30	-2.8	29
成　都	8118.50	6	-2.3	14	1520.40	9	2.5	13
西　安	4989.33	12	-2.9	16	724.13	19	3.1	9
贵　阳	2188.26	23	6.6	1	398.13	26	-4.6	30
昆　明	3070.44	19	-3.6	20	650.47	22	3.2	8
兰　州	1641.24	26	-1.8	13	247.13	31	6.0	5
乌鲁木齐	1043.50	27	-19.8	34	392.64	27	-16.9	34
西　宁	573.57	31	-9.3	30	133.51	35	31.2	1
呼和浩特	1032.93	28	-4.0	21	217.10	32	6.9	3
银　川	770.87	30	-7.1	28	157.25	34	1.6	17
沈　阳	3637.60	18	-5.4	24	736.08	18	0.8	24
长　春			-6.5	27	440.40	25	1.5	18
哈尔滨			-11.3	31	339.60	29	-8.4	32
福　州	4225.61	17	0.6	10	675.61	21	1.1	22
海　口	835.89	29	1.5	5	186.05	33	0.4	25
南　京	7203.03	7	0.9	9	1637.70	8	3.7	6
杭　州	5973.00	9	-3.5	18	2093.00	5	6.5	4
广　州	9218.66	4	-3.5	18	1721.59	7	1.4	19
济　南	4469.10	15	1.1	8	906.10	15	3.6	7
北　京	13716.40	2	-8.9	29	5483.90	2	-5.7	31
上　海	15932.50	1	0.5	11	7046.30	1	-1.7	26
天　津			-15.1	33	1923.05	6	-10.2	33
重　庆	11787.20	3	1.3	7	2094.80	4	-1.9	27
大　连			-11.5	32	702.70	20	1.4	19
青　岛	5203.50	10	1.5	5	1253.80	12	1.0	23
宁　波	4238.30	16	-0.7	12	1510.80	10	2.9	12
深　圳	8664.83	5	-5.2	23	3857.39	3	2.2	15
厦　门	2293.87	22	1.6	4	783.94	16	2.0	16

续表 4　　单位:亿元

城　市	进出口总额(海关口径)				出口总额			
	2020 年	位次	比上年±%	位次	2020 年	位次	比上年±%	位次
长　沙	**2350.46**	**19**	**17.4**	**8**	**1548.72**	**18**	**10.8**	**15**
郑　州	4946.40	13	19.7	6	2948.80	13	10.0	17
太　原	1211.47	22	8.1	17	724.71	22	11.2	14
合　肥	2597.25	17	16.9	9	1580.76	17	13.4	11
武　汉	2704.30	16	10.8	13	1421.70	19	4.3	19
南　昌	1151.46	23	8.4	15	713.11	23	10.3	16
石家庄	1341.10	21	14.0	10	785.60	20	19.9	6
南　宁	986.00	27	31.8	1	470.82	25	29.2	3
成　都	7154.21	7	22.4	4	4106.85	7	23.7	5
西　安	3473.84	15	7.2	19	1775.98	15	2.6	21
贵　阳	446.94	29	31.1	2	357.98	26	47.3	2
昆　明	1107.65	24	21.8	5	534.20	24	114.8	1
兰　州	102.50	33	-14.2	32	32.70	34	-54.6	34
乌鲁木齐	455.87	28	-11.0	30	288.51	27	-13.7	31
西　宁	16.81	35	-37.0	34	7.05	35	-51.7	33
呼和浩特	147.00	32	18.3	7	72.40	32	13.9	9
银　川	62.96	34	-60.0	35	45.27	33	-56.6	35
沈　阳	1028.10	25	-4.2	28	274.40	28	-13.2	30
长　春	1027.60	26	3.0	22	135.40	30	-9.3	28
哈尔滨	255.90	31	1.5	25	136.90	29	14.1	8
福　州	2504.80	18	-1.0	27	1786.50	14	-1.1	27
海　口	368.32	30	11.2	12	110.29	31	27.7	4
南　京	5340.21	12	10.6	14	3398.92	11	13.0	12
杭　州	5934.20	11	5.9	21	3693.20	9	2.1	22
广　州	9530.06	5	-4.8	29	5427.67	4	3.2	20
济　南	1382.70	20	23.0	3	755.00	21	17.2	7
北　京	23215.90	3	-19.1	33	4654.90	5	-10.0	29
上　海	34828.47	1	2.3	24	13725.36	2	0.0	26
天　津	7340.66	6	-0.1	26	3075.12	12	1.9	23
重　庆	6513.40	9	12.5	11	4187.50	6	12.8	13
大　连	3854.20	14	-11.7	31	1672.60	16	-13.8	32
青　岛	6407.00	10	8.2	16	3876.80	8	13.7	10
宁　波	9786.90	4	6.7	20	6407.00	3	7.3	18
深　圳	30502.53	2	2.4	23	16972.66	1	1.5	24
厦　门	6915.77	8	7.8	18	3572.92	10	1.2	25

注:1. 昆明进出口总额为 160.59 亿美元,表中数据按汇率将美元折算成人民币,2020 年人民币汇率为 1 美元兑 6.8974 元人民币;增长速度按美元统计口径计算。

2. 昆明出口额为 77.45 亿美元,表中数据按汇率将美元折算成人民币,2020 年人民币汇率为 1 美元兑 6.8974 元人民币;增长速度按美元统计口径计算。

续表 5

城市	实际使用外商直接投资(亿美元)				城镇居民人均可支配收入(元)			
	2020 年	位次	比上年 ± %	位次	2020 年	位次	比上年 ± %	位次
长　　沙	**72.82**	**6**	**14.3**	**6**	**57971**	**8**	**5.0**	**10**
郑　　州	46.60	12	5.7	17	42887	22	1.9	29
太　　原	1.02	29	5.0	18	38329	33	5.4	6
合　　肥	35.95	15	6.0	16	48283	15	6.3	1
武　　汉					50362	11	-2.6	34
南　　昌	40.60	14	7.7	12	46796	20	6.0	3
石 家 庄	18.30	21	12.7	7	40247	25	4.4	15
南　　宁	4.40	25	41.9	2	38542	32	2.3	27
成　　都	73.10	5			48593	14	5.9	4
西　　安	76.77	4	8.8	11	43713	21	4.5	14
贵　　阳	20.21	19	12.5	8	40305	24	5.4	6
昆　　明	6.62	23	2.0	21	48018	16	3.7	20
兰　　州	0.63	31			40152	26	5.4	6
乌鲁木齐	1.10	28	15.7	5	42769	23	0.2	32
西　　宁					36959	34	6.1	2
呼和浩特					49789	12	0.8	31
银　　川	0.88	30	-56.3	28	39416	31	3.1	22
沈　　阳					47413	18	1.3	30
长　　春	3.80	26			40001	29	5.7	5
哈 尔 滨	3.40	27	0.6	22	39791	30	-0.5	33
福　　州	70.07	9	7.3	14	49300	13	2.9	23
海　　口	17.23	22	157.0	1	40049	27	2.8	24
南　　京	45.15	13	10.1	10	67553	5	4.9	12
杭　　州	72.00	7	17.5	4	68666	2	3.9	16
广　　州	71.58	8	7.5	13	68304	3	5.0	10
济　　南	19.20	20	-14.2	27	53329	10	2.7	25
北　　京	141.00	2	-0.8	25				
上　　海	202.33	1	6.2	15	76437	1	3.8	18
天　　津	47.35	11	0.1	24	47659	17	3.3	21
重　　庆	21.01	18	-11.2	26	40006	28	5.4	6
大　　连	6.60	24	2.2	20	47380	19	2.0	28
青　　岛	58.50	10	0.2	23	55905	9	2.6	26
宁　　波	24.70	16	4.4	19	68008	4	4.8	13
深　　圳	86.83	3	11.2	9	64878	6	3.8	18
厦　　门	24.07	17	23.8	3	61331	7	3.9	16

注:1. 长春、成都实际利用外资总量与往年不可比,没有增速;

2. 广州实际使用外商直接投资为 493.72 亿元,表中数据按汇率将人民币折算成美元,2020 年人民币汇率为 1 美元兑 6.8974 元人民币,增长速度按人民币统计口径计算。

续表 6

城市	城市居民消费价格指数(%)	
	2020 年	位次
长沙	**101.8**	**29**
郑州	102.3	14
太原	102.6	3
合肥	102.3	14
武汉	102.4	8
南昌	102.5	5
石家庄	102.3	14
南宁	102.3	14
成都	102.5	5
西安	102.1	21
贵阳	102.4	8
昆明	103.1	1
兰州	102.0	24
乌鲁木齐	100.9	35
西宁	102.7	2
呼和浩特	102.0	24
银川	101.8	29
沈阳	102.3	14
长春	101.9	27
哈尔滨	101.4	34
福州	102.4	8
海口	101.6	33
南京	102.4	8
杭州	102.1	21
广州	102.6	3
济南	102.4	8
北京	101.7	31
上海	101.7	31
天津	102.0	24
重庆	102.3	14
大连	102.1	21
青岛	102.4	8
宁波	101.9	27
深圳	102.3	14
厦门	102.5	5

续表 7

城市	农村居民人均可支配收入(元)				住户存款余额(亿元)(本外币)			
	2020 年	位次	比上年 ± %	位次	2020 年	位次	比年初 ± %	位次
长　沙	**34754**	**4**	**7.5**	**15**	**7572.18**	**18**	**14.7**	**19**
郑　州	24783	10	5.3	28	9032.00	13	13.5	26
太　原	19655	20	7.0	22	5896.93	23	12.3	28
合　肥	24282	11	8.1	4	4712.40	24	19.6	4
武　汉	24057	12	-2.9	33	10349.54	10	15.1	16
南　昌	20921	17	7.3	17	4319.67	26	18.1	6
石家庄	16947	26	6.9	23				
南　宁	16130	30	7.2	19	4415.35	25	11.5	29
成　都	26432	8	8.5	1	17085.00	6	14.7	19
西　安	15749	31	8.0	8	10913.05	9	14.2	24
贵　阳	18674	23	8.1	4	3634.56	29	14.9	18
昆　明	17719	24	8.3	2	5962.79	22	11.3	30
兰　州	14652	32	7.7	12	3884.71	27	8.1	33
乌鲁木齐	22827	14	6.4	26	3680.28	28	16.0	14
西　宁	13487	33	7.2	19	1723.88	34	7.8	34
呼和浩特	20489	18	8.0	8	2623.75	31	9.7	32
银　川	16428	28	7.5	15	2137.48	32	14.5	23
沈　阳	19598	22	8.1	4	10329.86	11	23.9	1
长　春	16636	27	7.6	13	6888.20	21	17.0	10
哈尔滨	19631	21	7.6	13	7394.00	19	16.0	14
福　州	22669	15	6.3	27	7074.78	20	15.0	17
海　口	17405	25	8.0	8	2034.63	33	10.7	31
南　京	29621	6	7.2	19	9499.25	12	17.0	10
杭　州	38700	2	6.7	25	14398.10	8	21.0	3
广　州	31266	5	8.3	2	21177.97	3	17.8	7
济　南	20432	19	5.0	30	7584.10	17	17.8	7
北　京					44486.10	1	14.7	19
上　海	34911	3	5.2	29	38302.45	2	16.5	13
天　津	25691	9	3.6	32	14865.71	7	17.6	9
重　庆	16361	29	8.1	4	20209.77	4	13.2	27
大　连	21558	16	7.9	11	7843.80	16	14.6	22
青　岛	23656	13	4.8	31	8031.00	15	18.9	5
宁　波	39132	1	6.8	24	8522.07	14	14.0	25
深　圳					18717.82	5	16.9	12
厦　门	26612	7	7.3	17	2821.79	30	21.4	2

18 国民经济主要指标解释及计算方法

国民经济主要指标解释及计算方法

1. 地区生产总值　是指按市场价格计算的一个地区所有常住单位在一定时期内生产活动的最终成果。

2. 三次产业　我国国民经济三次产业的划分如下：

第一产业　农、林、牧、渔业(不含农、林、牧、渔服务业)。

第二产业　是指采矿业(不含开采辅助活动),制造业(不含金属制品、机械和设备修理业),电力、热力、燃气及水生产和供应业,建筑业。

第三产业　即服务业是指除第一产业、第二产业以外的其他行业。包括:批发和零售业,交通运输、仓储和邮政业,住宿和餐饮业,信息传输、软件和信息技术服务业,金融业,房地产业,租赁和商务服务业,科学研究和技术服务业,水利、环境和公共设施管理业,居民服务、修理和其他服务业,教育,卫生和社会工作,文化、体育和娱乐业,公共管理、社会保障和社会组织,国际组织,以及农、林、牧、渔业中的农、林、牧、渔服务业,采矿业中的开采辅助活动,制造业中的金属制品、机械和设备修理业。除上述第一、二产业外的其他行业。

3. 增加值　是指常住单位在生产过程中创造的新增价值和固定资产的转移价值。它反映本单位对社会所作的贡献,社会经济各部门(即第一、第二、第三产业)的增加值之和为地区生产总值。

4. 农林牧渔业总产值　是以货币表现的农林牧渔业的全部产品总量和对农林牧渔业生产活动进行的各种支持性服务活动的价值,它反映一定时期内农林牧渔业生产的总规模和总成果。

5. 农用化肥施用量　指报告期内实际用于农业生产的化肥数量,包括氮肥、磷肥、钾肥及复合肥。施用量要求按实物量和折纯量两种方法计算。

6. 工业总产值　是以货币表现的工业企业生产的产品总量,反映一定时期工业生产的总成果和总规模,1995 年第三次全国工业普查,对其计算方法和包括范围均进行了修订。

7. 轻工业　指提供生活消费品和制作手工工具的工业,是为满足人们的吃、穿、用需要的工业,按其所使用的原料不同,可分为两大类:①以农产品为原料的轻工业,是指直接或间接以农产品为基本原料的轻工业;②以非农产品为原料的轻工业,是指以工业品为原料的轻工业。

8. 重工业　是指生产生产资料的工业,为国民经济各部门提供物质技术基础的工业。按其生产和产品用途,可以分为下列三类:①采掘工业,是指对自然资源的开采;②原材料工业,是指提供国民经济各部门使用的原料、动力和燃料的工业;③制造工业,是指对原材料进行加工制造的工业。

9. 能源消费总量　指一定时期内用于生产和生活的各种能源消费量的总和。包括原煤和原油及其制品、天然气、电力的消费量,可分为三部分,即终端能源消费量、能源加工转换量和损失量。它是观察能源消费水平、构成和增长速度的总量指标。

10. 货(客)运量　指运输业实际运送的货物(旅客)数量。货运按吨计算,客运按人计算。货物不论运输距离长短,货物类别,均按实际重量统计;旅客不论行程远近或票价多少,均按一人一次作为客运量统计。

11. 货物(旅客)周转量　指运输业运送的货物(旅客)数量与其相应运输距离的乘积之总和,通常以吨公里和人公里为计算单位。它是反映运输业生产总成果的重要指标。

12. 邮电业务总量　指以货币表现的邮电部门为用户传递信息和提供其他邮电服务的总量。它综合反映了一定时期邮电工作的总成果,是研究邮电业务量构成和发展趋势的重要指标。

13. 建筑业总产值　是以货币表现的建筑业企业在一定时期内生产的建筑业产品和服务的总和。建筑业总产值包括建筑工程产值、安装工程产值和其他产值三部分内容。

14. 固定资产投资额　是以货币表现的在一定期内建造和购置固定资产的工作量以及与此有关的费用的总和。它是反映固定资产投资规模、速度、比例关系的综合性指标。

15. 新增固定资产　是指已经完成建造和购置过程,并以交付生产或使用单位的固定资产价值。它是反映固定资产投资成果的价值量指标。

16. 房屋施工面积　指报告期内施工的全部房屋建筑面积。包括本期新开工的面积、上期跨入本期继续施工的房屋面积、上期停缓建在本期恢复施工的房屋面积、本期竣工的房屋面积以及本期施工后又停缓建的房屋面积。多层建筑应填各层建筑面积之和。

17. 房屋竣工面积　指在报告期内房屋建筑按照设计要求已全部完工,达到住人和使用条件,经验收鉴定合格或达到竣工验收标准,可正式移交使用的各栋房屋建筑面积的总和。

18. 社会消费品零售总额　指各种经济类型的批发零售贸易业、餐饮业和其他行业对城乡居民和社会集团的消费品零售额总和。这个指标反映通过各种商品流通渠道向居民和社会集团供应的生活消费品来满足他们生活需要,是研究人民生活、社会消费品购买力、货币流通等问题的重要指标。居民的消费品零售额：指销售给城乡居民用于生活消费的商品。社会集团的消费品零售额：指销售给机关、团体、部队、学校企业、事业单位和城市街道居民委员会、农村村民委员会用公款购买的用作非生产、非经营使用的消费品。

19. 商品交易市场成交总额 指市场所有摊位商品交易总额之和。

20. 旅游收入 游客（入境游客和国内游客）在旅游过程中（由游客或游客的代表为游客）支付的一切旅游支出就是国家（省、区、市）的旅游收入。旅游支出应包括（过夜）旅游者和一日游游客在整个游程中行、游、住、食、购、娱，以及为亲友、家人购买纪念品、礼品等方面的旅游支出，不包括为商业目的的购物、购买房、地、车、船等资本性或交易性的投资、馈赠亲友的现金及给公共机构的捐赠。旅游收入包括国际旅游（外汇）收入和国内旅游收入。

21. 国际旅游（外汇）收入 入境游客在中国（大陆）境内旅行、游览过程中用于交通、参观游览、住宿、餐饮、购物、娱乐等全部花费。

22. 国内旅游收入 指国内游客在国内旅行、游览过程中用于交通、参观游览、住宿、餐饮、购物、娱乐等全部花费。

23. 利用外资 指我国各级政府、部门、企业和其他经济组织通过对外借款、吸收外商直接投资以及用其他方式筹措的境外现汇、设备、技术等。

24. 外商直接投资 指外国企业和经济组织或个人（包括华侨、港澳台胞以及我国在境外注册的企业）按我国有关政策、法规，用现汇、实物、技术等在我国境内开办外商独资企业、与我国境内的企业或经济组织共同举办中外合资经营企业、合作经营企业或合作开发资源的投资（包括外商投资收益的再投资），以及经政府有关部门批准的项目投资总额内企业从境外借入的资金。

25. 外商直接投资实际到位资金 外商直接投资指外国投资者在我国境内通过设立外商投资企业、与中方投资者共同进行合作开发以及设立外国公司分支机构等方式进行投资，包括外国投资者以现金、实物、技术等作为投资，外商投资收益的再投资，以及在批准的项目投资总额内，企业从境外借入的资金。

26. 进出口总额、海关进出口总额 指实际进出我国国境的货物总金额。包括对外贸易实际进出口货物，来料加工装配进出口货物，国家间、联合国及国际组织无偿援助物资和赠送品，华侨、港澳台同胞和外籍华人捐赠品，租赁期满归承租人所有的租赁货物，进料加工进出口货物，边境地方贸易及边境地区小额贸易进出口货物（边民互市贸易除外），中外合资企业、中外合作经营企业、外商独资经营企业进出口货物和公用物品，到、离岸价格在规定限额以上的进出口货样和广告品（无商业价值、无使用价值和免费提供出口的除外），从保税仓库提取在中国境内销售的进口货物，以及其他进出口货物。进出口总额用以观察一个国家在对外贸易方面的总规模。我国规定出口货物按离岸价格统计，进口货物按到岸价格统计。

27. 居民消费价格指数 是综合反映居民所购买各种消费品和生活服务项目价格变动程度的重要经济指标。通常简记为 CPI。在居民消费价格指数中分为八大类，即食品、烟酒及用品、衣着、家庭设备用品及维修服务、医疗保健和个人用品、交通和通信、娱乐教育文化用品及服务、居住。

28. 商品零售价格指数 反映市场各种零售商品（不含服务项目）价格变动的指数。它包括销售给居民和社会集团的生活消费品和办公用品价格，还包括餐饮业商品价格。

29. 年末自来水生产能力 指年末城建部门管理的自来水厂和社会单位自备水源的取水、净水、送水、出厂输水干管等环节的实际生产能力。

30. 年末实有铺装道路长度 指除土路外，路面经过铺装宽度在 3.5 米以上的道路，包括高级、次高级道路和普通道路。

31. 年末实有公共汽车（电车）辆 指年底可参加营运的全部车辆数，包括年底营运的车辆数和库存查封未参加营运的车辆，不包括非营运车辆，如架线车、油罐车、工程车、货车及其他专用车辆和借入的客运车辆。

32. 城市园林绿地面积 指城市专用绿地、生产绿地、防护绿地、郊区风景名胜区等的全部面积。

33. 城市人口 用自来水普及率、用气普及率指城市人口中的非农业人口用自来水，用煤气（包括人工煤气、液化石油气、天然气用气人口）的普及情况。

34. 工业废水排放总量 指经过企业厂区所有排放口排到企业外部的工业废水量。包括生产废水、外排的直接冷却水、超标排放的矿井地下水、与工业废水混排的厂区生活污水。

35. 工业废水排放达标量 指各项指标全部达到国家或地方排放标准的外排工业废水量，包括经过处理后外排达标的和未经处理外排达标的两部分。

36. 工业废气排放总量 指企业燃料燃烧和生产工艺过程中产生的各种排入空气的含有污染物的气体的总量，以标准状态下亿标立方米表示。

37. 工业粉尘排放量 指企业在生产工艺过程中排放的能在空气中悬浮一定时间的固体颗粒物重量。如钢铁企业的耐火材料粉尘、焦化企业的筛焦系统粉尘、烧结机的粉尘、石灰窑的粉尘、建材企业的水泥粉尘等。不包括电厂排入大气的烟尘。

38. 工业粉尘去除量 指企业在生产工艺过程中产生的废气，经过各种废气治理设施处理后，去除的粉尘重量。

39. 工业固体废物产生量 指企业在生产过程中产生的固体状、半固体状和高浓度液体状废弃物的总量，包括危险废物、冶炼废渣、粉煤灰、炉渣、煤矸石、尾矿、放射性废物和其他废物等；不包括矿山开采的剥离废石和掘进废石（煤矸石和呈酸性或碱性的废石除外）。

40. 文化事业机构 指从事专业文化工作和为专业文化工作服务的单独核算、独立建制的单位。不包括文化主管部门直属单位举办的其他行业和各部门的业务文化组织。

41. 艺术表演团体 指从事戏曲、音乐、舞蹈、杂技等专业艺术表演的，有独立帐户，实行单独核算的团体。不包括半工半艺、半农半艺的业余剧团。

42. 等级裁判员人数 指经考核正式批准授予等级裁判员称号的人数。裁判员等级分为国际裁判、国家级裁判、一级裁判、二级裁判、三级裁判。

43. 医院 指名称为医院，设有固定床位能收容病人住院并能为病人提供医疗、护理服务的医疗机构。包括综合医院、中医医院、中西医结合医院、民族医院、各类专科医院和护理院，不包括专科疾病防治院、妇幼保健院和疗养院。

44. 卫生技术人员 指卫生事业机构支付工资的全部固定职工和合同制职工中现任职务为卫生技术工作人员。包括执业医师、执业助理医师、注册护士、药师（士）、检验技师、影像技师（士）、卫生监督员和见习医（药、护、技）师（士）等卫生专业人员。不包括从事管理工作的卫生技术人员（如院长、副院长、党委书记等）。

45. 执业医师和执业助理医师 指具有医师执业证书及其“级别”为“执业医师和执业助理医师”且实际从事医疗、预防保健工作的人员，不包括实际从事管理工作的执业医师和执业助理医师。执业医师类别分为临床、中医、口腔和公共卫生。

46. 劳动力资源总数 指在劳动年龄内，具有劳动能力，在正常情况下，可能或实际参加社会劳动的人口数。劳动力资源的范围为：劳动年龄内（16 周岁以上），有劳动能力，实际参加社会劳动和未参加社会劳动的人员。劳动力资源也可划分为：经济活动人口和非经济活动人口。

47. 经济活动人口 指在劳动年龄内，有劳动能力，参加或要求参加社会经济活动的人口，包括从业人员和失业人员。

48. 从业人员 指从事一定社会劳动并取得劳动报酬或经营收入的人员。

49. 失业人员 指在劳动年龄内，有劳动能力，在调查期间无工作并以某种方式正在寻找工作的人员。

50. 在岗职工 指在本单位工作并由单位支付工资的人员。以及有工作岗位，但由于学习、病伤、产假等原因暂未工作，仍由单位支付工资的人员。

51. 从业人员工资总额 指各单位在一定时期内直接支付给本单位全部从业人员的劳动报酬总额。包括计时工资、计件工资、奖金、津贴和补贴、加班加点工资、特殊情况下支付的工资，是在岗职工工资总额、劳务派遣人员工资总额和其他从业人员工资总额之和。

52. 可支配收入

老口径（2012 年及以前年份使用）

城市居民人均可支配收入是指居民家庭可用于最终消费支出和其他非义务性支出以及储蓄的总和，即居民家庭可以用来自由支配的收入。它是家庭总收入扣除交纳的所得税、个人交纳的社会保障支出以及调查户的记帐补贴后的收入。

计算公式为：可支配收入 = 家庭总收入 - 交纳的所得税 - 个人交纳的社会保障支出 - 记帐补贴

农村居民人均可支配收入指农村住户获得的经过初次分配与再分配后的收入。可支配收入可用于住户的最终消费、非义务性支出以及储蓄。

计算方法：

农村住户可支配收入 = 农村住户总收入 - 家庭经营费用支出 - 税费支出 - 生产性固定资产折旧 - 财产性支出 - 转移性支出

新口径（2013 年因报表制度改革，人均可支配收入按新口径计算）

可支配收入指调查户在调查期内获得的、可用于最终消费支出和储蓄的总和，即调查户可以用来自由支配的收入。可支配收入既包括现金，也包括实物收入。按照收入的来源，可支配收入包含五项，分别为：工资性收入、经营净收入、财产净收入、转移净收入和自有住房折算净租金。计算公式为：

可支配收入 = 工资性收入 + 经营净收入 + 财产净收入 + 转移净收入 + 自有住房折算净租金

其中：经营净收入 = 经营收入 - 经营费用 - 生产性固定资产折旧 - 生产税净额（生产税 - 生产补贴）

财产净收入 = 财产性收入 - 财产性支出

转移净收入 = 转移性收入 - 转移性支出

53. 消费支出 指住户用于满足家庭日常生活消费需要的全部支出,包括用于消费品的支出和用于服务性消费的支出。根据用途不同,消费支出可划分为食品烟酒、衣着、居住、生活用品及服务、交通通信、教育文化娱乐、医疗保健、其他用品及服务八大类。根据来源不同,消费支出可划分为现金消费支出、实物消费支出(含自产自用、来自单位、来自政府和其他社会组织)。

54. 城乡居民储蓄存款年末余额 包括城镇居民储蓄和农民个人储蓄两部分的年末余额。不包括工矿企业、部队、机关团体等集团存款。

55. 单位 GDP 能耗 指在一定时期内,某地区每创造一万元生产总值(GDP)所耗用的各种能源的总和。目前国家考核的指标是以包含生产和生活的各种能源消费量的总和和形成的 GDP 之间的总量对比。

56. 单位规模工业增加值能耗 指在一定时期内,某地区规模以上工业企业每创造一万元工业增加值所耗用的各种能源的总和。

57. 当年价格 指报告期的实际价格,如工厂的出厂价格,农产品的收购价格、商业的零售价格等。按当年价格计算,是指一些以货币表现的物量指标,如工农业总产值、国民生产总值等,按照当年的实际价格来计算总量。

58. 不变价格 用某一时期的同类产品的平均价格作为固定价格,来计算各个时期的产品价值。目的是消除各时期价格变动的影响,使产品价值在前后时期之间、地区之间、计划与实际之间具有可比性,中华人民共和国成立以来我国分别使用了 1952 年、1957 年、1970 年、1980 年、1990 年、2000 年、2010 年不变价格。

59. 可比价格 指在不同时期的价值指标对比时,扣除了价格变动的因素,以确切表示物量的变化。

60. 平均每年增长速度 在我国计算平均增长速度有两种方法,一种是习惯上经常使用的“水平法”,又称几何平均法,是以间隔期最后一年的水平同基期水平对比来计算平均每年增长(或下降)速度。另一种是“累计法”,又称代数平均法或方程法,是以间隔期内各年水平的总和同基期水平对比来计算平均每年增长(或下降)速度。

公式为:平均增长速度 = 期次最后一期水平/基期水平 ×100% -100%

中国统计出版社有限公司最新图书简目

(仅供参考，以实际出版为准)

统计资料

中国统计年鉴 中国统计摘要 中国第三产业统计年鉴
中国第三次全国农业普查综合资料 国际统计年鉴 金砖国家联合统计手册
中国-东盟国家统计手册 中国农村统计年鉴 中国县域统计年鉴
中国农产品价格调查年鉴 中国城市统计年鉴 中国价格统计年鉴
中国贸易外经统计年鉴 中国零售和餐饮连锁企业统计年鉴 中国商品交易市场统计年鉴
大中型批发零售和住宿餐饮企业统计年鉴 中国住户调查年鉴 中国工业统计年鉴
中国环境统计年鉴 中国能源统计年鉴 中国建筑业统计年鉴
中国房地产统计年鉴 中国投资领域统计年鉴 长江经济带发展统计年鉴
中国人口和就业统计年鉴 中国劳动统计年鉴 中国社会统计年鉴
中国科技统计年鉴 中国高技术产业统计年鉴 全国企业创新调查年鉴
中国文化及相关产业统计年鉴 中国妇女儿童状况统计资料 中国青年发展状况统计年鉴
中国基本单位统计年鉴 中国教育统计年鉴 中国教育经费统计年鉴
中国民族统计年鉴 中国残疾人事业统计年鉴 中国电力统计年鉴

省级综合统计年鉴系列

北京 天津 河北 山西 内蒙古 辽宁 吉林 黑龙江 上海 江苏 浙江 安徽 福建 江西 山东 河南 湖北 湖南
广东 广西 海南 重庆 四川 贵州 云南 西藏 陕西 甘肃 青海 宁夏 新疆 新疆生产建设兵团

市(县)级综合统计年鉴系列

滨海新区 石家庄 唐山 邯郸 邢台 保定 承德 沧州 衡水 太原 大同 晋城 晋中 长治 忻州 朔州 临汾 运城
阳泉 吕梁 呼和浩特 包头 鄂尔多斯 赤峰 大连 长春 四平 延吉 延边 哈尔滨 齐齐哈尔 黑龙江垦区 浦东新区
南京 无锡 徐州 常州 苏州 南通 淮安 盐城 扬州 镇江 宿迁 江阴 丹阳 海门 张家港 通州 如东 杭州 宁波
绍兴 台州 温州 金华 嘉兴 湖州 丽水 舟山 合肥 安庆 福州 厦门 漳州 宁德 龙岩 莆田 泉州 三明 南平 思明
南昌 上饶 抚州 赣州 九江 景德镇 宁都 济南 青岛 枣庄 潍坊 聊城 郑州 洛阳 三门峡 南阳 商丘 平顶山
信阳 济源 武汉 宜昌 十堰 荆州 荆门 咸宁 黄冈 长沙 广州 东莞 惠州 深圳 汕尾 珠海 南宁 桂林 柳州
防城港 贵港 梧州 玉林 钦州 海口 三亚 儋州 成都 贵阳 毕节 黔南 昆明 文山 德宏 西安 安康 延安 汉中
渭南 商洛 榆林 银川 兰州 庆阳 乌鲁木齐

调查年鉴系列

天津 内蒙古 上海 河南 湖北 湖南 广西 重庆 四川 云南 甘肃 宁夏 南宁 桂林 贵港 昆明

统计方法应用/实用手册

Python数据分析基础（第二版） 非参数统计（第五版） 现代金融投资统计分析（第四版）
国民经济核算初级教程（第二版） 国民经济核算教程（第五版） 概率统计基础
全国统计专业技术资格考试系列考试用书：统计业务知识（第四版修订版） 统计业务知识学习指导与习题
全国统计专业技术资格考试系列考试用书：统计相关知识（第四版） 统计相关知识学习指导与习题

统计通俗读物/统计科普图书

领导干部统计知识问答（第二版） 统计公文写作及会议办理实用手册 大数据在统计工作中的应用案例汇编
中国国民经济核算知识问答（修订版） 地区生产总值核算国际比较研究 新中国统计制度方法的发展与改革

重点图书

第七次全国人口普查年鉴 第四次全国经济普查地图集 中国经济普查年鉴2018
新编英汉汉英统计大词典 中国国民经济核算体系2016 国民经济行业分类注释
挑大学选专业2020—考研择校指南 挑大学选专业2020—高考志愿填报指南 中华医学统计百科全书

发行部电话：（010）63376907 63376908 63376909 同棋行书店电话：（010）68783171 68783172
地址：北京市丰台区西三环南路甲6号 邮政编码：100073 网址：http://www.zgtjcbs.com